Robert A. Johnson wurde 1921 in Portland, Oregon, geboren. Er studierte an verschiedenen Universitäten und am C.-G.-Jung-Institut in Zürich. Später folgten Aufenthalte in England und in Indien, wo er sich in die Hindu-Epen vertiefte. Der Schwerpunkt seiner Arbeit ist die Synthese von Christentum und dem Werk C. G. Jungs. Robert A. Johnson ist Gründer und Leiter des Besinnungszentrums St. John's House bei San Diego.

Vollständige Taschenbuchausgabe 1987
Droemersche Verlagsanstalt Th. Knaur Nachf., München
Lizenzausgabe mit freundlicher Genehmigung des
Walter-Verlags AG, Olten
Titel der Originalausgabe »WE. Understanding the Psychology
of Romantic Love«

Aus dem Amerikanischen von Eva M. Hirsch

Umschlaggestaltung Adolf Bachmann
Druck und Bindung Elsnerdruck, Berlin
Printed in Germany 10 9 8 7
ISBN 3-426-03821-8

Inhalt

3. TEIL DER ERZÄHLUNG

Wie Tristan und Isolde im verzauberten Garten umherwanderten

4. TEIL DER ERZÄHLUNG

Tristan findet Isolde die Weißhändige, und Liebe und Tod vereinen sich zuletzt

SCHLUSSBETRACHTUNG

Vorbemerkung der Übersetzerin

Das Buch ist eine Jungianische Interpretation der Tristan-und-Isolde-Erzählung und legt das Hauptaugenmerk auf die Erklärung der Symbolik dieses Mythos. Es lag nicht in der Absicht des Autors, ein wissenschaftliches Buch zu schreiben, sondern er hat sich im Gegenteil darum bemüht, einen möglichst großen Leserkreis anzusprechen. Das erklärt wohl auch das stellenweise «Abgleiten» des Stils ins Umgangssprachliche.
Bei der Wiedergabe der Tristan-und-Isolde-Erzählung hielt sich der Autor an die Bédier-Fassung in der englischen Übersetzung von Hilaire Belloc und Paul Rosenfeld. In einem Detail weicht er allerdings von der Bédier-Fassung ab: Die Zeitspanne, die der Zaubertrank bewirkt, nämlich drei Jahre, wurde aus der Béroul-Fassung übernommen.
Rudolf G. Binding hat die Version von Joseph Bédier meisterhaft ins Deutsche übertragen, und so lehnt sich auch meine Übersetzung von Johnsons Text in den Kapiteln «Die Erzählung», wo immer es möglich ist, an die Binding-Übersetzung an. Freundlicherweise hat der Insel Verlag sein Einverständnis dazu erteilt.
Der deutschsprachige Leser wird wahrscheinlich mit der Version, die uns Richard Wagner in seiner Oper überliefert hat, am besten vertraut sein. Auch in diesem Zusammenhang erscheint es reizvoll, die Geschichte von Tristan und Isolde einmal unter dem Aspekt der archetypischen Symbolik zu betrachten und sich zu überlegen, wieviel davon unbewußt vielleicht auch in Wagners Musik Eingang gefunden hat.

Johnsons Überlegungen sind ungewohnt, sie stellen vieles in Frage und sind geeignet, den Leser zu provozieren und zum Nachdenken zu veranlassen. Auch sein Grundbegriff romantic love sowie romance sind nicht adäquat in unser Sprachempfinden übersetzbar. Romance bedeutet sowohl Liebesroman, phantastische Erzählung, «Romanze» als auch Romantik. Daher schillert auch die deutsche Übersetzung des englischen «romantic love» – romantische Liebe – in diesen verschiedenen Bedeutungen. Das sollte man von Anfang an beachten.
Wenn die vorliegende Übersetzung dazu beiträgt, das Buch einem breiten deutschsprachigen Leserkreis zugänglich zu machen, dann hat sich alle Mühe gelohnt.

Wien, im Frühjahr 1985 Eva M. Hirsch

Eine Anmerkung für die Frau

Frauen werden in der Geschichte von Tristan und Isolde ein lebhaftes symbolisches Bild der großen Kräfte finden, die in uns allen, sowohl in Männern als auch in Frauen, wirksam werden, wenn uns das Erlebnis der romantischen Liebe gefangennimmt.

Der Mythos zeigt nicht nur das Kräftespiel, das die romantische Liebe in der männlichen Seele auslöst, er zeigt auch das Schicksal des Weiblichen in unserer Kultur. Er führt uns vor Augen, wie die weiblichen Werte des Gefühls, des Sich-auf-andere-Beziehens und des Bewußtseins der Seele durch die patriarchalische Mentalität richtiggehend aus unserer Kultur hinausgedrängt wurden. Eine wesentliche Erkenntnis, die für Frauen in diesem Mythos verborgen ist, ist das Ausmaß, in dem die meisten Männer unbewußt nach ihrer verlorenen weiblichen Seite suchen und nach weiblichen Werten Ausschau halten, wie sehr die Männer versuchen, ihre nichtgelebte weibliche Seite durch die Frau zu verwirklichen.

Aber nicht nur Männer haben die patriarchalische Variante der Realität als einzig richtige Version akzeptiert. Man hat auch die Frauen gelehrt, männliche Werte zu idealisieren, und zwar auf Kosten der weiblichen Seite des Lebens. Viele Frauen verbringen ihr Leben in einem ständigen Gefühl der Minderwertigkeit unter dem Eindruck, daß weiblich sein eigentlich nur die «zweitbeste» Möglichkeit ist. Frauen werden in dem Glauben erzogen, daß nur männliche Aktivitäten, Denken, Macht oder Etwas-Erreichen, wirklichen Wert besitzen. Als

Folge davon befindet sich die westliche Frau in demselben psychologischen Dilemma wie der westliche Mann: auch sie hat sich auf das einseitige kompetitive Meistern der männlichen Eigenschaften konzentriert – auf Kosten ihrer weiblichen Seite.
Auch wenn diese mythische Beschwörung der romantischen Liebe (in Tristan und Isolde) vom Standpunkt des Mannes aus erzählt wird, so werden doch Frauen viel von dem, was sie selbst erfahren haben, in diesem Mythos finden. Aber weibliche Leser sollen daran denken, daß der Mythos nicht in erster Linie die weibliche Psychologie zeigt oder die spezifische Art der Frau, die romantische Liebe zu erfahren. Es gibt typische «Frauenmythen» wie zum Beispiel «Amor und Psyche» (siehe mein Buch «Der Mann – Die Frau»), die ein besseres und genaueres Bild der inneren Struktur der Frau zeigen.
Die psychologischen Strukturen von Mann und Frau sind unterschiedlich. Wenn wir versuchen würden, die Psychologie der Frau zur Gänze an Hand eines «Männermythos» zu erläutern, würde das unweigerlich ein verzerrtes Bild ihrer Struktur ergeben. Das gilt vor allem für die romantische Liebe, denn die Gefühlsseite einer Frau entwickelt sich anders als die des Mannes, und die Art, wie sie eine Beziehung erfährt, unterscheidet sich auf eine sehr diffizile Art von der des Mannes.
Die meisten Frauen investieren einen enormen Teil ihrer Energien in ihre Bemühungen, eine Liebesbeziehung zu einem Mann zu entwickeln und mit seinen anscheinend unverständlichen Gefühlen, Ideen und Reaktionen zu Rande zu kommen. Indem sie auf ihre Art Tristan und Isolde auf deren Reise begleitet, wird die Frau den «Tristan» in ihrem Leben besser verstehen lernen und wird außerdem herausfinden, wie man das Beste in ihm hervorbringt. Zudem – und das ist mindestens ebenso wichtig – wird sie ein klareres Bild ihres eigenen unbekannten Selbst gewinnen.

Einführung

Die romantische Liebe ist das größte Energiesystem in der westlichen Psyche und als solches einzigartig. Sie hat in unserer Kultur die Religion als das Forum ersetzt, auf dem Mann und Frau Sinn, Transzendenz, Ganzheit und Ekstase suchen.

Als Massenphänomen stellt die romantische Liebe eine Eigenheit des Westens dar. Wir sind so sehr an die Ideen und Voraussetzungen der romantischen Liebe gewöhnt, daß wir glauben, es sei die einzige Form der «Liebe», die als Grundlage von Ehe oder Liebesbeziehungen in Frage kommt. Wir glauben, das sei die einzig «wahre Liebe». Vom Osten könnten wir viel in dieser Frage lernen. Wir finden in östlichen Kulturen, wie zum Beispiel in Indien oder in Japan, daß Ehepaare einander mit großer Wärme lieben, und das oft mit einer Beständigkeit und Hingabe, die uns beschämt. Aber die Liebe, die sie verbindet, ist nicht die «romantische Liebe», die wir kennen. Weder bürden sie ihren Beziehungen die gleichen Ideale auf wie wir, noch stellen sie aneinander die unmöglichen Forderungen und Erwartungen, die wir stellen.

Die romantische Liebe ist nicht nur eine bestimmte «Form der Liebe», sie ist ein ganzes psychologisches Paket – eine Kombination von Überzeugungen, Idealen, Einstellungen und Erwartungen. Diese oft widersprüchlichen Ideen existieren in unserem Unbewußten nebeneinander, und sie beherrschen unsere Reaktionen und unser Verhalten, ohne daß wir uns dessen bewußt wären. Automatisch nehmen wir an, wir wüßten, was eine Beziehung zu einem anderen Menschen ist, was wir dabei fühlen sollten und was für uns in einer Beziehung «drin ist».

Denn romantische Liebe ist nicht gleichbedeutend mit «jemanden lieben». Sie bedeutet eigentlich «Verliebtsein». Das ist ein sehr spezifisches Phänomen. Wenn wir verliebt sind, glauben wir, daß wir den Sinn des Lebens gefunden haben, so wie er sich durch einen anderen Menschen offenbart. Wir haben das Gefühl, endlich ein Ganzes zu sein, endlich die fehlenden Teile unserer eigenen Person im anderen gefunden zu haben. Das Leben scheint plötzlich von einer Ganzheit, von einer geradezu übermenschlichen Intensität zu sein, so daß wir uns weit über die Ebene des gewöhnlichen Lebens hinausgehoben fühlen. Das sind für uns die sicheren Zeichen der «wahren Liebe». Dieses psychologische Paket enthält außerdem noch die unbewußte Forderung, daß unser Liebhaber oder unser Ehepartner uns stets dieses ekstatische und intensive Gefühl verschafft.

Mit typisch westlicher Selbstgerechtigkeit nehmen wir auch noch an, daß unsere Vorstellung von «Liebe», von «romantischer Liebe», auch die bestmögliche sei. Wir sind der Meinung, daß jede andere Art von Liebe zwischen einem Paar im Vergleich dazu kalt und unbedeutend sein müßte. Aber wenn wir Westler ehrlich mit uns selbst wären, müßten wir zugeben, daß unsere Vorstellung von Liebe eigentlich nicht besonders gut funktioniert.

Trotz unserer Ekstase während des Verliebtseins verbringen wir sehr viel mehr Zeit in einem tiefen Gefühl der Einsamkeit, Entfremdung und Frustration über unsere Unfähigkeit, echte Liebesbeziehungen zueinander aufzubauen. Gewöhnlich machen wir andere dafür verantwortlich, wir sagen: sie enttäuschen uns. Es kommt uns überhaupt nicht in den Sinn, daß vielleicht wir uns ändern müßten: unsere eigenen unbewußten

Einstellungen und auch die Erwartungen und Forderungen, die wir an unsere Beziehungen mit anderen Menschen stellen. Das ganze Problem ist eine große Wunde in der Seele des Westens. Es ist *das* vorrangige psychologische Problem in unserer westlichen Kultur. C.G. Jung meinte, wenn man die psychische Wunde in einem Individuum oder einem Volk finde, werde man auch den Weg zur Bewußtwerdung finden. Denn durch das Heilen unserer psychologischen Wunden erkennen wir uns selbst. Die romantische Liebe, vorausgesetzt wir stellen uns ehrlich der Aufgabe, sie zu verstehen, wird zu einem solchen Weg der Bewußtwerdung. Wenn Menschen des westlichen Kulturkreises sich von ihrer automatischen Dienstbarkeit gegenüber ihren unbewußten Überzeugungen und Erwartungen befreien wollen, werden sie nicht nur eine neue Erkenntnis ihrer Beziehungen erlangen, sie werden auch zu einer besseren Erkenntnis ihrer selbst kommen.

Die ganze Geschichte hindurch hat die romantische Liebe in vielen Kulturen existiert. Wir finden sie in der Literatur des alten Griechenland ebenso wie im römischen Imperium, im alten Persien und im Japan der feudalen Epoche. Dennoch ist unsere moderne westliche Gesellschaft die einzige Kultur in der Geschichte, die die romantische Liebe als Massenphänomen erfahren hat. Wir sind die einzige Gesellschaft, die sie zur Grundlage von Ehe und jeglicher Liebesbeziehung gemacht hat und dazu noch zum kulturellen Ideal der «wahren Liebe».

Das Ideal der romantischen Liebe brach im Mittelalter gleichsam über die westliche Gesellschaft herein. In unserer Literatur erscheint es zum erstenmal im Mythos von Tristan und Isolde und dann später in den Liebesliedern und Liebesgedichten des Troubadours. Damals hieß dieses Ideal «höfische Liebe». Das Muster dieser höfischen Liebe sah so aus: ein tapferer Ritter verehrt eine holde Frau als Quelle seiner Inspiration, als das

Symbol von Schönheit und Vollkommenheit und als das Ideal, das ihn zu Großmut, Spiritualität, Läuterung und Hochherzigkeit inspiriert. Wir in unserer Zeit haben die höfische Liebe in unsere sexuellen Beziehungen und Ehen hineingemischt, halten aber immer noch an der mittelalterlichen Überzeugung fest, daß wahre Liebe in der ekstatischen Anbetung eines Mannes oder einer Frau besteht, die für uns den Inbegriff der Vollkommenheit darstellt.

C.G. Jung hat folgendes aufgezeigt: wenn ein großes psychologisches Phänomen plötzlich im Leben eines Individuums auftaucht, stellt dieses ein riesiges unbewußtes Potential dar, das zur Ebene des Bewußtseins aufsteigt. Dasselbe gilt für eine Kultur. An einem bestimmten Punkt in der Geschichte kann eine neue Möglichkeit aus dem kollektiven Unbewußten mit Macht hereinbrechen: eine neue Idee, ein neuer Glaube, neue Werte oder eine neue Art, das Universum zu betrachten. So etwas stellt an sich ein positives, gutes Potential dar, vorausgesetzt, daß es ins Bewußtsein integriert werden kann. Aber zunächst ist es überwältigend oder sogar destruktiv.

Die romantische Liebe ist eines der überwältigendsten psychologischen Phänomene, die in der Geschichte des Westens aufgetreten sind. Sie hat unsere kollektive Psyche überwältigt und unser Weltbild auf immer verändert. Als Gesellschaft haben wir aber noch immer nicht gelernt, wie man mit der gewaltigen Macht der romantischen Liebe umgeht. Wir verwandeln sie eher in Tragödie und Entfremdung als in dauerhafte menschliche Beziehungen. Dennoch glaube ich, daß Männer und Frauen neue Möglichkeiten in ihren Beziehungen zueinander, zu sich selbst und zu den anderen finden werden, wenn sie verstanden haben, welche psychologische Dynamik der romantischen Liebe zugrunde liegt, und wenn sie gelernt haben, bewußt damit umzugehen.

Unser Hilfsmittel zur Erforschung der romantischen Liebe ist der Mythos von Tristan und Isolde. Dieser Mythos ist eine der berühmtesten, schönsten und tragischsten Geschichten, die wir kennen. Sie war die erste Erzählung in der westlichen Literatur, die sich mit der romantischen Liebe beschäftigt hat. Diese Quelle ist der Ursprung der gesamten derartigen Liebesliteratur, beginnend mit Romeo und Julia bis hinunter zum Film in einem kleinen Kino. Wir wollen in diesem Buch die Symbole des Mythos unter Anwendung der Prinzipien der Jungschen Psychologie interpretieren und sehen, was wir daraus in bezug auf den Ursprung, das Wesen und die Bedeutung der romantischen Liebe lernen können.

Ebenso wie der Parsifal-Mythos ist auch der Mythos von Tristan und Isolde ein «Männermythos». Er zeigt das Leben des jungen Tristan, der zu einem edlen und selbstlosen Helden heranwächst und dann das überwältigende Erlebnis seines Lebens in seiner Leidenschaft für Königin Isolde erfährt. Die Erzählung ist wie ein an Symbolen reicher Wandteppich, der in lebhaften Farben die Entwicklung des individuellen männlichen Bewußtseins zeigt, wie der Mann danach ringt, seine Männlichkeit zu erwerben, sich seiner weiblichen Seite bewußt zu werden und mit Liebe und menschlichen Beziehungen zu Rande zu kommen. Der Mythos zeigt einen Mann, der zwischen einander widersprechenden Loyalitäten zerrissen wird, er zeigt die widerstreitenden Kräfte, die in ihm toben, wenn er von den Freuden, Leiden und Leidenschaften der romantischen Liebe aufgezehrt wird.

Trotzdem gibt es vieles in dem Mythos, das auch für Frauen von Interesse und großem Wert ist. Denn in Tristan erkennen wir auch jene Mechanismen der romantischen Liebe, die beiden Geschlechtern gemeinsam sind. (Siehe auch «Eine Vorbemerkung für die Frau».) Diesen Mythos zu lesen heißt, sich den Weg vor Augen führen, den die Psyche der westlichen Menschen genommen hat. Durch diese Erfahrung werden Frauen nicht nur den Mann in ihrem Leben besser verstehen lernen, sondern sie werden auch die geheimnisvollen Kräfte in sich selbst besser begreifen.

Es verlangt Heldenmut, sich ehrlich mit der romantischen Liebe auseinanderzusetzen, sowohl für Männer als auch für Frauen. Diese Auseinandersetzung zwingt uns, nicht nur die Schönheiten und Möglichkeiten der romantischen Liebe zu sehen, sondern auch die Widersprüche und Illusionen, die wir unbewußt mit uns herumtragen. Heldenhafte Reisen führen stets durch dunkle Täler und zu schwierigen Konfrontationen. Aber wenn wir durchhalten, werden wir eine neue Möglichkeit des Bewußtseins finden.

Zur Bedeutung von Mythen

«Ihr Herren, gefällt es euch, eine schöne Geschichte anzuhören von Liebe und von Tod? Es ist von Tristan die und von Isolde der Königin. Vernehmet, wie in großer Freude und großem Leid sie einander liebten, dann daran starben an einem Tag, er um sie, sie um ihn.»

So beginnt die wunderbare Geschichte von Tristan und Isolde. Mit diesen Worten riefen die fahrenden Dichter und Minnesänger des Mittelalters die Herren und Damen, die Ritter und das gemeine Volk zusammen, damit sie eine wundersame Geschichte von Abenteuer und Liebe vernähmen. Damals pflegte man sich vor dem offenen Feuer in der großen Halle eines Schlosses zu versammeln, um gemeinsam die «schöne Geschichte» vom Ritter Tristan und seiner verhängnisvollen Liebe zur Königin Isolde zu hören.

Diese Geschichte zählt zu den größten Mythen der Menschheit. Sie hat die Würde und Macht eines Gilgameschepos, des Beowulf oder der isländischen Sagen. In allen diesen Mythen wohnt eine unheimliche Kraft, uns zu erregen, zu erheben und uns aus der Kleinlichkeit unseres Ich-bezogenen Lebens hinüberzuheben in das Zauberreich der edlen Taten und überirdischen Leidenschaften. Aber ein Mythos kann noch mehr: wenn wir lernen zuzuhören, dann enthüllt er uns eine bestimmte psychologische Information und lehrt uns etwas über die tiefen Wahrheiten unserer Seele.

Vor vielen Jahren hat einmal eine Volksschullehrerin ihre

Klasse gefragt: «Was ist ein Mythos?» Ein kleiner Junge, der Sohn eines Ehepaares, mit dem ich gut bekannt bin, zeigte auf und antwortete: «Ein Mythos ist etwas, das innen wahr ist, aber nach außen hin nicht wahr ist.» Die Lehrerin hat die Antwort nicht verstanden. Aber wie so oft haben Kinder mehr psychologische Weisheit als Erwachsene. Ein Mythos *ist* wahr. Er ist unwahr in einem äußerlichen, physikalischen Sinn, aber er stellt den Ausdruck einer psychologischen Situation dar, des inneren Zustandes der Seele.

Mythen sind wie Träume. Träume sind die Boten des Unbewußten. Durch Träume vermittelt das Unbewußte seine Inhalte und das, was es beunruhigt, dem Bewußtsein. Wenn jemand die symbolische Sprache der Träume erlernt, dann lernt er dabei verstehen, was innen auf der Ebene des Unbewußten vor sich geht, und er findet außerdem noch heraus, wie man sich demgegenüber verhalten soll. Jung hat gezeigt, daß auch Mythen ein symbolischer Ausdruck des Unbewußten sind. Wenn ein Traum das Kräftespiel innerhalb eines Individuums zum Ausdruck bringt, so drückt ein Mythos das Kräftespiel innerhalb des kollektiven Unbewußten einer Gesellschaft, einer Kultur oder einer Rasse aus.

Ein Mythos ist wie ein «kollektiver Traum» eines ganzen Volkes zu einem bestimmten Zeitpunkt in der Geschichte. Es ist, als ob die gesamte Bevölkerung zusammen träumen würde, und dieser «Traum», der Mythos, bricht aus dem Unbewußten hervor und gestaltet sich in Gedichten, Gesängen und Geschichten. Ein Mythos lebt aber nicht nur in der Literatur oder in der Vorstellung. Er findet sofort seinen Weg in die Verhaltensregeln und die Wertvorstellungen einer Kultur und in das tägliche Leben der Menschen.

Im Mythos von Tristan und Isolde hat sich die westliche Psyche sehr grundlegend ausgedrückt. Der Mythos erzählt uns eine ganze Menge über das, was uns wirklich motiviert und berührt. Vor allem vermittelt er uns ein unwahrscheinlich genaues Bild der romantischen Liebe, warum sie in unserer Kultur aufgetreten ist, was sie ist und warum sie nicht sehr gut funktioniert.

Unser Mythos zeigt, daß die romantische Liebe einen notwendigen Schritt in der Evolution der westlichen Psyche darstellt. In der Entwicklung unseres Bewußtseins werden wir nur dann Ganzheit erlangen und die nächste Stufe erreichen, wenn wir erlernen, bewußt mit der romantischen Liebe zu leben, und das heißt lernen, bewußt mit den enormen psychologischen Kräften umzugehen, die mit ihr zusammenhängen. Für die Evolution des Bewußtseins gilt stets, daß unser größtes Problem auch zugleich unsere größte Chance darstellt.

Zen lehrt, daß inneres Wachsen immer die Erfahrung von «einer rotglühenden Kohle, die im Hals steckt», mit sich bringt. In unserer Entwicklung kommen wir immer zu einem Problem, einem Hindernis, das so tief geht, daß wir es weder «schlucken noch ausspucken können». Das paßt genau auf die westliche Erfahrung mit der romantischen Liebe: Wir können nicht mit ihr leben, und wir können nicht ohne sie leben – wir können sie nicht hinunterschlucken, und wir können sie auch nicht ausspucken. Diese «rotglühende Kohle» macht uns darauf aufmerksam, daß ein riesiges evolutionäres Potential dabei ist, sich zu manifestieren.

Nachdem C. G. Jung viele Jahre damit zugebracht hatte, in der reichen Welt der Psyche zu leben und deren Gesetze zu studieren, sah er, daß im psychischen Universum eine enorme evolutionäre Kraft am Werk ist. Er sah, daß die menschliche Seele stets nach Ganzheit strebt, darum bemüht ist, sich selbst zu vervollständigen und bewußter zu werden. Das Unbewußte versucht immer, seine Inhalte auf die Ebene des Bewußtseins zu heben, denn nur dort können sie aktualisiert und schließlich von der vollständigen, bewußten Persönlichkeit assimiliert werden. Die Seele eines jeden Menschen hat den angeborenen evolutionären Trieb zum Wachstum. Sie wird immer danach streben, die Inhalte des Unbewußten zu integrieren, alle fehlenden Teile des gesamten Individuums zu einem vollständigen, ganzen und bewußten Selbst zusammenzufassen.

Jung lehrt, daß das Unbewußte die Quelle darstellt, den ursprünglichen Stoff, aus dem sich unser Bewußtsein und unser Ich entwickelt haben. Alle Werte, Ideen, Gefühle, Fähigkeiten und Einstellungen, die wir zu funktionierenden Teilen unserer bewußten Persönlichkeit gemacht haben, nehmen ihren Ursprung im Urmaterial des Unbewußten.

Um ein klares Bild von diesem Vorgang zu erhalten, können wir uns eine Koralleninsel vorstellen, die aus dem Meer aufsteigt. Der Ozean erschafft diese Insel langsam aus seinem eigenen Material und drängt sie schließlich über die Wasseroberfläche empor ins Sonnenlicht. Erst viele Jahrhunderte später entwickeln sich Humus und pflanzliches Leben; Tiere und Menschen erscheinen, und die kleine Insel wird zu einem winzigen Zentrum menschlichen Lebens und menschlichen Bewußtseins. Wie der unendliche Ozean, so bringt auch das kollektive Unbewußte eine winzige Insel hervor: es ist das die bewußte Psyche, das Ich, dieser Teil von uns, der sich seiner selbst bewußt ist.

Dieses kleine Ich-Bewußtsein ist umgeben von der Unermeßlichkeit des Unbewußten, hat aber gleichzeitig eine edle und vornehme Pflicht zu erfüllen und ein ganz bestimmtes Schicksal zu leben. Seine Rolle in diesem evolutionären Prozeß besteht darin, mehr und mehr Unbewußtes zu integrieren, solange bis das Bewußtsein zu einem echten Abbild der Ganzheit des Selbst geworden ist.

Die ganze Menschheit ist von dieser riesigen evolutionären Kraft ergriffen. Wenn das kollektive Unbewußte in diesem Prozeß einen Schritt weiter geht, duldet es keine Hindernisse. Um die bewußte Psyche zu einem neuen Ideal oder zu einer neuen Möglichkeit zu zwingen, wird es in der Gesellschaft das Unterste zuoberst kehren, Kreuzzüge veranstalten, neue Religionen entstehen lassen oder ganze Imperien in Schutt und Asche verwandeln.

Eine solche Vision der psychischen Evolution hat für uns zweierlei Bedeutung: erstens können wir so unseren Mythos besser verstehen, und zweitens sehen wir so die romantische Liebe in der richtigen Perspektive. Mit dem Auftauchen der romantischen Liebe im Westen begann ein folgenschweres Kapitel im kosmischen Drama der Evolution. Die «romantische Liebe» ist eine Maske, hinter der sich eine stattliche Reihe neuer Möglichkeiten verbirgt, die darauf warten, ins Bewußtsein integriert zu werden. Aber was als mächtige Welle kollektiver psychischer Energie seinen Anfang nahm, muß auf der *individuellen* Ebene vervollkommnet werden. Immer schon war es die Rolle des Individuums, die Aufgabe zu vollenden, den göttlichen Prozeß im Mikrokosmos der eigenen Seele zur Reife zu bringen. Wir als Individuen haben die Aufgabe, die rohe unbewußte Energie der romantischen Liebe, diese verwirrende Ansammlung von Impulsen und Möglichkeiten, in Erkenntnis und echte menschliche Beziehung zu verwandeln.

Jeder große Mythos ist der symbolische Bericht einer solchen Entwicklungsstufe im Leben eines Volkes. Das erklärt auch, warum diese gewaltigen Geschichten uns so vollständig gefangennehmen und uns so tief berühren. Tristan und Isolde ist eine symbolische Blaupause der westlichen Psyche an einem kritischen Wendepunkt in unserer psychologischen Entwicklung. Der Mythos zeigt uns den Konflikt und die Illusionen, aber auch die Möglichkeiten, die in der Situation vorhanden sind.

Wenden wir uns also dieser «schönen Geschichte von Liebe und Tod» zu. Von Zeit zu Zeit werden wir in unserer Erzählung innehalten, um uns in der symbolischen Sprache dieser Blaupause auszubilden und zu lernen, wie wir uns die Weisheit aneignen können, die dieser Mythos uns anbietet.

1. TEIL DER ERZÄHLUNG

Wie Tristan geboren wurde und zu einem großen Ritter heranwuchs

In alten Zeiten, in den Tagen König Arthurs, war Marke König in Kurnewal (Cornwall). Marke war ein guter und edler König, und alle seine Untertanen liebten ihn um seiner Gerechtigkeit willen. Aber die Zeiten waren böse, denn grausame Feinde umgaben Marke und fielen in sein Land ein. Aber der gute König Riwalin von Lohnois brachte sein Heer aus Frankreich herüber, und mit seiner Hilfe gewann König Marke einen großen Sieg. So dankbar war er darob, daß er dem König Riwalin seine einzige Schwester Blancheflur zur Frau gab als Unterpfand ewiger Freundschaft und Bündnistreue. Blancheflur war ganz wie ihr Name, der ja «weiße Blume» bedeutet, zart, hell und blaß. Die königliche Hochzeit fand im Schloß Tintagel statt, und sie empfing ein Kind – und von diesem schicksalhaften Kind werden wir noch hören, denn dieses Kind war Tristan.

Aber schon nach kurzer Zeit trafen böse Nachrichten ein: die Städte König Riwalins in Lohnois wurden vom verräterischen Tyrannen Herzog Morgan belagert. Riwalin hißte die Segel zusammen mit seiner neuen Königin Blancheflur und kehrte mit seinem Heer in sein Land zurück, um in die Schlacht zu ziehen. Jedoch nach mehreren Monaten des Krieges wurde der arme König Riwalin in einen Hinterhalt gelockt und grausam von Morgan umgebracht.

Als Blancheflur die Botschaft erhielt, wurde sie blaß, und ihre Glieder wurden schwach, und ihre Seele wollte sich von ihrem Körper reißen. Sie wollte nicht mehr auf Erden weiterleben, sondern hatte nur den Wunsch, mit ihrem Mann in der anderen Welt vereint zu sein. Doch war sie gesegneten Leibes. Drei Tage verbrachte sie im Schmerz und wartete darauf, mit ihrem Gatten vereint zu werden. Am vierten Tag schenkte sie der Welt einen Sohn und sagte:

«Wie lange habe ich mich gesehnt, dich zu erblicken, und nun ich dich erblicke, ist es die schönste Kreatur, die ein Weib jemals getragen hat. In Traurigkeit kam ich hierher, in Trauer mußt' ich dich gebären, traurig ist die erste Feier, die ich dir bereite. Und wie du also auf die Welt gekommen bist durch Traurigkeit, sollst du den Namen Tristan tragen, das heißt: Kind der Traurigkeit.»

Als sie diese Worte gesprochen hatte, küßte sie ihn, und kaum daß sie ihn geküßt hatte, starb sie.

Nun war Rualt ein treuer Marschall des Königs Riwalin. Und als er sah, daß der Krieg verloren war, übergab er die Schlösser an Herzog Morgan, und alles Land von Lohnois kam unter dessen Tyrannei. Rualt aber verbarg den kleinen Tristan, ließ ihn als sein eigenes Kind ausgeben und zog ihn mit seinen Söhnen auf, denn er fürchtete, daß der böse Herzog Morgan das Kind umbringen wollte.

Unter Rualts Söhnen wuchs Tristan zu einem edlen und starken Knaben heran, aber er wußte nicht, wer er war, und glaubte, Rualt sei sein Vater. Mit der Zeit lehrte ihn sein treuer Hüter alle Künste, wie sie jungen Edelleuten anstehen: er unterwies ihn, Lanze, Schwert, Schild und Bogen zu führen, den Wurfstein zu schleudern, im Sprung die breitesten Gräben zu überwinden, er lehrte ihn, alle Lüge und allen Verrat zu verabscheuen, den Schwachen beizustehen, das gegebene Treuwort zu halten; er lehrte ihn die mannigfachen Weisen des Gesangs, das Harfenspiel und des Jägers Kunst.

Tristan wußte zu reiten, als ob er und sein Pferd eins wären. Er war treu und tapfer, und obgleich er nur ein Knabe war, führte er das Schwert wie ein erwachsener Ritter. Alle priesen Rualt, daß er einen solchen Sohn habe. Rualt aber sah Tristan an und verehrte ihn im stillen wie seinen König.

Eines Tages geschah es, daß norwegische Piraten, die sich als Kaufleute verkleidet hatten, Tristan auf ihr Schiff lockten.

Tristan wehrte sich wie ein junger Wolf in der Schlinge, sie aber nahmen ihn gefangen, banden ihn und beabsichtigten, den schönen Jüngling in einem fernen Land als Sklaven zu verkaufen. Aber das Meer wollte solch verräterisches Fahrzeug nicht tragen. Ein schrecklicher Sturm erhob sich, und große Wellen schlugen über dem Deck zusammen. Als die räuberischen Schiffer erkannten, daß der Zorn des Meeres von diesem Kind herkomme, rüsteten sie ein Boot, taten Tristan hinein und ließen es an Land treiben. Sofort beruhigten sich die Wellen. Während das Fahrzeug der Norweger in der Ferne verschwand, trug eine ruhige, kosende Strömung Tristans Barke an den Strand. Nun war das aber die grüne Küste von Cornwall, wo Tristans Onkel, König Marke, noch immer regierte.
Zufällig befanden sich die Jäger des Königs an der Küste, und Tristan wußte durch seine Geschicklichkeit so sehr ihr Wohlgefallen zu erregen, daß sie ihn an den Hof des Königs mitnahmen. Als nun Marke Tristan erblickte, stieg eine erste Zuneigung in ihm auf. Der König fragte sein Herz und konnte es nicht verstehen. Es war sein Blut, das sich in ihm regte und in ihm sprach, und die Liebe, die er einst für Blancheflur, seine Schwester, gehegt.
Nach dem Abendmahl ergriff Tristan die Harfe und sang die alten Lieder. Die Edlen wurden gerührt, indem sie ihm lauschten, aller Augen füllten sich mit Tränen, und König Marke sprach:
«Mein Sohn, gesegnet sei der Meister, der dich lehrte, und gesegnet seiest du von Gott! Gott liebt die wackeren Sänger... du bist zu unserer Freude in dies Haus gekommen. Bleib lange um mich, mein Freund!»
«Gern werde ich Euch dienen, Herr», erwiderte Tristan, «als Euer Harfenspieler, Euer Jäger und Euer Lehensmann.» Drei Jahre lebte Tristan auf Schloß Tintagel, und der König war

wie ein Vater zu ihm, und eine tiefe gegenseitige Liebe wuchs in ihren Herzen.
Als drei Jahre vergangen waren, kam der treue Marschall Rualt nach Cornwall, denn er hatte in vielen Ländern nach Tristan gesucht. Und so geschah es, daß Tristan erfuhr, wer er war: der Neffe König Markes, der Sohn des Königs Riwalin und der Erbe des Thrones von Lohnois. Als Tristan von seinem Oheim die Waffen des Ritters erhalten hatte, setzte er auf Schiffen über das Meer, ließ sich von den alten Vasallen seines Vaters anerkennen und forderte den Tyrannen Morgan zum Kampf heraus. Tristan begegnete dem Verräter auf dem Schlachtfeld, erschlug ihn mit dem Schwert und vergalt so Morgans Verrat, den dieser in der Vergangenheit verübt hatte.
Dann setzte Tristan Rualt auf den Thron von Lohnois und sagte zu seinen Baronen: «Hier bin ich König, und dieses Land ist mir lieb und wert. Aber mein Herz ist bei meinem Onkel, König Marke. Jetzt, da der Tyrann tot ist, gebe ich denn an Rualt hier mein Land: mein Vater, Ihr werdet es an meiner Statt regieren und in Besitz halten. Ich aber will gehen, meinem Herrn Marke zu dienen.»
Als die Barone diese Worte vernahmen, seufzten sie und weinten, denn sie wollten Tristan in Lohnois behalten, damit er sie regieren solle. Aber sie antworteten: «Unser Herr, so ist es gut.»
In jener Zeit war Irland ein mächtiges Königreich, und der irische König erhob in Cornwall einen schrecklichen Tribut. Das Volk von Cornwall biß die Lippen zusammen vor Wut und Schmerz, denn in jedem vierten Jahr mußten sie dreihundert Jünglinge und dreihundert Mädchen aus den Reihen ihrer Söhne und Töchter nach Irland schicken, damit sie dort als Sklaven arbeiteten. Fünfzehn Jahre hindurch hatte sich König Marke geweigert, den Tribut zu zahlen, und der König von

Irland war darob sehr erzürnt. Nun war aber die Königin von Irland eine große Zauberin, und ihr Bruder war ein Riese mit dem Namen Morolt. Er war so groß und stark, daß nicht einmal fünf Ritter zusammen ihn überwältigen konnten.
Eines Tages schließlich landete Morolt zusammen mit vielen Rittern in Cornwall und forderte den Tribut an Jünglingen und Mädchen.
«Jedoch» – so sprach Morolt – «wenn einer der Edlen von Cornwall im Zweikampf zu erweisen wünscht, daß der König von Irland diesen Tribut zu Unrecht erhebt, so will ich mit ihm kämpfen, denn Gott wird mir den Sieg verleihen, wenn mein irischer König im Recht ist!»
Morolt stand vor den versammelten Baronen des königlichen Hofes und bot einen ritterlichen Waffengang an. Die Barone betrachteten sich verstohlen untereinander, dann senkten sie das Haupt. Am nächsten Tag erschien er wieder am Hof des Königs und bot einen Zweikampf an. Die Barone schwiegen noch immer, und Morolt glich einem Falken, den man in einen Käfig mit kleinen Vögeln setzt: tritt er herein, so werden alle stumm. Aber am dritten Tage trat ein Jüngling aus der Schar der Ritter hervor, beugte vor König Marke das Knie und sprach: «Herr König, wenn es Euch gefällt, mir diese Gnade zu gewähren: ich will den Kampf bestehen.» Der Jüngling war Tristan.
Tristan kämpfte mit Morolt auf einer kleinen Insel, die dem Festland vorgelagert war. Am Tage der Schlacht weinten die Edlen aus Mitleid über den Kühnen und vor Scham über sich selbst. Das Volk von Cornwall begleitete Tristan unter Tränen und Gebet an den Strand. *Noch aber hofften sie, denn die Hoffnung des Menschen lebt von der dürftigsten Nahrung.*
Als Tristan den Kampfplatz erreicht hatte, sprang er aus dem Boot und stieß es mit dem Fuß ins Meer hinaus. Morolt war

verwundert, Tristan aber sagte: «Nur einer von uns beiden wird lebend von hinnen kommen, ist ein Boot nicht genug für ihn?»

Niemand sah das harte Streiten, aber zu dreien Malen schien es, als ob der Meereswind einen Schrei der Wut nach dem Ufer trüge. Da rangen die Frauen von Cornwall zum Zeichen der Trauer die Hände in einer gewaltigen Wehklage. Die Gefährten des Morolt aber lachten, denn sie waren sich des Sieges sicher.

Endlich, zur Mittagsstunde, sah man Morolts Boot von der Insel zurückkehren, als in der Ferne sich das Purpursegel entrollte. Da verlor das Volk von Cornwall die Hoffnung, und ein Schrei der Verzweiflung entrang sich den Menschen. Als jedoch das Boot näher kam, sahen sie Tristan am Bug stehen, in jeder Hand ein Schwert, und die Sonne spiegelte sich auf seiner Rüstung. Die jungen Männer schrien auf und warfen sich in die Flut, um schwimmend das Boot einzuholen. Als sie das Boot an Land gezogen hatten, sprach Tristan zu den Gefährten des Morolt:

«Ihr Herren von Irland, Morolt hat sich wacker geschlagen. Seht her: schartig ist mein Schwert, ein Stück meiner Schneide blieb in seinem Schädel stecken. Führt es heim, dies Stücklein Stahl, ihr Herren, das ist der Tribut von Cornwall.»

Dann stieg Tristan nach Tintagel hinan. Auf seinem Gang schwenkten die Kinder, denen er die Erlösung gebracht, mit Jubel grüne Zweige, und reiche Teppiche waren in den Fenstern ausgebreitet. Als aber unter den Triumphgesängen und dem Schall der Glocken Tristan im Schloß angelangt war, sank er in die Arme des Königs Marke, und das Blut rann aus seinen Wunden.

Tristans Wunden aber wurden schlimmer und schlimmer, denn Morolt hatte ihm ein vergiftetes Schwert ins Fleisch geschlagen. Er wurde immer blasser, und sein Körper verfiel zusehends. Kein Arzt und kein Zauberer konnte ihn heilen. Für dieses Gift wußten nur die zauberische Königin von Irland und ihre Tochter, Isolde die Blonde, das Geheimnis, das zur Heilung führen würde. Aber diese beiden Zauberkünstlerinnen lebten in Irland. Tag und Nacht hielten sie Totenwache beim Leichnam des Morolt. Tag und Nacht verfluchten sie den Namen des Tristan von Lohnois, und Tag und Nacht dürsteten sie nach Rache.

Tristan wußte, daß es in Cornwall keine Heilung für ihn gab. Aber sein Herz riet ihm, sich dem Meer anzuvertrauen und entweder Heilung oder den Tod zu suchen.

«Dem Meer will ich mich anvertrauen und seinen Abenteuern... Ich will, man soll mich in die Weite stoßen, allein. Wohin? Ich weiß es nicht. Vielleicht jedoch dahin, wo ich den finde, der mich heilt. Und vielleicht eines Tages werd' ich Euch wieder dienen, edler Oheim, als Euer Harfenspieler, Euer Jäger und guter Vasall.»

Sie legten ihn sanft in ein kleines Boot ohne Segel oder Ruder. Sein Schwert ließ er an der Küste zurück, denn es konnte ihm nicht länger helfen. Nur seine Harfe nahm er mit ins Boot, daß sie ihm unterwegs Gesellschaft leiste. Dann stießen sie das Boot unter Tränen hinaus aufs Meer und empfahlen ihn Gott. Das Meer aber führte ihn davon...

Sieben Tage und sieben Nächte trieb Tristan auf dem Wasser, und dann trug ihn das Meer einem Gestade zu. In der Dunkelheit der Nacht vernahmen Fischer eine süße Melodie, die wie Silber über das Wasser dahinlief. Im Morgengrauen fanden sie ihn leblos in seinem Boot liegend, und seine Hände lagen regungslos auf den Saiten. Die Fischer trugen Tristan an den Strand und sandten eine Botschaft an ihre Herrin, denn diese hatte die Gabe des Heilens.

Ihre Herrin aber war Isolde die Blonde. Ihre Mutter war die zauberische Königin von Irland, und der Hafen war Weisefort (Whitehaven), wo Morolt begraben lag. So trugen sie also den verwundeten Fremdling zur Prinzessin Isolde. Sie allein von allen Frauen in der Welt vermochte ihn zu retten. Sie allein jedoch von allen Frauen wünschte inbrünstig seinen Tod.

Blancheflur

Lassen wir nun Tristan für eine Weile in Irland und unterbrechen wir an diesem Punkt die Erzählung. Jetzt ist der Augenblick gekommen, daß wir uns der symbolischen Sprache des Mythos zuwenden und zu verstehen suchen, welche Wahrheiten er uns beibringen will.

Am Anfang haben wir einen Helden, der in Traurigkeit geboren wurde und der seine Mutter am ersten Tag seines Erdenlebens verlor. Wer ist dieses Kind, und was bedeutet Blancheflurs Tod für uns?

Der Tod von Tristans Mutter ist ein Erlebnis, das sich nicht nur auf Tristan bezieht. Denn Tristan ist der Prototyp des modernen westlichen Mannes. Er ist der Erstgeborene unserer heutigen Welt. Tristans Verstand ist unser Verstand, seine Welt ist unsere Welt, seine Probleme sind in Wirklichkeit unsere Probleme, und sein Verlust ist unser Verlust.

Psychologisch gesehen, begann die Neuzeit im 12. Jahrhundert, in der Zeit, als Tristan geboren wurde und dieser Mythos entstand. Die Samen für den Geist von heute wurden in dieser Zeit gepflanzt: das, was wir heute sind – unsere Einstellungen, Werte, Konflikte und Ideale – hat sich aus diesem Samen entwickelt. Die kollektive Psyche ist wie ein gigantischer, weit ausladender Baum, der langsam in Jahrhunderten wächst. Für diesen riesigen, sich entwickelnden kollektiven Geist sind tausend Jahre nur eine kurze Zeit.

Tristan ist das neue Kind, das im Mittelalter geboren wurde und dann im Verlauf des nächsten Jahrtausends herauswuchs zum westlichen Mann von heute. Seine Mutter und sein Vater, Blancheflur und König Riwalin, symbolisieren die alte Ordnung, den ehemaligen Geist Europas. Sie sterben, aber sie bringen ein Kind in die Welt, und dieses Kind ist der moderne Geist des Westens. Es ist Tristan, der «Neue Mann».

Durch Blancheflurs tragischen Tod bleibt Tristan in einer traurigen, entstellten Welt zurück, die fast aller Spuren des Weiblichen beraubt wurde. Und wie Tristan haben auch wir diese Welt geerbt. Denn Blancheflur steht für das innere weibliche Prinzip. Sie personifiziert die innere weibliche Seele des westlichen Mannes, die weiblichen Werte, die einst in unseren Kulturen existiert haben. Ihr Tod bezeichnet jenen traurigen Tag in unserer Geschichte, als unsere patriarchalische Mentalität das Weibliche zur Gänze aus unserer Kultur und unserem täglichen Leben vertrieb.

Tristan erlernt alle «Künste, wie sie jungen Edelleuten anstehen». Und welche Künste sind das? Mit Schwert, Lanze und Bogen zu kämpfen, ein Pferd für den Krieg zu reiten und im Sprung die breitesten Gräben zu überwinden. Zu jagen. Alles in seiner Welt betont die männliche Seite des Lebens: Macht ausüben, für die Schlacht trainieren und das Land verteidigen. Jeder Held braucht diese Fertigkeiten – das soll überhaupt nicht in Zweifel gezogen werden. Dennoch repräsentieren sie nur eine Hälfte der menschlichen Natur. König Marke hat keine Königin. Seine Schwester Blancheflur ist gestorben. Die gesamte weibliche Seite des Lebens, Liebe, auf Gefühl basierende Beziehungen, Verinnerlichung, das intuitive und lyrische Erleben des Lebens – das alles ist so gut wie verschwunden in Cornwall und Lohnois. Das einzige feminine Überbleibsel in Tristans Leben ist seine Harfe, und wie wir noch sehen werden, ist es seine Harfe, die ihn rettet.

Wir werden unsere Geschichte besser verstehen, wenn wir uns

klarmachen, was wir unter «das Weibliche/das Feminine» verstehen.

Jung hat herausgefunden, daß die Seele zweigeschlechtlich ist: sie besteht sowohl aus männlichen wie auch aus weiblichen Komponenten. Daher ist jeder Mann und jede Frau mit einer psychologischen Struktur ausgestattet, die in ihrer Ganzheit den Reichtum beider Seiten, beider Naturen und beider Sets von Fähigkeiten und Stärken enthält. Ganz spontan teilt sich die Seele in einander ergänzende Gegensätze und stellt diese als eine männlich-weibliche Konstellation dar. Sie charakterisiert manche Eigenschaften als «männlich» und gewisse andere als «weiblich». Ähnlich wie Yin und Yang in der alten chinesischen Psychologie halten sich diese einander ergänzenden Gegensätze im Gleichgewicht und komplettieren einander. Kein einziger menschlicher Wert oder Charakterzug ist in sich selbst vollständig: er muß von seinem männlichen und weiblichen «Partner» in einer unbewußten Synthese ergänzt werden, wenn wir Ausgeglichenheit und Ganzheit erreichen wollen.

Die Psyche betrachtet unsere Fähigkeit zu Beziehungen und zur Liebe als eine «weibliche» Eigenschaft, die von der weiblichen Seite der Psyche ausgeht. Im Gegensatz dazu sieht sie die Fähigkeit, Macht auszuüben, Situationen zu beherrschen und ein Gebiet zu verteidigen, als Stärken, die wir in der «männlichen» Abteilung der Psyche vorfinden. Jeder von uns muß beide Seiten der Psyche entwickeln, um ein ganzer Mann oder eine ganze Frau zu werden. Wir müssen beides können: lieben und mit Macht umgehen, Kontrolle ausüben und uns spontan vom Schicksal tragen lassen – jedes hat zur richtigen Zeit seinen Wert.

Wenn wir in diesem Sinn vom «Weiblichen» sprechen, dann meinen wir natürlich nicht «auf Frauen bezogen». Wir sprechen von inneren, psychologischen Eigenschaften, die Frauen und Männer gleichermaßen besitzen. Wenn ein Mann die Kräfte seiner inneren Weiblichkeit entwickelt, dann ergänzt und vervollständigt das eigentlich seine Männlichkeit. Er wird männlicher in dem Maße, in dem er menschlicher wird. Ein wirklich starker Mann ist ein Mann, der genauso die Liebe zu seinen Kindern zeigen kann, wie er seine täglichen Schlachten in der Geschäftswelt kämpft. Seine männliche Kraft wird vergrößert und ausgewogen durch seine weibliche Fähigkeit zur Bezogenheit, seine Fähigkeit, seine Gefühle und Emotionen auszudrücken.

In jedem von uns liegt die Fähigkeit, zur Ganzheit zu gelangen, die widersprechenden Teile in uns zu einer Synthese zu vereinigen. Es gibt einen einfachen Namen für diese Totalität des Individuums: Jung nannte sie «das Selbst».

Das *Selbst* ist die Summe aller divergierenden Kräfte, Energien und Eigenschaften, die in uns leben und uns zu dem machen, was wir sind, nämlich zu einem einzigartigen Individuum. Das Selbst ist die ausgeglichene, harmonische, symmetrische Einheit im Zentrum unserer Existenz, die jeder von uns in sich spürt. Aber wir erfahren das Selbst selten durch unser Bewußtsein. Wir haben selten das Gefühl von Einheit und Ganzheit. Gewöhnlich empfinden wir uns als eine chaotische Masse einander widersprechender Wünsche, Werte, Ideale und Möglichkeiten, manche davon bewußt, manche unbewußt, die uns zur gleichen Zeit in viele Richtungen auf einmal zu ziehen scheinen.

Es bedarf der «Aufklärung», damit wir uns dieser geteilten und widersprüchlichen Teile unseres Selbst bewußt werden, damit wir zu jener ursprünglichen Einheit erwachen, die diese Teile verbindet. Das Erwachen zur Einheit des Selbst ist das große Ziel unserer psychologischen Evolution, es ist die kostbarste Perle der Welt, der Gegenstand unserer tiefsten Sehnsüchte. Und diese Möglichkeit manifestiert sich in der dualen männlich-weiblichen Natur der Psyche.

Im Symbolismus der Mythen wird das Selbst oft durch ein männlich-weibliches Paar dargestellt: König und Königin zum Beispiel oder ein göttliches Paar von Bruder und Schwester oder einen Gott und eine Göttin. Mit diesem Symbol des königlichen Paares will uns die Psyche sagen, daß das Selbst ein Ganzes ist, auch wenn wir es als zueinander gehörende Gegensätze empfinden. Die Psyche zeigt uns, daß wir eine «Eheschließung», eine heilige Synthese, zwischen beiden Polen unserer menschlichen Natur herbeiführen müssen. Wie die Drachen des Yin und Yang, so erschaffen auch der innere König und die innere Königin ständig in einem ewigen kosmischen Tanz unsere Welt aus den männlichen und weiblichen Energien des Selbst.

Aber in Tristans Welt gibt es keine Königin! Es gibt einen König: Marke. Aber die Königin ist gestorben. Blancheflur ist fortgegangen.

Die weiblichen Eigenschaften sind es, die Sinn in unser Leben bringen: die Fähigkeit, mit andern Menschen Beziehungen aufzubauen, Bewußtheit über unsere inneren Gefühle und Werte, Respekt für unsere Umwelt auf der Erde, Freude an der Schönheit der Welt und die introspektive Suche nach innerer Weisheit. Wenn wir uns bei diesen Werten selbst betrügen, bleibt nicht mehr viel übrig. Mit unseren Schwertern und Lanzen können wir zwar ganze Imperien erbauen, aber sie geben unserem Leben weder Sinn noch Ziel.

Blancheflurs Tod bedeutet jedoch nicht, daß wir diese Werte für immer verloren haben. In einem Mythos oder einem Traum bedeutet der Tod, daß etwas das Bewußtsein verlassen hat, aber es ruht im Unbewußten und wartet darauf, erneut im Bewußtsein geboren zu werden. Heute können wir viele

Leute dabei beobachten, wie sie versuchen, Blancheflur aus dem Unbewußten zurückzuholen. Die Menschen bemühen sich zu lernen, wie man seine Gefühle ausdrückt, Zuneigung zeigt, ganz allgemein wie man die intuitive Seite des Lebens zum Erwachen bringt. Manches geht daneben, manches wird zu einer Modeerscheinung, wird reduziert zu befangenen Umarmungen und erzwungener «Spontaneität», aber die Menschen bemühen sich wenigstens, Blancheflur zu finden.

Warum ist Blancheflur gestorben? Warum haben wir Menschen im Westen so viel von unserer Fähigkeit zu lieben, zu fühlen und uns auf andere zu beziehen verloren?

Sehen wir uns doch Blancheflur an! Sie ist vom Krieg umgeben, wird an einen Verbündeten zum Dank für die Hilfe in einem Krieg verheiratet und eilig zu einem anderen Kriegsschauplatz gebracht in Lohnois; dieser Krieg tötet ihren Mann und vernichtet ihren Lebenswillen. Immer war sie im Heerlager, sie kennt nur Soldaten, Schwerter, Bündnisse und Tod. Das Schicksal des Weiblichen in unserer Kultur ist sehr ähnlich: immer im Heerlager, wird es in den schmutzigen Mechanismus der männlichen Machttriebe hineingezogen, vom Krieg erstickt und im ohrenbetäubenden und ewigen Klingen des Stahls schließlich vergessen.

An jenem kalten Tag in Lohnois, als Blancheflur starb, verließ uns die weibliche Seele des Westens. Sie ging nach Irland in ein unbekanntes mythisches Land jenseits des Meeres. Sie verließ uns und ging, um im Unbewußten zu leben und auf bessere Zeiten zu warten, wenn sie wieder ins menschliche Leben zurückkehren würde.

Das Kind der Traurigkeit

«In Traurigkeit kam ich hierher, in Trauer mußt' ich dich gebären, traurig ist die erste Feier, die ich dir bereite. Und wie du also auf die Welt gekommen bist durch Traurigkeit, sollst du den Namen Tristan tragen, das heißt: Kind der Traurigkeit.»

Die Welt des Königs Marke, des Königs Riwalin und des Herzogs Morgan ist ein anschauliches Symbol unseres patriarchalischen Verstandes. Keiner von uns ist sich wirklich voll bewußt, wie sehr er oder sie von patriarchalischen Vorurteilen geleitet werden. Niemand versteht wirklich, in welchem Ausmaß das männliche Streben nach Macht, Produktion, Prestige und Leistung uns verarmen läßt und die weiblichen Werte aus unserem Leben hinausdrängt.

Wir sind, ebenso wie Tristan, Kinder der Traurigkeit. Wir Menschen im Westen sind Kinder der inneren Traurigkeit, obwohl wir nach außen hin alles haben. Es hat wahrscheinlich in der ganzen Geschichte noch nie Menschen gegeben, die so einsam, so sich selbst entfremdet, so verwirrt in bezug auf ihre Werte und so neurotisch waren wie wir. Unsere Umwelt haben wir mit der Gewalt eines Vorschlaghammers und mit elektronischer Präzision unter unsere Herrschaft gebracht. In einem noch nie dagewesenen Ausmaß häufen wir Reichtümer an. Aber nur ganz, ganz wenige von uns leben in Frieden mit sich selbst, fühlen sich sicher in ihren zwischenmenschlichen Beziehungen, zufrieden mit ihrer Liebe und zu Hause in der Welt. Die meisten von uns schreien nach dem Sinn des Lebens, nach Werten, gemäß denen wir leben können, nach Liebe und zwischenmenschlichen Beziehungen.

Unsere Traurigkeit resultiert aus dem Verlust jener weiblichen Werte, die wir herabgewürdigt und aus unserer Kultur vertrieben haben. Es war nicht möglich für Blancheflur, in einer Kultur zu überleben, die nur Lohn für Erwerb, Macht, Wettbewerb und «Ausschauhalten nach der Nummer 1» kennt. Der Beginn des Mythos zeigt uns, welche Welt wir uns geschaffen haben, und das ist die Welt, in die Tristan hineingeboren wurde. Ständig gibt es irgendwo Krieg, die Männer denken nur an die Imperien, die sie errichten werden, oder an die Anhäufung von Territorium oder Reichtum und die Beherrschung der Umwelt, koste es, was es wolle. Wir nennen das immer noch Fortschritt. Aber diese einseitige Mentalität bringt Riwalin und Blancheflur um und läßt Tristan als Waisenkind zurück.

König Riwalins Hochzeit mit Blancheflur symbolisiert unseren westlichen Versuch, eine Synthese innerhalb der patriarchalischen Mentalität zustande zu bringen. Aber dieser Versuch ist zum Scheitern verurteilt, denn er basiert auf der Annahme, daß sich die weiblichen Werte immer den männlichen Forderungen nach Macht unterzuordnen hätten. Schließlich kommt Herzog Morgan, gleichsam das Endprodukt der patriarchalischen Geisteshaltung, und zerstört die zerbrechliche Synthese: er bringt den König und die Königin um.

Blancheflur hat nie ihren rechtmäßigen Platz in dieser Gesellschaft erhalten. Die Werte, die sie repräsentiert, wurden nie um ihrer selbst willen respektiert. Auch wenn Marke seine Schwester liebt, so gibt er sie doch Riwalin in einem Tausch dafür, daß Riwalin sein Territorium verteidigt, also um die Allianz zu besiegeln. Sie ist ein Stück Eigentum, das man benützen kann, wie immer es dem männlichen Ego zur Befriedigung seines Machttriebes vorteilhaft erscheint. Wenn wir die Augen offenhalten, können wir diese Erscheinung auch in unserer Gesellschaft beobachten: Wenn ein Mann die Gefühle einer Frau benützt, um Macht über sie zu erlangen, wenn ein Mann eine Freundschaft nur deshalb beginnt, damit er diesem Freund dann etwas verkaufen kann, wenn wir in der Fernsehreklame hören, daß wir das Produkt kaufen werden, wenn wir «unsere Kinder wirklich lieben» – dann wird in jedem dieser Fälle mit großem Zynismus Liebe und Gefühl in den Dienst von Macht und Profitdenken gestellt. Als Gesellschaft betreiben wir immer noch Handel mit Blancheflur.

Herzog Morgan repräsentiert die letzte und extreme Degenerierung der patriarchalischen Mentalität. Als ihm König Riwalin den Rücken zukehrt, greift er an. Er liegt im Hinterhalt, um zu morden. Er schafft nichts Positives. Er versteht nur zu plündern. Herzog Morgan symbolisiert die männliche Hälfte der Psyche, die jeglichen Kontakt mit dem inneren Weiblichen verloren hat. Er ist der außer Kontrolle geratene Machttrieb, der nicht mehr von den Kräften der Liebe, des Gefühls und den menschlichen Werten im Gleichgewicht gehalten wird. Er strebt nur noch nach Macht. Er zerstört alles Menschliche und Zarte. Er ist zur Brutalität reduziert.

In unserer Zeit muß man nicht weit gehen, um einen Herzog Morgan zu finden. Er sitzt in den Regierungen, in den Unternehmen, ja sogar im Haushalt der Familien. Wenn wir ehrlich und genau hinschauen, dann finden wir Spuren von ihm in uns selbst, denn er ist ganz einfach überall. Wenn wir das innere Weibliche heruntermachen und den Kontakt mit seinen Werten verlieren, dann werden wir wie Herzog Morgan. Wir verbringen unsere Tage damit, nachzudenken, wie wir im Leben vorankommen können, wie man gewinnen kann, wie man sich eine bessere Position in der Geschäftswelt und in der

Gesellschaft erwerben kann und wie wir unsere Familien und Freunde dazu bringen können, genau das zu tun, was wir wollen. Wir vergessen ganz, wie man seinen eigenen Werten, seinem eigenen inneren Selbst und den Menschen, die wir lieben, treu bleibt.

Der Geist des Herzogs Morgan läßt uns eine tiefe psychologische Realität erkennen: *Kein Teil der menschlichen Psyche kann in einem gesunden Zustand leben, wenn er nicht von seinem Gegenteil ergänzt und im Gleichgewicht gehalten wird.* Wenn der männliche Verstand versucht, ohne seine «andere Hälfte», die weibliche Seele, zu leben, dann gerät das Männliche aus dem Gleichgewicht, es wird krank und schließlich zum Ungeheuer. Macht und Liebe werden zu Brutalität. Gefühl ohne männliche Stärke wird zu watteartiger Sentimentalität.

Wenn eine Seite der menschlichen Natur gegenüber der anderen aus dem Gleichgewicht gerät, dann verwandelt sie sich zum Tyrannen der Seele. Das ist der Tyrann Morgan. Er verdrängt das ergänzende Gegenteil ins Unbewußte. Und das ist Blancheflur. Aber das Unbewußte erträgt diese Art des Ungleichgewichts nicht. Wir haben schon gesehen, daß die stärkste Kraft im psychischen Universum das Verlangen nach Vollständigkeit, nach Ganzheit, nach Ausgeglichenheit ist. Das Weibliche wird zurückkehren. Jenseits des Meeres wartet Isolde. Und wenn Isolde kommt, dann wird die selbstzufriedene patriarchalische Welt niemals mehr dieselbe sein.

Es gibt also noch Hoffnung für das Kind der Traurigkeit. Tristan ist zugleich ein Kind der Hoffnung. Das Kind als Symbol steht immer für eine neue Möglichkeit, ein neues Bewußtsein, das in die menschliche Psyche hineingeboren wurde. Tristan hat eine traurige Welt geerbt, aber er hat auch die innere Kraft und das Potential, eine neue Welt und ein neues Verstehen zu schaffen. Tristan ist ein Held. Er wird hingehen und Herzog

Morgan besiegen. Er wird das Recht, das ihm von Geburt an zusteht, zurückerobern. Und er wird Isolde finden, die Reinkarnation von Blancheflur. Wir alle sind Tristan. Tristan ist jedermann. Seine Traurigkeit ist auch die unsere, seine Herausforderungen sind auch unsere, und seine Hoffnung ist auch unsere Hoffnung.

Die Inseln des Bewußtseins und die Meere Gottes

Segle hinaus – und wende dich nur in die tiefen Gewässer,
Unbesonnene Seele, und geh auf Entdeckungsfahrt, ich mit dir
und du mit mir.
Denn unser Ziel ist, wo noch kein Seefahrer je gewesen.
Und wir wollen das Schiff riskieren, uns selbst und alles.

Du meine tapfere Seele!
Segle weiter und immer weiter!
Verwegene Freude und doch sicher! Sind denn nicht alle Meere
von Gott?
Segle nur weiter, weiter und immer weiter!

Walt Whitman, Passage to India

Für die ganze Menschheit und durch alle Zeiten war das Meer das große Symbol des Unbewußten. Die Inseln jenseits des Meeres, exotische Königreiche und ferne Länder haben immer schon das große Unbekannte repräsentiert. Unser Verlangen nach diesen geheimnisvollen Orten, nach Magie, fliegenden Teppichen und Dschinnis hat eine tiefe innere Bedeutung. Es ist unsere Sehnsucht nach den geheimnisvollen, unerforschten Tiefen unserer eigenen Seele, der Wunsch, unsere versteckten Möglichkeiten innerhalb unserer eigenen Seele kennenzulernen, die Sehnsucht nach dem, das wir nie gekannt, nie gelebt, nie gewagt haben.

Zur Zeit Tristans war die Welt klein. Das exotische, unbekannte Land jenseits des Meeres war Irland. In Irland konnte man daher eine zauberische Königin, eine sagenhafte Prinzessin, Drachen und Riesen finden. In den Tagen Walt Whitmans wurde das mystische, unerforschte Reich des Unbewußten durch Indien symbolisiert, und eine Fahrt nach Indien war jene heroische Reise ins Unbewußte, «wo noch kein Seefahrer je gewesen». In unserem Jahrhundert gibt es wieder einen anderen Mythos, ein anderes Symbol. Raumschiffe bringen außerirdische Wesen von weit entfernten Galaxien und Planeten, von Zivilisationen, die höher entwickelt und mächtiger sind als unsere eigene, und von diesen Wesen lernen wir neue und wunderbare Dinge.

Jede dieser mythischen Landkarten zeigt die menschliche Seele. Das Ich lebt auf der winzigen Halbinsel Cornwall, und das ist der kleine Teil des riesigen psychischen Universums, das es kennt. Aber jenseits des Meeres oder jenseits des Unbewußten, jenseits der riesigen Entfernungen des Weltalls gibt es andere «Inseln des Bewußtseins», die ihre eigenen Werte, ihre eigene Stärke und ihre eigenen Ansichten besitzen. Mit diesen Zentren des Bewußtseins muß das Ich eine Synthese eingehen.

Cornwall ist die Insel des Ich, die von der patriarchalischen männlichen Einstellung beherrscht wird. Irland ist die Insel des unbewußten, matriarchalischen Weiblichen, die von der Zauberin-Königin beherrscht wird. Keine von beiden kann ohne das jeweilige Gegenstück leben. Entweder muß Cornwall nach Irland gehen, oder Irland kommt nach Cornwall.

Das Unbekannte zieht Tristan unaufhörlich in Richtung Irland, denn Tristan ist der Held, der beide Inseln vereinen muß. Er muß sich in diese Meere Gottes hineinstürzen und dorthin gehen, «wo noch kein Seefahrer je gewesen».

Sogar die Piraten stehen im Dienst dieser Evolution. Seltsame und paradoxe Dinge passieren, wenn die Zeit für das Ich gekommen ist, sich auf seine Reise zur Ganzwerdung zu begeben. Von Seeräubern gekidnappt zu werden, erscheint als schreckliches Unglück. Aber wenn wir weiser werden, dann lernen wir begreifen, daß die Katastrophen des Lebens oft dem Genie des Unbewußten entspringen, das unser Ich zu einer neuen Erfahrung des Selbst zwingt. Und so schleppt das Schicksal in der Verkleidung eines schmutzigen Piraten, der nach Rum und Blut stinkt, Tristan aufs offene Meer und zwingt ihn weiterzufahren bis zum nächsten Hafen auf seiner Entwicklungsreise.

Natürlich besteht zwischen Cornwall und Irland ein Kampfzustand. Der innere Versuch zur Synthese beginnt stets mit einem Konflikt. Und wenn wir zum erstenmal von Irland hören, dann hören wir zur gleichen Zeit von einer Tributzahlung und noch dazu von einer furchtbaren: dreihundert Jünglinge und dreihundert Mädchen! Was bedeutet das?

Wenn ein Mann oder eine Frau an der beherrschenden patriarchalischen Einstellung festhält und sich weigert, mit dem inneren Weiblichen Frieden zu schließen, dann wird das Weibliche eine Tributzahlung fordern: Wenn wir uns weigern, eine mächtige neue Möglichkeit, die aus dem Unbewußten aufsteigt, zu integrieren, dann wird das Unbewußte seinen Tribut verlangen, auf die eine oder andere Art. Dieser «Tribut» kann die Form einer Neurose annehmen oder einer zwanghaften Launenhaftigkeit, einer Hypochondrie, Besessenheit, einer eingebildeten Krankheit oder einer lähmenden Depression. C. G. Jung führt in seinen Schriften ein glänzendes Beispiel an. Er hatte einen Patienten, der ein brillanter Intellektueller war, ein Wissenschaftler. Der Mann versuchte, ohne Gefühle zu existieren, ohne emotionelle Beziehungen, ohne ein religiöses Leben. Plötzlich entwickelte er die zwanghafte Überzeugung, daß er Magenkrebs habe. Physisch gab es den

Krebs nicht, aber er litt trotzdem alle Qualen der Hölle. Diese Besessenheit lähmte ihn und sein berufliches Leben. Sein geordneter, rationaler Verstand konnte das Problem nicht lösen. Er wurde erst von dieser Zwangsvorstellung befreit, als er zustimmte, die weibliche Seite seiner Psyche wieder zu integrieren, also jene menschlichen und geistigen Werte, die er viele Jahre zuvor über Bord geworfen hatte. Das ist der Morolt, wenn er mit gezücktem Schwert den Tribut einfordert.

Wenn wir nur lernen wollten, die weibliche Seite zu achten! Wenn wir wüßten, wie man nach Irland geht und Frieden schließt! Statt dessen leben wir die weibliche Seite in einer völlig zwanghaften, unbewußten Weise: Wir essen und trinken zuviel, wir lassen uns von Launen beherrschen und haben Kopfschmerzen. Wenn wir lernen könnten, das Weibliche auf eine bewußtere Art zü leben, der Verkauf von schmerzstillenden Tabletten würde drastisch zurückgehen. Wir müssen es lernen, wie man in der Sonne spazierengeht und die Farben der Erde betrachtet, wie man seinen physischen Körper respektiert, wie man sich der Musik des Lebens bewußt wird, auf seine Träume hört und wie man den Leuten, die man liebt, das auch zeigt. Dann können wir Frieden schließen. Dann wird der Morolt nicht mehr vor unserer Tür stehen und sein Schwert auf unsere Kehlen gerichtet halten.

Aber das wird uns nicht gelingen, wenn wir auf unseren tiefverwurzelten patriarchalischen Ansichten sitzenbleiben, sicher verwahrt in Cornwall. Wir müssen diese Teile unseres Selbst betreten, die wir kaum je berührt haben, die wir kaum kennen. Wir müssen die Segel hissen, in die tiefen Gewässer vordringen, alles dabei riskieren und sind doch dabei seltsam sicher auf den Meeren Gottes.

Das Schwert und die Harfe

Tristan ist gleichzeitig das Ich des westlichen Mannes, das Ich, das diese Geschichte erlebt, und der Held der Geschichte. Das hat eine tiefere Bedeutung: Für den Menschen im Westen muß das Ich heldenhaft sein. Nur heldenhafter Geist hebt uns über kleinliche Egozentrizitäten hinaus und macht uns zu Dienern eines höheren Ideals und kann als Ausrüstung für unsere evolutionäre Aufgabe verwendet werden.

Der Held hat eine ganz bestimmte Arbeit zu leisten: Er muß die Reise ins Innere antreten, sich dort den Drachen und Riesen stellen und den verborgenen Schatz finden. Die äußere Rolle des Helden verliert in unserer Zeit immer mehr an Bedeutung. Äußere Schlösser, die man erstürmen, oder Drachen, die man erschlagen kann, stehen nur selten zur Verfügung. Aber die heldenhafteste Aufgabe, die es gibt, kann von jeder Person in Angriff genommen werden, wobei es gleichgültig ist, wie ihre äußeren Umstände beschaffen sind. Jeder kann sich auf die innere Suche begeben und die Bürde auf sich nehmen, ein Ganzes zu werden.

Der Held braucht zwei Dinge: ein Schwert und eine Harfe. Bis zu diesem Punkt war unsere ganze Geschichte ein Wechselspiel zwischen der Macht des Schwertes und der Macht der Harfe in Tristan. Tristan brauchte sein Schwert zum Kämpfen, zuerst gegen den bösen Herzog Morgan und dann gegen den brutalen Morolt. Das Schwert symbolisiert das scharfe, aggressive Ausüben der männlichen Macht. Mit dem Schwert nähert sich der Held der Welt auf aggressive Art und Weise, macht sich zum Herrn der Lage, nimmt die Position des Stärkeren ein und besiegt den Gegner. Auf der Ebene des Verstandes bedeutet das Schwert den scharfsinnigen Intellekt, der teilt und analysiert. Bildlich gesehen zerschneidet er Probleme und Ideen, um sie zu verstehen. Das ist die logische und kritische Fähigkeit des Verstandes.

Jeder von uns braucht die Macht des Schwertes. Es gibt Zeiten, da ist es ganz einfach notwendig, logisch und analytisch zu sein. Es gibt Momente, da muß man selbstbewußt und stark sein. Aber es gibt auch Zeiten, wo weder Logik noch Gewalt nützen. Dann müssen wir uns der Harfe zuwenden.

Nach der Schlacht mit Morolt, als Tristan verwundet ist und das Schwert ihm nicht mehr hilft, da legt er es nieder und greift zu seiner Harfe. Und es ist auch seine Harfe, die ihn übers Meer begleitet. Die Harfe ist die lyrische Seite, die Gefühlsseite, die dem inneren Weiblichen entspricht. Mit seiner «Harfenkraft» zeigt er sein Gefühl, drückt er Liebe aus und läßt menschliche Beziehungen entstehen. Mit seiner «Harfenkraft» hat Tristan die Liebe zwischen sich und seinem Onkel erweckt. Als er die Harfe hörte, rief Marke aus: «Du bist zu unserer Freude in dies Haus gekommen. Bleib lange um mich, mein Freund!»

Die Harfe repräsentiert die Kraft, ein Gefühl für Werte zu entwickeln, für das Gute und Wahre einzutreten und das Schöne zu schätzen. Die Harfe befähigt einen Helden, das Schwert in den Dienst eines edlen Ideals zu stellen. Unsere Geschichte zeigt uns, daß es die Harfe ist, die es uns ermöglicht, das Meer des Unbewußten zu befahren.

Um vollständig zu sein, muß ein Held beides besitzen. Ohne Schwert wird die Harfe wirkungslos. Aber ohne Harfe wird das Schwert zur brutalen, egoistischen Gewalt reduziert. Die Menschen verwechseln diese beiden Kräfte oft in ihren Beziehungen, mehr als auf jedem anderen Gebiet des Lebens. Oft hören wir, wie ein Mann und eine Frau dabei sind, die «Dinge in Ordnung zu bringen», indem sie streiten, einander kritisieren, logisch daherreden, die Argumente des Gegners zu durchlöchern suchen und Haare spalten. Dann wundern sie sich, warum jegliches spontane Gefühl von Liebe und Wärme aus ihrer Ehe oder ihrem Zusammensein verschwunden ist. Diese Art von Verhandlungen sind immer «Schwert»-Aktivitäten. Diese Menschen reden nach Art des Schwertes miteinander.

Das Schwert kann keine Beziehungen schaffen. Es kann nichts in Ordnung bringen, es kann nicht verbinden. Es kann nur auseinanderreißen. Wenn man seine Beziehung zu einem Menschen heilen will, wenn man eine Beziehung aufbauen will, dann muß man lernen, die Sprache der Harfe zu sprechen. Man muß die andere Person bestätigen, seiner Liebe, seinem Gefühl und seiner Verehrung Ausdruck geben. Dieses Gesetz ist absolut gültig: Die Harfe heilt und verbindet. Das Schwert verwundet und trennt.

Tristans Sieg über den Morolt ist eine grundlegende Lektion darin, wie man das Schwert *richtig* anwendet. Darauf müssen wir achten. Morolt repräsentiert jene furchtbare Macht – primitive, rohe Gewalt –, die das unbewußte Weibliche gegen das männliche Ich losläßt, wenn es versucht, das Weibliche auszuschalten. Wenn einmal der Morolt auf der Bühne erschienen ist, dann geht es nicht mehr um Werbung, dann geht es um tödlichen Kampf. Das unbewußte Weibliche verlangt hier nicht nur einen Platz im Leben des Mannes, es verlangt absolute Kontrolle. Es verlangt, daß Tristan den Tribut zahle und sich ihrem Zauber unterwerfe.

Das hieße, von einem Extrem ins andere fallen: von der einseitigen patriarchalischen Einstellung in die gleichermaßen einseitige weibliche Haltung. Das wäre keine Eheschließung, keine Synthese: das wäre nur eine Versklavung in das andere Extrem der Beherrschung durch das Weibliche. Wenn ein Mann nachgibt und dem Weiblichen tributpflichtig wird oder wenn sein Ich in der Schlacht mit Morolt zerstört wird, dann verliert er seine Männlichkeit und wird der Sklave seiner weiblichen Seite.

Wir können das bei manchen Männern in bestimmten Phasen ihres Lebens beobachten. Ein Mann, der immer hart war, ein aggressiver Draufgänger, wird plötzlich von seiner unterdrückten weiblichen Seite angegriffen werden. Das kann die Form einer Krankheit annehmen, kann eine Depression sein oder ein plötzlicher Verlust der Interessen im Leben. Seine Frau muß für ihn die Entscheidungen treffen, während er sich in Launen und Hypochondrie ergeht.

An diesem Punkt der Erzählung wird uns ein großes Paradoxon vorgelegt. Bevor das männliche Ich mit dem Weiblichen Frieden schließen kann, bevor die Verehelichung der Gegensätze stattfinden kann, muß es zuerst mit dem Morolt kämpfen. Zuerst muß der Mann sich gegen das rohe Gewalt-Spiel zur Wehr setzen, das das innere Weibliche mit ihm treibt. Sein männliches Ich muß genügend Kraft entwickeln, so daß es sich dem mächtigen inneren Weiblichen unter gleichen Bedingungen nähern kann.

Viele Leute im Westen, die östliche Religionen und Philosophien mißverstanden haben, erheben es zu einem Ideal, sich vom Ich zu befreien. Es ist wichtig, zu begreifen, daß das Ich absolut notwendig ist. Ihm kommt im großen Drama der Bewußtseinsevolution eine wesentliche Rolle zu. Das Ich hat die spezifische Aufgabe, zum inneren «Irland» zu gehen, es muß die Synthese zwischen den verschiedenen Bewußtseinszentren innerhalb des riesigen Universums der Psyche herstellen. Für diese Aufgabe muß das männliche Ich ein Held sein, wie Tri-

stan. Und die erste Aufgabe des Helden besteht darin, daß er sein männliches Bewußtsein stärkt.
Darin besteht für einen Mann die richtige Fechtkunst. Er muß die «Schwertkraft» besitzen, um sein bewußtes Leben zu verteidigen, wie es auch die «Harfenkraft» braucht, um die Reise ins Unbewußte antreten zu können.
Nach Tristans wunderbarem Sieg über den Morolt herrscht große Freude. Wir können uns erinnern, wie die Leute in Triumphgesänge ausbrachen und die Glocken läuteten, um den Sieg zu verkünden. Das ist es genau, was in einem Mann vorgeht, wenn er den Morolt überwältigt und dadurch seine Männlichkeit gewinnt, er empfindet ein großes Gefühl der Befreiung, des Sieges über jene Kräfte, die ihn schwach oder abhängig hätten machen können. Aber in dem Augenblick, in dem der Mann frohlockt, ist er bereits besiegt: der vergiftete Stachel steckt bereits in ihm.
Darin besteht die schreckliche Ironie des Schicksals! Das Recht triumphiert über das Unrecht. Die Kinder werden durch Tristans Mut gerettet. Welch schreckliches Geschick durchbohrt Tristan mit dem vergifteten Stachel? Es ist eben notwendig, daß Tristan nach Irland gelangt. Ohne Stachel würde Tristan nie zu Isolde der Blonden gelangen. Ohne Stachel würde Tristan ganz einfach zur einseitigen patriarchalischen Mentalität in Cornwall zurückkehren, sich selbst zu seiner männlichen Überlegenheit beglückwünschen und nie mehr daran denken, sich dem Weiblichen zu nähern. Der vergiftete Stachel zeigt uns, daß es keinen endgültigen Sieg über das innere Weibliche gibt: denn jeder Sieg wird seinen Giftstachel enthalten, und die Niederlage wird bereits in sein Fleisch dringen, während er noch feiert. Und das zwingt einen Mann letztendlich, seine Arroganz abzulegen und sich freiwillig zum Weiblichen zu begeben.

Tristan zeigt uns, wie man sich im richtigen Augenblick auf die richtige Art und Weise unterwirft. Er legt sein Schwert beiseite, verfrachtet sich in ein Boot ohne Ruder und Segel, nimmt nur seine Harfe mit und läßt sich auf dem Meer aussetzen.

In jedem Leben kommt der Zeitpunkt, wo das Ich des Mannes keine Antwort mehr hat. Es weiß einfach nicht genug, es hat nicht die Hilfsmittel, die man braucht, um eine unmögliche Situation zu lösen. Wo immer Tristan auch sucht, niemand in Cornwall kann seine Krankheit heilen. Zu diesem Zeitpunkt muß der Mann seine Kontrolle aufgeben. Er sollte sich an Tristans Worte erinnern: «Dem Meer will ich mich anvertrauen und seinen Abenteuern... vielleicht jedoch dahin, wo ich den finde, der mich heilt.» Es ist notwendig, daß er sich dem Unbewußten anvertraut und sich seinen Strömungen überläßt, bis es die Insel eines neuen Bewußtseins für dieses Gebiet des Lebens gefunden hat.

Eine der großen Stärken des inneren Weiblichen ist die Fähigkeit, loszulassen, die Kontrolle des Ichs aufzugeben, aufzuhören, ständig Menschen und Situationen kontrollieren zu wollen, die Situation dem Schicksal zu übergeben und auf die natürliche Ebbe und Flut des Universums zu warten. Auf Ruder und Segel zu verzichten bedeutet, die persönliche Kontrolle niederzulegen und sich dem Willen Gottes anzuvertrauen. Das Schwert zurückzulassen bedeutet, aufhören, mit dem Intellekt oder mit der Logik verstehen zu wollen, und aufhören, die Dinge zwingen zu wollen. Sich der Harfe zuwenden heißt, geduldig zu warten, auf die sanfte Stimme im Innern zu hören, denn Weisheit kommt nicht von Logik oder vom Handeln, sondern vom Gefühl, von der Intuition, dem Irrationalen und Lyrischen.

Wir sehen einen Tristan, der auf dem Meer ausgesetzt ist. Wir hören den Ton der Harfe, der über den Wellen schwebt. Von einer Macht angezogen, die hoch über dem Verstehen seines Ichs steht, ohne eine menschliche Landkarte zur Führung, kommt Tristan schließlich in Irland an. Und dort wartet Isolde auf ihn.

2. TEIL DER ERZÄHLUNG

Wie Tristan vom Liebestrank überwältigt wurde

Wir kehren nun zu Tristans Geschichte zurück. Das letzte, was wir von ihm gehört haben, war, daß er in Irland war. Die Fischer fanden sein steuerlos treibendes Boot, zogen ihn an Land und trugen ihn zum Palast von Isolde der Blonden. Obwohl Krankheit und Fieber ihn zerrüttet hatte, sah die Prinzessin, daß er von edlem Blut und fein gebaut war. Während er schlief, behandelten Isolde und ihre Mutter, die zauberische Königin, ihn mit geheimen Kräutern, Tränken und Zaubersprüchen. Bald fühlte Tristan, wie Heilung seinen Körper durchströmte. Durch das Gift war er so verändert, daß keiner von Morolts Rittern ihn wiedererkannte, und Tristan sagte nichts davon, wer er war oder woher er käme. Sobald er sich stark genug fühlte, die Reise zu unternehmen, stahl er sich davon, und eines Tages, nach mancherlei Gefahren, kehrte er nach Cornwall zurück, wo ihn der König und sein Hof staunend und freudig begrüßten.
Aber Tristan hatte Feinde in Cornwall. Vier schurkische Barone beneideten und haßten ihn, denn er war der berühmteste Ritter im Land, beliebt beim Volk, und der König hatte ihn zu seinem Thronerben gemacht. Diese Schurken brachten die anderen Barone gegen Tristan auf, indem sie sagten: «Tristan muß ein Zauberer sein. Wie sonst könnte er den Riesen besiegt haben, und durch welche Hexerei hat er es vermocht, dem Tode nah, über das Meer zu kommen und sich selbst von dem Gift zu heilen? Er wird einst König sein, ihr Herren, und ihr werdet eure Lehen von einem Zauberer empfangen!»
Sie überredeten die Mehrzahl der Edlen; denn viele Menschen wissen nicht, daß, was in der Zauberer Macht steht, ebenso ein Menschenherz durch die Kraft der Liebe und des Edelmuts vermag. Deshalb bedrängten die Barone den König Marke, eine Königstochter zur Gemahlin zu nehmen, die ihm einen Erben schenken würde. Wenn er sich weigern würde, wollten

sie sich alle in Rebellion erheben. Der König war verwirrt und dachte im geheimen an Mittel und Wege, wie er den Thron für Tristan bewahren könnte.

Eines Tages flogen zwei Schwalben durch das offene Fenster in Schloß Tintagel. Aus ihren Schnäbeln fiel ein goldenes Frauenhaar, lang und hell, in die ausgestreckte Hand des erstaunten Königs. Hierauf ließ Marke die Edlen zusammenrufen und sagte, daß er keine andere zu seiner Königin machen würde als jene Dame, der dieses goldene Haar gehört, denn er hoffte, so die Forderungen der Barone hintanzuhalten. Tristan jedoch war beschämt, und um zu beweisen, daß er nicht den Thron begehrte, trat er hervor und schwor, daß er die Dame mit dem Goldhaar finden würde.

«Wißt, daß die Suche voller Gefahren ist, aber ich will für Euch, mein edler Oheim, meinen Leib und mein Leben aufs Spiel setzen, damit Eure Barone erkennen, daß ich Euch in echter Liebe zugetan bin. Ich verpfände Euch mein Wort durch diesen Schwur. Entweder werde ich auf dieser Fahrt umkommen, oder ich werde die Königin mit den blonden Haaren heimbringen.»

Tristan aber, der sich das goldene Haar betrachtet hatte, lächelte für sich, denn er erinnerte sich Isoldes der Blonden und wußte schon, von wem das goldene Haar war.

Tristan rüstete ein Schiff und segelte nach Irland. Seine Mannschaft zitterte. Wußte Tristan nicht, daß der König von Irland seit Morolts Tod jeden Schiffer aus Cornwall an den Galgen hängte, wenn er ihn fing. In Weisefort (Whitehaven) gab Tristan vor, ein Kaufmann zu sein, und wartete auf die Gelegenheit, die Prinzessin Isolde zu gewinnen. Eines Tages nun vernahm man das Gebrüll eines schrecklichen Drachen, der das irische Land verheerte, und der König von Irland versprach dem Ritter, der den Drachen besiegt, die Hand seiner

Tochter Isolde. Als Tristan das vernahm, verlor er keine Zeit, legte eilig seine Rüstung an, bestieg seinen Streithengst und zog in den Kampf.
So wild war das Ungeheuer, daß Tristans Lanze an seinen Schuppen brach und sein Pferd vom feurigen Atem des Drachen getötet wurde. Tristan stieß sein Schwert tief in den weichen Teil des Halses, und das Untier fiel tot zusammen. Isolde fand Tristan, verwundet und vergiftet, wie er nahe bei des toten Drachen rauchendem Leib lag. Und wiederum pflegte Isolde Tristan mit heilenden Kräutern und brachte ihn vom Tod ins Leben zurück.
Eines Tages bereitete Isolde mit ihren Frauen für Tristan ein heißes Kräuterbad. Während Tristan zufrieden im Wasser saß, begann sie seinen Schild zu reinigen und zu polieren, sie reinigte das Schwert vom Drachenblut und verrichtete Dienste, die eine Jungfrau ihrem Gast schuldig ist. Plötzlich blieb ihr Blick an einer kleinen Scharte in der Klinge haften. In ihrem Kopf drehte sich alles, und sie zitterte. Sie lief zu dem Gemach, wo sie das stählerne Bruchstück, das einst von Morolts Schädelknochen festgehalten war, als heilige Reliquie aufbewahrte. Sie fügte den Splitter in die Scharte: kaum daß man die Spur des Bruches sah. Da stürzte sie sich auf Tristan, und indem sie das Schwert über dem Haupt des Verwundeten schwang, rief sie aus: «Du bist Tristan von Lohnois, der Mörder des Morolt, meines teuren Oheims!» Aber Tristan sprach beruhigende Worte, und Isolde, hin- und hergerissen zwischen Liebeshoffnung und Racheschwüren, hielt ein, um zuzuhören.
«Königstochter... eines Tages kamen zwei Schwalben bis nach Tintagel geflogen und brachten dorthin eines deiner goldenen Haare. Ich glaubte, sie seien Boten des Friedens und der Liebe für mich. Das war's, warum ich auszog übers Meer, dich zu gewinnen. Das war's, warum ich dem Drachen und seinem

Gift die Stirn bot. Sieh dieses Haar, zwischen die goldenen Fäden meines Wamses eingenäht: die Farbe der Goldfäden ist dahin, aber das Gold des Haares ist nicht verblichen.»

Da warf Isolde das Schwert von sich und nahm Tristans Wams in die Hände. Sie sah das goldene Haar darin und schwieg lange Zeit. Dann küßte sie ihn auf die Lippen.

Einige Tage später stand Tristan vor dem König und der Königin von Irland und vor allen irischen Edlen und entdeckte, wer er war, und brachte reiche Geschenke von König Marke. Er erzählte ihnen, daß er den Drachen erschlagen habe, um ihnen eine Genugtuung dafür anzubieten, daß er einst den Morolt getötet. Er schlug vor, daß Isolde König Markes Braut werden solle und Königin von Cornwall, daß zwischen den Ländern von Irland und Cornwall eine ewige Allianz und Frieden herrschen und der Krieg beendet würde. Nun waren der König und seine Barone froh, als sie diese Worte vernahmen und diese Geschenke erhielten, und sie waren froh über die Ehre für Prinzessin Isolde.

Isolde die Blonde aber zitterte vor Schande und Schmerz. So verschmähte sie also Tristan, der sie gewonnen. Die schöne Erzählung von dem goldenen Haar war nichts als Lüge, und einem anderen lieferte er sie aus... So brachte Tristan, in Liebe zu König Marke, durch List und durch Tapferkeit die Königin mit den goldenen Haaren heim.

Er war nach Irland gekommen, er, der Entführer... durch seine Listen hatte er sie ihrer Mutter und ihrem Land entrissen. Er hatte sie nicht gewürdigt, sie für sich zu behalten, und nun führte er sie heim wie seine Beute, übers Meer ins feindliche Land.

Die zauberische Königin sammelte Blumen, Kräuter und Wurzeln, mischte sie in Wein und braute einen kräftigen Trank. Einen Zauber sprach sie darüber, und das sollte seine

Macht sein: die, welche gemeinsam davon trinken, sind einander in Liebe verfallen mit allen ihren Sinnen und allen ihren Gedanken, aber nach drei Jahren würde der Zauber nachlassen. Dann übergab sie ihn insgeheim Brangäne und befahl ihr, den Trank nur König Marke und Isolde am Abend vor der Hochzeitsnacht zu kredenzen, wenn man die Vermählten allein läßt.

Als alle Vorbereitungen getan waren, ging Isolde an Bord von Tristans Schiff, und sie nahmen Kurs auf Cornwall. Eines Tages flaute der Wind ab. Tristan ließ eine kleine Insel anlaufen, und alle gingen ans Ufer außer Tristan und Isolde und eine junge, unerfahrene Dienerin.

Da hörte Tristan, wie Isolde allein in ihrem Zelt bitterlich weinte und um ihre verlorene Heimat trauerte. Er näherte sich ihr und versuchte, ihr mit sanften Worten Trost zuzusprechen. Sie aber wandte sich von ihm ab und wollte nur wenige Worte sagen.

Da die Sonne brannte und sie durstig waren, verlangten sie zu trinken. Das Kind suchte nach einem Getränk und fand an einem kühlen Ort ein Gefäß mit kühlem Wein, den sie ihnen kredenzte. Isolde trank in langen Zügen, dann reichte sie den Becher Tristan, der ihn leerte.

Einige Stunden später fand Brangäne die beiden, wie sie sich schweigend betrachteten, verwirrt und entrückt. Sie sah vor ihnen das beinahe leere Gefäß und den Becher, und kalte Angst durchschauerte sie, denn es war das Gefäß mit dem Zaubertrank.

Zwei Tage lang floß der Liebestrank durch Tristans Adern, und er litt alle Qualen der Liebe, zum einen als triebe ein wilder Brombeerstrauch mit spitzen Dornen sich in sein Herz, zum anderen fühlte er sich umgeben von süßen duftenden Blüten, und ständig stand das Bild Isoldes vor seinen

Augen. Schließlich, am dritten Tag, ging er auf Deck zu ihrem Zelt.

«Tretet ein, Herr», sagte sie.

«Warum habt Ihr mich Herr genannt», sprach Tristan, «wenn Ihr doch in Wahrheit meine Königin seid?»

«Nein», sagte sie, «du weißt, daß deine Kraft mich beherrscht und daß ich – gegen meinen Willen – deine Sklavin bin. Ach, warum habe ich dich damals nicht sterben lassen, ich hätte besser niemals dich geheilt. Weh mir! Ich wußte damals nicht... Ich wußte damals nicht, daß alles, was ich weiß, mich quälen würde Tag und Nacht.»

Tristan starrte sie an, als ob er eine Vision aus Licht sähe. «Isolde», flüsterte er, «was ist es, das Ihr nicht gewußt? Isolde, was quält Euch?» – «Die Liebe zu Euch», sagte sie. Da setzte er seine Lippen auf die ihren und hielt sie fest an sich gepreßt. Brangäne fand sie so und rief:

«Haltet ein und kehret um, wenn ihr es noch vermögt. Doch nein, es gibt kein Zurück auf diesem Weg. Schon reißt euch die Macht der Liebe mit sich fort, und niemals mehr werdet ihr einer Freude ohne Schmerz teilhaft sein... denn durch meine Schuld habt ihr aus dem unseligen Becher die Liebe und den Tod getrunken.»

Tristan aber hielt Isolde; ein Verlangen, das größer war als der Wille eines Sterblichen, durchbebte sie, und er sagte: «Komme denn der Tod!»

Kaum hatte er diese Worte gesprochen, da frischte der Wind auf, die Segel füllten sich, und das Boot schnitt durch die schäumenden Wellen. Durch die ganze dunkle Nacht, während das Schiff dahinschaukelte und sie in schneller Fahrt nach Cornwall trug, verloren sie sich, auf ewig aneinandergekettet, an die Liebe.

Vom Umgang mit dem Liebestrank

Tristan und Isolde trinken den Liebestrank, und in diesem Augenblick tritt ein für allemal die romantische Liebe in unser Leben ein – denn Tristan ist der westliche Mann, und sein Leben stellt unser aller Erleben der romantischen Liebe dar. Seine durch den Trank entstandene Ekstase ist das Sinnbild jenes historischen Momentes von vor fast tausend Jahren, als der Kult der romantischen Liebe über unsere Kultur hereinbrach und eine langsame Evolution begann, die sich über Jahrhunderte erstreckte und unseren modernen Ideen von Liebe ihre Form gab.

Wir sind im Begriff, uns dem Liebestrank auf eine neue Art und Weise zu nähern. Wir alle haben ihn gekostet, wir alle waren schon trunken davon. Jetzt ist es an der Zeit, daß wir ihn einmal bewußt betrachten. Dieser Trank ist stark, er steigt zu Kopf, und man tut gut daran, vorsichtig mit ihm umzugehen. Daher wollen wir an dieser Stelle innehalten und uns genau überlegen, was wir eigentlich meinen, wenn wir von «romantischer Liebe» sprechen.

In unserer Kultur gebrauchen die Leute den Ausdruck «romantische Liebe» ohne Unterschied für fast jede Art der Anziehung zwischen einem Mann und einer Frau. Wenn ein Paar ein sexuelles Verhältnis miteinander hat, dann sagt man, sie hätten eine «Liebesaffäre». Wenn ein Mann und eine Frau einander lieben und zu heiraten beabsichtigen, dann sagen die Leute, es handle sich um eine «Liebesgeschichte», auch wenn die Liebe der beiden vielleicht gar nichts mit Romantik zu tun hat. Es kann sich ganz einfach um Liebe handeln, die von Romantik völlig verschieden ist. Oder eine Frau sagt: «Ich hätte gern, wenn mein Mann romantischer wäre.» Was sie aber dabei wirklich meint, ist, daß sie sich ihren Mann aufmerksamer und liebevoller wünscht und daß er ihr mehr Gefühl zeigen soll. Wir sind alle so gefangen in der Vorstellung, daß die romantische Liebe die «wahre Liebe» ist, daß wir den Ausdruck für viele Dinge gebrauchen, die mit romantischer Liebe nicht das geringste zu tun haben. Wir gehen von der Voraussetzung aus, daß, wenn es sich um Liebe handelt, es auch «romantisch» sein müsse, und umgekehrt: wenn es romantisch ist, dann ist es «Liebe». – Allein die Tatsache, daß wir «romantisch» sagen, wenn wir «Liebe» meinen, zeigt uns, daß in unserem Sprachgebrauch ein psychologisches Durcheinander entstanden ist. Unsere sprachliche Verwirrung ist das Symptom, das uns anzeigt, daß es uns nicht mehr bewußt ist, was Liebe, was Romantik ist und wo der Unterschied zwischen beiden Begriffen liegt. Wir vermengen zwei große psychologische Systeme in uns, und das hat verheerende Auswirkungen auf unser Leben und unsere Beziehungen.

Die meisten von uns kennen verheiratete Paare, die nie durch ein «romantisches» Stadium in ihrer Liebe gingen. Sie haben vielleicht als Freunde begonnen, haben einander einfach lange gekannt und haben nie eine romantische Art der Zuneigung durchlebt. Sie haben einander ganz einfach geliebt und beschlossen, das Leben miteinander zu bestehen. Oder wir haben Paare gesehen, deren Beziehung mit aufgeregter Romantik begann, sich aber schließlich hin zu dem Punkt entwickelte, an dem sie einander als ganz gewöhnliche Menschen akzeptierten. Solche Paare haben ihre perfektionistischen Vorstellungen aufgegeben und sich einer menschlichen Beziehung verschrieben anstelle einer Vision von romantischer Ekstase.

Wir können uns nur schwer vorstellen, daß es für ein Paar überhaupt noch Liebe gibt, wenn die romantische Liebe aufgehört hat – jedenfalls kann eine solche Liebe nicht viel wert sein, meinen wir. Dennoch besitzen solche Menschen oft das, was uns anderen abgeht: Liebe, echte Bezogenheit aufeinander, Stabilität und gegenseitiges Verpflichtetsein. In unserer Kultur gibt es jede Menge an romantischen Liebesbeziehungen: wir verlieben uns, wir trennen uns wieder, wenn die Liebe erlischt. Wir durchleben große Dramen, voll von Ekstase, wenn die glühende Romantik die Szene beherrscht, und voll Verzweiflung, wenn die Romantik erlischt. Wenn wir unser eigenes Leben betrachten und die Leute um uns herum, dann sehen wir, daß sich romantische Liebe nicht notwendigerweise in Liebe, Bezogenheit oder Verpflichtung verwandelt. Romantische Liebe ist etwas ganz Spezielles, das sich von anderem unterscheidet, gewissermaßen eine selbständige Einheit.

Somit haben wir auch den Anfangspunkt unserer Untersuchung erreicht: Romantische Liebe ist nicht *Liebe,* sondern ein Komplex von *Einstellungen zur* Liebe – unabsichtliche Gefühle, Ideale und Reaktionen. Wie Tristan trinken wir von dem Trank und stellen fest, daß wir besessen sind: Gefangene automatischer Reaktionen und intensiver Gefühle in einem fast visionären Zustand.

Unser westliches Ideal der romantischen Liebe entstand in unserer Gesellschaft etwa im 12. Jahrhundert – in der Zeit, als Tristan zum erstenmal den Liebestrank zu sich nahm. Am Anfang nannte man dieses kulturelle Phänomen «Courtezia» – die höfische Liebe. Sie basierte auf einer völlig neuen Ansicht von Liebe und Beziehung. Unter dem Einfluß bestimmter religiöser Ideale dieser Epoche idealisierte die höfische Liebe eine «spirituelle» Beziehung zwischen Mann und Frau. Die höfische Liebe war das Gegenmittel zur patriarchalischen Einstel-

lung, die wir überall in der Welt Tristans sehen. Sie idealisierte das Weibliche. Sie lehrte einen ungehobelten Ritter wie Tristan, wie man das Universell-Weibliche verehrt, das durch die edle Dame, der er diente und die er anbetete, dargestellt wurde. Und diese Art der Verehrung bemerken wir auch sofort an Tristan, wenn er von dem Wein getrunken hat. Wir haben das Gefühl, daß er nicht Isolde sieht, sondern etwas Göttliches, das sie verkörpert, etwas Universelles oder Transzendentes, das sie für ihn symbolisiert.
Aufgrund der Gesetze der höfischen Liebe verpflichtete sich jeder Ritter, seiner Dame in allen Belangen der Liebe, der Beziehung, des Benehmens und des Geschmacks zu gehorchen. Innerhalb ihres Reiches war sie seine Herrin, seine Königin.
Die höfische Liebe hatte drei Merkmale, an Hand deren wir sie besser verstehen werden. Erstens durften der Ritter und seine Dame niemals in sexuelle Beziehungen miteinander treten. Sie hatten eine idealisierte, spirituelle Beziehung zu leben, die bestimmt war, sie über das Niveau der physischen Derbheit hinauszuheben und eine verfeinerte Art des Gefühls und der Spiritualität zu kultivieren. Die zweite Forderung der höfischen Liebe war, daß die Partner nicht miteinander verheiratet sein durften. Üblicherweise war die Dame mit einem anderen Adeligen verheiratet. Der fahrende Ritter betete sie an, diente ihr und machte sie zum Mittelpunkt seines geistigen Strebens und seines Idealismus, aber er konnte keine intimen Beziehungen mit ihr haben. Denn das hätte bedeutet, daß er sie wie eine gewöhnliche sterbliche Frau behandelt hätte, und die höfische Liebe verlangte, daß er sie wie eine Gottheit, wie das Symbol des Ewig-Weiblichen und seiner eigenen weiblichen Seele behandle. Die dritte Forderung bestand darin, daß die sich höfisch Liebenden ständig in Leidenschaft zueinander entflammt blieben, daß sie großes Verlangen nacheinander ertragen muß-

ten und doch danach trachteten, ihr Verlangen zu vergeistigen, indem sie einander als Symbole einer göttlichen, archetypischen Welt betrachteten, und niemals durften sie ihre Leidenschaft auf das Niveau gewöhnlicher Geschlechtlichkeit oder einer gewöhnlichen Ehe reduzieren.

Das Ideal der höfischen Liebe nahm die westliche Vorstellungswelt so sehr gefangen, daß es zur treibenden Kraft für einen ganzen Strom an Gedichten, Gesängen, Liebesromanen und Dramen wurde. Die französischen Liebesgeschichten nannte man «romans», auf englisch «romance», auf deutsch Roman. Diese «Romane» enthielten alle großen Themen, die die Grundlage für die spätere romantische Literatur bildeten. Der Ritter erblickt eine holde Frau und ist von ihrer Schönheit und Güte überwältigt. Von da an verehrt er sie als die Verkörperung seines inneren Ideals, seiner inneren Vision des Ewig-Weiblichen. Obwohl er in heiliger Leidenschaft zu ihr entflammt ist, berührt er sie doch niemals. Dafür besteht er große Abenteuer und vollbringt kühne Taten, um sie zu ehren und dem edlen Gefühl gerecht zu werden, das sie in ihm inspiriert. Sie ist keine Frau für ihn, sie verkörpert Blancheflur, Isolde die Blonde, Psyche, Beatrice und Julia – also die Substanz aller archetypischen weiblichen Gestalten.

Unser Wort «romantisch» und das gesamte romantische Ideal sind von den Romanen der Ritterzeit auf uns gekommen. Die romantische Liebe entspricht einer Bilderbuchvorstellung. Wir alle versuchen, auf unsere Art und in unserer alltäglichen Welt der menschlichen Beziehungen diese Bilderbuchvorstellung zu leben. Trotz unserer sexuellen Revolution und totz unserer modernen Tendenz, jede Beziehung mit Sex in Verbindung zu bringen, suchen wir doch immer noch dieselben grundlegenden psychologischen Muster in unseren Liebesbeziehungen: eine Frau, die mehr ist als eine Frau, die das Symbol solcher Vollendung und Göttlichkeit ist, daß sie eine Leidenschaft inspiriert, die weit über physische Anziehung, ja selbst über die Liebe hinausreicht hin zu einer Art Anbetung. Wir verlangen nach der «spirituellen» Intensität, der Ekstase, der Verzweiflung, nach freudigen Zusammentreffen und träumerischen Abschieden, wie in einem Roman. Und so wie die Ritter von ehedem haben auch wir das Gefühl, daß uns all das emporhebt und verfeinert. Es scheint dem Leben einen neuen und ganz besonderen Sinn zu geben, einen Sinn, den wir verloren haben, als Blancheflur von uns ging, und den wir erneut in Isolde der Blonden zu finden hoffen.

Man sollte meinen, daß ein Liebeskult, der spezifisch die Ehe ausschließt und leidenschaftliche Beziehungen außerhalb der Ehe fördert, der bestrebt ist, eine Beziehung in einer ständigen und übermenschlichen Intensität zu vergeistigen, eine schlechte Basis für die Ehe darstellt und ganz allgemein eine etwas riskante Grundlage für menschliche Beziehungen überhaupt ist. Und dennoch sind das die Ideale, die das Muster für unsere Werbungen und unsere Ehen bis auf den heutigen Tag geblieben sind! Wenn sie von der falschen Seite her betrachtet werden, dann bewirken diese ererbten Ideale, daß wir Leidenschaft und Intensität um ihrer selbst willen suchen. Sie säen eine ständige Unzufriedenheit, die niemals die Vollendung erreichen kann, nach der sie strebt. Diese Unzufriedenheit verdunkelt jede moderne Beziehung, hält uns ständig ein unerreichbares Ideal vor Augen und macht uns blind für das Vergnügen und die Schönheit unseres täglichen Lebens.

Es ist etwas Ehrfurchtgebietendes in diesen großen, kulturell überlieferten Überzeugungen. Eines Tages wird uns klar, daß wir völlig von Vorstellungen dominiert und beherrscht werden, die wir als Individuen nie gewählt haben. Es ist, als ob wir sie mit den Romanen und Filmen und mit der ganzen psychologischen Atmosphäre, die uns umgibt, einfach einatmen würden, und dann werden diese Vorstellungen zu einem Teil von uns, geradezu als würden sie mit den Zellen unseres Körpers verschmelzen. Es ist Allgemeingut, daß man sich verliebt und daß die Beziehung romantisch sein soll, alles andere ist ganz einfach nicht gut genug. Jeder Mann weiß, welche Gefühle er in einer Beziehung zu empfinden hat und was er dementsprechend von seiner Freundin oder seiner Frau verlangen kann. All das ist genau und detailliert in irgendeiner unbekannten Schicht seines Unbewußten festgelegt. Das ist «romantische Liebe».

Trotzdem liegt der romantischen Liebe etwas Wirkliches und Wahres zugrunde, egal wie sehr wir die Idee unserer Vorfahren mißverstehen oder mißbrauchen. Es ist Wahrheit enthalten in diesen großen Geschichten romantischer Liebe, und das begeistert uns. Es ist ein Stück Wahrheit in den edlen Taten der Ritter, der Schönheit und Güte der Dame, in den Opfern, der Verehrung, dem Suchen und der Treue bis in den Tod. Das, wonach die romantische Liebe stebt, stellt eine tiefe psychologische Wahrheit dar, die in unserer Seele widerhallt, die das Beste in uns erwachen läßt und uns zu dem macht, was wir sind, wenn wir ganz sind. Niemand kann diese alten Romane anhören und dabei gleichgültig bleiben, es sei denn, er hätte ein Herz aus Stein, denn in diesen alten Liebesgeschichten, Abenteuern und Taten der Verehrung wird alles gezeigt, was in uns edel, liebevoll, treu und erhaben ist.

Wenn wir uns schon genauer ansehen, was alles nicht stimmt mit der romantischen Liebe, so wollen wir uns doch auch vor Augen führen, was daran richtig ist. In ihrer reinsten Form ist sie ein sehr mächtiges Ideal, und wie jedem großen Ideal so liegt auch diesem eine tiefe Wahrheit zugrunde. Es geht dabei nicht nur um Ideale, es geht um die Fenster in unserer Seele, die von der tatsächlichen und lebendigen inneren Realität zu berichten wissen, von dem, wonach wir leben können. Es kann sein, daß wir die Wahrheit hinter einem Ideal mißverstehen. Es kann sein, daß wir versuchen, es auf der falschen Ebene oder am falschen Ort zu leben. Aber die Wahrheit ist da, und sie macht uns reicher und bringt uns der Ganzheit näher. Unsere Aufgabe ist es, die Wahrheit in der romantischen Liebe zu entdecken und dann die Ebene zu finden, auf der wir diese Wahrheit leben können.

Es fällt schwer, die romantische Liebe mit objektiven Augen zu betrachten. Wir haben Angst, die Realität könnte die Liebe vertreiben und unser Leben würde dann kalt und düster sein. Eine der größten Notwendigkeiten des modernen Menschen besteht darin, daß er den Unterschied zwischen menschlicher Liebe als Grundlage für eine Beziehung und «romantischer Liebe» als innerem Ideal lernt. Es tut der Liebe keinen Abbruch, wenn sie von dem System an Überzeugungen, das der romantischen Liebe zugehört, losgelöst wird. Der Status der Liebe wird sich nur verbessern, je mehr sie sich von Romantik zu unterscheiden beginnt.

Jung hat einmal einen mittelalterlichen Alchemisten zitiert, der sagte: «Nur was getrennt ist, kann wirklich vereinigt werden.» Wenn zwei Dinge miteinander vermengt sind, dann muß man sie trennen, unterscheiden und auseinanderlösen, damit man sie später in einer funktionierenden Synthese wieder vereinigen kann. Das ist die korrekte Bedeutung des Wortes «Analyse» in der Psychologie. Analysieren bedeutet, die durcheinandergeratenen Fäden des inneren Lebens auseinanderzuklauben, all die verworrenen Werte, Ideale, Loyalitäten und Gefühle, auf daß sie in einer neuen Synthese verbunden werden können. Wir analysieren die romantische Liebe nicht, um sie zu zerstören, sondern um zu verstehen, was sie ist und wo ihr Platz in unserem Leben ist. Eine Analyse muß immer der Synthese dienen, nur dann dient sie dem Leben. Was auseinandergenommen wird, muß wieder zusammengesetzt werden.

Die zauberische Königin hat seltsame und wunderbare Bestandteile in ihren Trank gemischt. Geheime Kräuter, Zaubersprüche und überirdische Kräfte sind dabei. Brangäne sagt sogar, daß die Königin «nicht nur die Liebe, sondern die Liebe und den Tod zusammen» hineingetan habe. Wir alle haben von diesem Gebräu getrunken und sind in eine andere Welt gewandert, trunken vom Zauber. Wir haben alle schon geliebt, aber jetzt können wir auch Alchemisten sein: Wir werden den Wein analysieren und die einzelnen Kräuter und Sprüche herausdestillieren. Dann werden wir begreifen, welche ehrfurchtgebietenden Kräfte in uns zusammengemischt sind, die sich in unserer zweifachen Fähigkeit, nämlich zur menschlichen und zur göttlichen Liebe, zeigen.

Der Zauberwein

Siempre fuiste la razon de mi existir
Adorarte para mi fué religion…

Es la historia de un amor
Como no hay otro igual,
Que me hizo comprender
Todo el bien, todo el mal;
Que le dió luz a mi vida –
Apagandola después…
¡Ay! ¡Qué vida tan oscura!
Sin tu amor no viviré.

Du warst stets der Sinn meiner Existenz
Dich anzubeten war mir Religion…

Das ist die Geschichte einer Liebe
Die ein Gleiches nicht hat
Die mich verstehen ließ
Alles, was gut ist, und alles, was schlecht ist
Die Licht in mein Leben brachte
Um es nachher wieder auszulöschen…
Oh wie dunkel ist das Leben geworden
Ohne deine Liebe will ich nicht leben.

Carlos Almarán, «Historia de un amor»

Bevor Tristan den Liebestrank trinkt, ist er nur ein Ritter, der seine Pflicht gegenüber seinem König erfüllt hat. Er jagte nach der Prinzessin in der Ferne, er eroberte sie und führte sie nach Hause zu seinem König. Er konnte erwarten, noch berühmter zu sein und noch mehr bewundert zu werden. Aber nach einem Schluck von diesem seltsamen Wein starrt Tristan in Isoldes Augen wie jemand, der «verwirrt und entrückt ist». Seine ganze Welt ist auf den Kopf gestellt, alle seine Werte sind verkehrt worden. Bis jetzt war er stets seinem König treu, aber von jetzt an ist jedes Pflichtgefühl in der Hitze der Leidenschaft zu Asche verbrannt. Vorher lag sein großer Ehrgeiz darin, ein anerkannter Ritter in Cornwall zu sein. Jetzt ist er bereit, alles, selbst sein Leben, für eine Nacht in Isoldes Armen hinzugeben. Er hört Brangänes Warnung: «Am Ende dieses Weges steht der Tod!» Aber sein Verstand und seine Zunge sind der Leidenschaft verfallen, und so kann er nur antworten: «Komme denn der Tod!»

Wie steht es nun um Isolde? Bevor sie von dem Trank getrunken hatte, haßte sie Tristan. Er war nicht nur der Mörder ihres Onkels, sondern auch der Meuchelmörder ihres Stolzes, denn er hatte sie erobert, ihr Herz gewonnen und dann verraten. Jetzt aber, da der Wein durch ihre Adern rollt, sagt sie: «Du weißt, daß du mein Herr und Meister bist und ich deine Sklavin.»

Auch wenn uns diese Szene bekannt ist, auch wenn wir sie in unserem eigenen Leben bereits erlebt haben, ist trotzdem etwas daran seltsam. Tristan und Isolde sind verliebt, nur man fragt sich, ob sie wirklich ineinander verliebt sind. Sie sind verzückt, fasziniert, verliebt in eine mystische Vision – aber in eine Vision, die mit ihrem menschlichen Selbst nichts zu tun hat, in etwas, das sie durch die Zauberkraft des Weines sehen. Ihre Liebe ist keine gewöhnliche menschliche Liebe, die entsteht, wenn man einander als Menschen kennenlernt. Das Symbol zeigt uns, daß es sich hier um eine Liebe handelt, die «mythisch» oder «übernatürlich» ist, sie ist weder persönlich noch freiwillig. Sie tritt von außen an die Liebenden heran und nimmt sie gegen ihren Willen in Besitz. Das läßt an den Ausspruch denken: «Sie sind in die Liebe verliebt.»

Der Mythos sagt uns, daß die romantische Liebe dieselben Eigenschaften hat wie der Liebestrank. Aber der Liebestrank ist zugleich natürlich und «übernatürlich». Zum einen Teil besteht er aus Wein und Kräutern der Erde, was die gewöhnliche menschliche Seite der romantischen Liebe symbolisiert. Zum anderen Teil besteht er aus Zaubersprüchen und Magie. Welche Elemente der romantischen Liebe werden nun durch diese Symbole charakterisiert?

Wir wissen, daß es in jeder Verliebtheit etwas Unabänderliches gibt. Wenn wir die Gefühle, die in uns wüten, betrachten, dann wissen wir, daß es dabei nicht nur um Kameradschaft oder sexuelle Anziehung geht, genausowenig wie um die ruhige, ergebene, unromantische Liebe, die wir oft an gefestigten Ehen und Beziehungen beobachten. Hier geht es um etwas anderes, um mehr.

Wenn wir verliebt sind, dann fühlen wir uns als Ganzes, so als ob uns jemand den fehlenden Teil unserer selbst zurückgegeben hätte. Wir haben ein gehobenes Gefühl, so als ob uns jemand plötzlich über die Ebene der gewöhnlichen Welt emporgetragen hätte. Das Leben besitzt Intensität, Pracht, Ekstase und Transzendenz.

Wir streben in der romantischen Liebe danach, von dieser Liebe besessen zu sein, zu den höchsten Höhen aufzusteigen, den letztendlichen Sinn und die Erfüllung im von uns geliebten Menschen zu finden. Wir suchen das Gefühl der Ganzheit.

Wenn wir uns nun fragen, ob wir schon woanders nach diesen

Dingen gesucht haben, dann gibt es darauf eine überraschende und beunruhigende Antwort: *im religiösen Erleben.* Wenn wir nach etwas suchen, das größer ist als unser Ich, wenn wir eine Vision der Vollkommenheit anstreben, ein Gefühl der inneren Ganzheit und Einheit, wenn wir danach streben, über die Kleinlichkeit und Teilerfahrung des persönlichen Lebens uns zu Außerordentlichem und Grenzenlosem zu erheben, dann ist das ein spirituelles Streben.

Hier werden wir mit einem verwirrenden Widerspruch konfrontiert, aber wir sollten eigentlich nicht davon überrascht sein, daß die romantische Liebe eng mit einem spirituellen Streben verbunden ist, ja sogar mit unserem religiösen Instinkt, denn wir wissen bereits, daß am Anfang vor vielen Jahrhunderten die höfische Liebe als geistige Liebe konzipiert war. Sie war eine Art von Liebe, die beide, den Ritter und seine Dame, vergeistigte, über das Gewöhnliche und Rohe emporhob und hin zu einem Erleben von Seele und Geist in eine andere Welt führen sollte. Die romantische Liebe begann als ein Weg zur Vergeistigung. Unbewußt suchen wir denselben Weg auch heute noch in der romantischen Liebe.

Der Symbolismus des Liebestrankes führt uns plötzlich den größten Widerspruch und das tiefste Mysterium unseres modernen westlichen Lebens vor Augen: Was wir immer wieder in der romantischen Liebe suchen, ist nicht nur menschliche Liebe oder eine menschliche Beziehung. Wir suchen zugleich eine religiöse Erfahrung und eine Vision der Ganzheit. Damit haben wir die Bedeutung des Magischen, des Zauberischen, des Übernatürlichen im Liebestrank gefunden. Es gibt eine andere Welt, außerhalb der Vision unseres Ich-bezogenen Verstandes, das ist das Reich der Psyche, das Reich des Unbewußten. Das ist der Ort, an dem unsere Seele und unser Geist leben, denn obwohl das unserem bewußten westlichen Verstand unbekannt ist, sind unsere Seele und unser Geist psychologische Realitäten, und sie leben weiter in unserer Psyche, ohne daß wir davon wissen. Und ebenfalls im Unbewußten ist der Ort, wo Gott wohnt, wer immer das für jeden von uns sein mag. Alles, was auf der anderen Seite wohnt, im Reich des Unbewußten, erscheint dem Ich als etwas, das außerhalb des natürlichen menschlichen Bereiches liegt. Daher ist es magisch, übernatürlich. Für das Ich unterscheidet sich das Erleben dieser anderen Welt in keiner Weise von einem religiösen Erleben. Das religiöse Verlangen, dieses Streben, ist gleichbedeutend mit der Suche nach der Totalität des Lebens, der Totalität des Selbst, nach dem, was außerhalb der Welt des Ich im Unbewußten, in den unsichtbaren Weiten der Psyche und der Symbole lebt.

Das bedeuten diese Symbole in unserer Geschichte, und das ist der Geheimschlüssel, der das Mysterium der romantischen Liebe aufschließt.

Kehren wir zurück zu Tristans Schiff. Vor uns sehen wir Tristan, der durch und durch von dem Wein glüht. Welche Leidenschaft brennt in seinen Augen? Isolde steht neben ihm, aber seine Augen sind auf etwas anderes gerichtet – nämlich auf die Unendlichkeit! Er sieht nicht Isolde, sondern eine Vision. Wovon zittern seine Glieder? Wenn wir zur Zelle des hl. Johannes vom Kreuz gehen, dann werden wir denselben Gesichtsausdruck finden, dasselbe Vor-sich-hin-Starren in mystischer Kontemplation. Wenn wir uns nach Indien begeben, werden wir auch dort einen Menschen finden, der in genau derselben Ekstase vor dem Altar des Gottes Schiwa sitzt. Das alles ist derselbe Instinkt, dieselbe intensive Glut, und es führt zum selben Ziel, nämlich zur Transzendenz.

Immer schon war die romantische Liebe unentwirrbar mit geistigem Streben verbunden. Das ist so offensichtlich, daß es eigentlich überflüssig ist, es zu sagen, aber wir alle wenden unseren Blick ab und übersehen das Offensichtliche. Die Wahrheit ist so nahe vor unseren Augen, daß wir sie nicht mehr sehen. Wir müssen uns nur die Liebesgeschichten, die Gedichte und die Lieder aus unserer romantischen Epoche ansehen. Überall werden wir finden, daß der verliebte Mann die Frau zum Symbol von etwas Universellem, Innerlichem, Ewigem und Transzendentem gemacht hat. Was er in der Frau sieht, verschafft ihm das Gefühl, daß er sich endlich selbst verwirklicht hat, daß er den Sinn des Lebens gefunden hat. Er fühlt sich vervollständigt, emporgehoben und verwandelt in einen neuen, besseren und ganzheitlichen Menschen.

Die großen romantischen Dichter verbergen diese Tatsache keineswegs. Im Gegenteil, sie verkünden sie. Die Troubadoure und Ritter in Tristans Tagen erklären sie ganz offen. Im Gegensatz zu uns, die wir uns so gescheit vorkommen, waren sie sich voll dessen bewußt, wonach sie in der romantischen Liebe suchten. Sie wählten den Weg, die Frau nicht mehr als Frau zu sehen, sondern sie in ein Symbol des Ewig-Weiblichen zu verwandeln, in ein Symbol der Seele, der göttlichen Liebe, der geistigen Veredelung und der Ganzheit. Man kann darüber streiten, ob das die richtige Vision der Frau ist, ob es die Frau veredelt oder herabsetzt, wenn man sie zum Symbol von etwas macht, das sie nicht ist, wie zu einer Ikone, mit deren Hilfe der romantische Mann seine Vision des Ewigen meditiert. An diesem Punkt müssen wir nur sehen, daß es ganz einfach so ist.

In dem mexikanischen Liebesgedicht, das zu Beginn dieses Kapitels zitiert ist, finden wir all das in einigen Zeilen zusammengefaßt. Mit der Gewandtheit der naiven Dichtung erzählt uns der Sänger, was wir oft nicht zugeben wollen: «Du warst stets der Sinn meiner Existenz. Dich anzubeten war mir Religion.» Wenn ein menschliches Wesen zum Gegenstand dieser

Anbetung wird, wenn der geliebte Mensch die Macht hat, «Licht in unser Leben zu bringen» oder auch dieses Licht auszulöschen, dann haben wir den geliebten Menschen zum Bildnis und Symbol Gottes gemacht.

Das ist die einfachste und direkteste Beschreibung der romantischen Liebe. Die Realität, die sich hinter der romantischen Liebe verbirgt, ist im Grunde ein geistiges Streben. Die Wahrheit, die der westliche Mann unbewußt und ungewollt in der romantischen Liebe sucht, ist die innere Wahrheit seiner eigenen Seele. Der westliche Mann ist, ohne es zu bemerken, in der Suche nach Ganzheit befangen und wird, gegen seinen Willen, unerbittlich von einer Vision des Universellen und Ewigen vorangetrieben. Und es ist das Bildnis der Frau, gesehen durch die Brille der romantischen Liebe, in das er sein Suchen und seine Vision investiert.

Wie kommt es aber, daß die Männer von heute nicht zugeben wollen, was die Männer früher offen aussprachen und sogar idealisierten? Das hängt damit zusammen, daß wir bewußt nicht bereit sind, dem geistigen Streben einen Platz in unserem modernen Leben einzuräumen. Es ist unmodern, wir verstehen nicht mehr, was das ist, und wir wollen es auch nicht zugeben. Bewußt sind wir an der Ganzheit nicht interessiert – wir sind nur an Produktion, Kontrolle und Macht interessiert. Wir glauben nicht an geistige Dinge, nur an das Physische und Sexuelle. Aber unser Drang zur Seele findet ungewollt seinen Weg zu einem Ort, wo wir ihn nie vermuten würden – in die Projektionen, Ideale, Ekstasen und Verzweiflungen, Leidenschaften und Sehnsüchte der romantischen Liebe. Weil unser religiöser Instinkt in unserer modernen Kultur keinen anderen Weg und keine andere Ausdrucksform fand, ist er fast zur Gänze an den einzigen geheimen Platz abgewandert, an dem er leben kann: in die romantische Liebe. Daher empfinden wir auch unser Leben als absolut sinnlos, wenn wir nicht verliebt sind, und deshalb ist auch die «romantische Liebe» zur einzigartigen größten Kraft in unserer Kultur geworden.

Mythen sind voll von Paradoxa, denn die innere Realität ist von Natur aus widersprüchlich. Auf griechisch bedeutet «paradox» wörtlich «gegen die Meinung». Das heißt, ein Paradoxon stellt sich gegen unsere akzeptierte Meinung über die Realität. Wir glauben gerne, daß wir schon alles wissen, daß wir schon alles herausgefunden haben. Daher ist ein wirkliches Paradoxon immer schmerzhaft. Ein Paradoxon widerspricht unseren Vorurteilen, fordert unsere Ansichten heraus und schlägt unseren kollektiven «Wahrheiten» ins Gesicht. Daher ziehen wir es auch vor, Mythen als «Märchen» zu bezeichnen und sie der Welt der Kinder zuzuordnen. Deshalb erklären wir Mythen auch gerne zu phantasievollen Erfindungen von einfachen und kindlichen Gemütern. Wenn wir Mythen ernst nehmen und sie als die Realitätsdarstellung, die sie in Wirklichkeit sind, annehmen, dann stellen wir fest, daß alle unseren bequemen Gemeinplätze, unsere fixen Vorstellungen von der «Wahrheit» auf beunruhigendste Art und Weise in Frage gestellt werden.

Einen Mythos als Quelle der Weisheit zu betrachten heißt, zur prima materia der Psyche zurückzukehren. Alle Symbole in Träumen und Mythen sollten uns paradox vorkommen, denn ihre Aufgabe und psychologische Rolle besteht darin, durch das «Bekannte» hindurchzuschneiden und uns etwas Neues aus dem Unbewußten zu lehren. Immer wenn wir einen Traum oder einen Mythos als Bestätigung unserer festgefahrenen Meinungen interpretieren, dann haben wir Schwierigkeiten. Symbole kommen nicht aus dem Unbewußten, um uns zu erzählen, was wir ohnehin schon wissen, sondern um uns zu zeigen, was wir noch zu lernen haben.

Genauso verhält es sich mit dem Liebestrank. Wieviel leichter wäre es, ihn als phantasievollen Aberglauben aus den primitiven Vorstellungen des 12. Jahrhunderts abzutun. Der Liebestrank ist das widersprüchlichste aller Paradoxa! Nichts widerspricht mehr unseren vorgefaßten Meinungen als dies: daß es unser eigener religiöser Instinkt ist, unsere eigene unbewußte Suche nach der «anderen Welt», die der romantischen Liebe ihren Zauber, ihre überirdische Intensität und jenseitsbezogenen Erwartungen verleiht. Nichts könnte unseren gesunden Verstand mehr verletzen.

Wir nehmen selbstverständlich an, wir wüßten, was romantische Liebe ist, obwohl wir eigentlich gar nichts wissen; daß wir sie recht gut verstehen, obwohl sie im Grunde unverständlich ist. Wir nehmen an, daß wir sie unter Kontrolle haben, wenn wir eigentlich von ihr besessen sind. Unsere Kultur serviert uns ein ganzes Set von Wahrheiten über Liebe und Verliebtsein, und wir nehmen es unbewußt und automatisch an. Wir stellen diese Konzepte nie in Frage und sind sehr irritiert, wenn das jemand anderer tut. Hier aber werden wir mit einem Paradoxon konfrontiert, und wir können ihm nicht ausweichen: die romantische Liebe versucht die «andere Welt» in einer versengenden, alles umfassenden Ekstase zu erleben, die einen selbst zur psychologischen Ganzheit führt, zur letzten Erfüllung, und eins mit dem Sinn des Lebens werden läßt.

Wenn einem das verblüffend vorkommt, dann hatte man es richtig verstanden: die romantische Liebe ist ein Mysterium. Sie ist ein Energiesystem, das aus der unbekannten und namenlosen Tiefe des Unbewußten auftaucht, aus einem Teil unserer selbst, den wir nicht sehen, nicht verstehen und nicht auf unseren gesunden Verstand reduzieren können. Wie ein Liebestrank ergreift sie uns gegen unseren Willen, stellt uns auf den Kopf, kehrt in unserem Leben das Unterste zuoberst und bewirkt eine Neuordnung unserer Loyalitäten. Wir vergessen unsere kostbarsten Pläne, geben unsere Überzeugungen auf und werfen unsere liebsten Lebensgewohnheiten über Bord.

Diese sich jeder Kontrolle entziehende Eigenschaft der romantischen Liebe gibt uns den besten Anhaltspunkt, worum es sich wirklich handelt. Dieses sich überwältigend und ekstatisch «In-jemanden-Verlieben» ist ein Ereignis, tief in der unbewußten Psyche, das einem geschieht. Man ist nicht aktiv dabei, man kontrolliert es nicht, und man versteht es nicht: es passiert einem.

Daher hat auch das Ich des westlichen Mannes solche Schwierigkeiten, mit der romantischen Liebe zu Rande zu kommen. Denn per definitionem entzieht sie sich jeder Kontrolle. Und sie entzieht sich deshalb jeder Kontrolle, weil wir im geheimen und unbewußt von ihr verlangen, sie solle ekstatisch sein und herausgehoben aus dem sterilen Käfig unserer kleinen Ich-bezogenen Welt.

Dieses Sprengen aller Grenzen, das Hinausgehen über das Ichbewußtsein, ist ein religiöses Erlebnis, und das suchen wir. Man hat dem westlichen Mann beigebracht, daß das männliche Ich über alles in ihm selbst und außerhalb seiner selbst Kontrolle haben müsse.

Die einzige Kraft, die in unserem Leben übriggeblieben ist, die unsere Illusion von «Kontrolle» zerstört und den Mann zwingt, zu sehen, daß es Dinge gibt, die seine Kontrolle und sein Verstehen überschreiten, ist die romantische Liebe. Die formale Religion und die Kirche haben schon lange aufgehört, die Illusion des westlichen Mannes in bezug auf das, was er kontrollieren kann, in Frage zu stellen. Entweder reduziert er Religion zu Allgemeinplätzen, oder er ignoriert sie ganz. Er sucht seine Seele weder in der Religion, noch im geistigen Erlebnis, noch in seinem inneren Leben. Dafür sucht er diese

Transzendenz, dieses Mysterium und diese Offenbarung in der Frau. Er *will* sich verlieben.

Wir sehen heute die Religion mit einer gewissen Voreingenommenheit, zum Teil deshalb, weil das, was wir als Religion betrachten, für die meisten von uns nichts mehr bedeutet. C. G. Jung hat einen Weg aufgezeigt, der uns zu den Wurzeln der Religion zurückführt: das Erlebnis der Psyche als Seele, als Realität. Er entdeckte, daß die psychologische Struktur jedes Menschen eine unabhängige «religiöse» Funktion besitzt. Das heißt nicht, daß eine Notwendigkeit besteht, notwendigerweise einem bestimmten Credo oder Dogma zu folgen. Aber es heißt, daß jeder Mensch mit dem angeborenen Drang auf die Welt kommt, einen Sinn im Leben zu finden. Wir alle besitzen eine Intuition, aufgrund derer wir uns selbst als ganzheitliche Personen sehen und den letztendlichen Sinn des Lebens herausfinden könnten. Jung sah, daß die meisten westlichen Menschen, obwohl sie bewußt nur an das Physische und Rationale glauben, Träume und Phantasien haben, die bis zum Überfließen voll sind von den Symbolen jener Eigenschaften, die früher die Menschen in der Religion gesucht haben: Symbole, die ein Gefühl des Ganzseins heraufbeschwören und die Vision von einer Welt, die größer ist als das Ich.

Wenn wir die Geographie der Psyche heranziehen, so können wir die religiöse Seite des Lebens auf eine neue Art verstehen. Es handelt sich um dieselbe religiöse Fähigkeit, aber man betrachtet sie mit Hilfe einer anderen Sprache. Man wird sehen, daß das Ich, der sogenannte bewußte Teil der Seele, wie eine Insel im riesigen Ozean der Psyche vor uns liegt. Weit draußen in diesem Ozean des Seins, außerhalb der Grenzen der Ich-Welt und weit jenseits dessen, was sie wissen oder sehen kann, liegen die fehlenden Teile unseres totalen Selbst. Wir sind psychologische Wesen: der größere Teil unserer Totalität ist nicht physisch, sondern psychisch, und das meiste davon liegt im Unbewußten. Entgegen unseren allgemein verbreiteten Vorstellungen von Psychologie sind die unbekannten und unbewußten Anteile unserer Totalität viel größer als die bewußten. Es ist uns nicht möglich, innerhalb der winzigen Welt unseres Ich den Sinn des Lebens, Ganzheit oder Erfüllung zu finden. Wir spüren, daß es weit draußen mehr, viel mehr gibt, obwohl wir nicht wissen, was wir eigentlich suchen noch wo wir danach suchen müssen.

Das, wonach wir suchen, manifestiert sich als Symbol. Es taucht aus den tiefen Schichten der Psyche empor und wurde in alter Zeit imago dei – Bild Gottes – genannt. Das Gottesbild entspringt der Psyche und zeigt deutlich unseren tief verwurzelten Drang nach Ganzheit und Einheit. Dieses spontan aufsteigende Bild, der Abdruck dessen, was wir suchen, ist die ursprüngliche Quelle unserer Intuition, daß es etwas über dem Ich geben müsse, das das Leben und alle seine Erscheinungsformen zusammenhält und ihm Sinn verleiht. Das erzeugt in uns einen Sinn dafür, daß eine Vision der Einheit möglich ist.

Jung meint, daß unser Bedürfnis, die tieferen Bereiche unseres eigenen Unbewußten zu erforschen, und unser Bedürfnis nach einem religiösen Leben einfach dasselbe Bedürfnis sind. Das war bereits in alter Zeit bestens bekannt.

«Der Anfang nämlich der Vollendung (teleiōsis) sei die Erkenntnis der Menschen, die Erkenntnis Gottes aber die vollkommene Vollendung (apartismenē teleiōsis).» Clemens von Alexandrien sagt im «Paedagogus» (III, I): «Es ist dann, wie es scheint, die größte aller Lehren, sich selbst zu kennen. Denn wenn ein Mensch sich selber kennt, so wird er Gott erkennen.» Monoimos, in seinem Briefe an Theofrast, sagt: «Suche nach Ihm aus dir selber (apo heauton) und lerne, wer es ist, der überhaupt alles in dir ⟨sich⟩ zueignet und sagt: Mein Gott, mein Geist, mein Verstand, meine Seele, mein Körper, und lerne, woher das Sichbetrüben und Sichfreuen und das Lieben und das Hassen und das unfreiwillige Wachsein und das unfreiwillige Schläfrigsein und das unfreiwillige Ärgerlichsein und das unfreiwillige Liebhaben ⟨kommt⟩, und, wenn du dieses, sagen sie, genau erforschest, so wirst du Ihn in dir selber finden als Einen und Vieles, entsprechend jenem Punkte (keraian), indem du aus dir selber (aph'heauton) den Durch- und Ausgang findest.» (C. G. Jung, Aion, Par. 347)

Früher haben westliche Menschen das Gottesbild durch ihre Religion erlebt, durch mystische Kontemplation, im Ritual, das für sie noch symbolische Kraft besaß, im Bildnis der historischen Kirche, in der geoffenbarten Schrift, in den Heiligen und in der Gemeinschaft der Gläubigen. Aber in jüngster Zeit haben viele diese traditionellen Träger des Göttlichen verloren. Wenn wir genau hinsehen, so finden wir bereits ein Stück der Antwort in der Geschichte Tristans: Die patriarchalische Mentalität unserer Gesellschaft ist nur ein Teil, dazu bestimmt, die männliche Seite der menschlichen Natur auf Kosten des Weiblichen und auf Kosten der Ganzheit zu leben. Fast nichts kann in diesen gut isolierten Verstand eindringen. Wir haben uns gegen das Unbewußte, gegen das Gefühl, gegen das Weibliche und gegen unsere eigene Seele gut abgedichtet. Der einzige Ort, an dem wir verwundbar sind, wo unsere Seelen unseren modernen Panzer durchbrechen können, sind unsere Liebesbeziehungen.

Der Liebestrank bedeutet, daß durch die romantische Liebe die übernatürliche Welt plötzlich in die natürliche Welt einbricht. Das Feuer steigt vom Himmel herab! Die Welt der Seele und des Geistes, die überwältigende Kraft des religiösen Potentials der Psyche, bricht plötzlich über die gewöhnliche Welt der menschlichen Beziehungen herein. Das, wonach wir immer schon gestrebt haben, die Vision des letzten Sinnes und der Einheit, wird plötzlich vor uns in Gestalt eines anderen Menschen offenbar.

Die Entdeckung, daß wir unseren Ganzheitsinstinkt zur Gänze

in unser Liebesleben projiziert haben, ist bedeutungsvoll. Wir haben das Gottesbild aus dem Tempel und vom Himmel genommen und ihm plötzlich hier in unserer Mitte einen neuen Platz angewiesen, und zwar in der Beziehung zwischen zwei Menschen. Diese unglaubliche Umkehrung der menschlichen Instinkte, diese folgenschwere Rekanalisierung der menschlichen Energien wurde durch die Zauberkraft des Liebestrankes erreicht. In dem Gefühl, daß wir von unserer Liebe besessen sind, daß wir in den Bereich einer uns völlig überwältigenden Macht geraten sind, entdecken wir neu unser religiöses Leben. Während wir in jemanden verliebt sind, ist die Welt von einer Schönheit und Sinnerfülltheit, die kein menschliches Wesen ihr je verleihen könnte. Aber wenn die Verliebtheit zu Ende ist, dann erscheint die Welt plötzlich leer und grau, obwohl wir noch immer mit demselben Menschen zusammen sind, der uns zuvor zu solcher Verzückung inspiriert hat.

Darin liegt der Grund, warum Männer und Frauen in ihren Beziehungen solch unmögliche Forderungen aneinander stellen. Unbewußt glauben wir wirklich daran, daß dieses menschliche Wesen dafür verantwortlich ist, unser Leben zu einem Ganzen zu machen, uns glücklich zu machen, unserem Leben Sinn, Intensität und Ekstase zu verleihen.

Ein gescheiter Mensch hat einmal gesagt: «Die Weisheit beginnt damit, daß man das Offensichtliche fest im Griff hat.» Wenn wir beim Trinken des Liebestrankes nur so lange innehalten, um uns seine Symbolik vor Augen zu führen, vielleicht werden wir wenigstens so weit aufwachen, daß wir das Offensichtliche erkennen. Wenn wir unsere Reise mit Tristan und Isolde fortsetzen, werden wir zusammen mit ihnen die Geschichte aller Liebenden erleben, die je von dem Zauberwein getrunken haben. Wir werden immer klarer sehen, wie wir unser geistiges Streben, unser Suchen nach dem Göttlichen mit unseren menschlichen Beziehungen vermengt haben. Das ist das Geheimwissen, das hinter dem Mysterium der romantischen Liebe verborgen ist: wie man mit diesen beiden mächtigen Energien, die wir so köstlich und zugleich so gefährlich im Liebestrank zusammengemischt haben, lebt und wie man ihnen beiden gerecht wird.

Isolde die Blonde

Auf unserer Reise begegnen wir vielen Aspekten des inneren Weiblichen, und wir können die Rolle erkennen, die jeder dieser Aspekte sowohl in der Psychologie des Mannes als auch in der Dynamik der romantischen Liebe spielt. Wir haben Blancheflur kennengelernt, die das Schicksal des Weiblichen in unserer patriarchalischen Welt symbolisiert. Jetzt tritt Isolde die Blonde auf. Sie ist die mächtigste weibliche Gestalt in unserer modernen Welt und ist geradezu überall zu finden – und möglicherweise gerade deshalb am schwierigsten zu verstehen.

Sie ist eine Prinzessin von einer mystischen Insel, die Tochter einer zauberischen Königin, erfahren in den Geheimnissen der Magie und des Geistes. Daher ist Isolde zum Teil eine Zauberin und zum Teil eine gewöhnliche Frau, zum Teil menschlich und zum Teil göttlich. Isolde ist das innere Ideal des Ewig-Weiblichen, die Göttin, die in der Psyche eines jeden Mannes lebt, ein Bildnis der Schönheit und Vollkommenheit, das seinem Leben einen Sinn gibt.

C. G. Jung gab diesem Aspekt unserer Psyche einen Namen, und zwar bezeichnete er ihn als *Anima.* Anima ist ein lateinisches Wort und bedeutet «die Seele». Jung hatte nämlich herausgefunden, daß die Anima jenen Teil der Psyche versinnbildlicht, den wir schon immer «die Seele» genannt haben. Isolde die Blonde taucht ständig in den Träumen und Mythen des Menschen auf, oft als Gestalt von übermenschlicher Schönheit und göttlicher Bedeutung. Das ist der Teil seiner selbst, den Tristan in Isolde sieht, nachdem er von dem Liebestrank getrunken hat. Ein Mann hat das Gefühl, daß er in ihr den Sinn seines Lebens finden wird, Ergänzung, Ganzheit und ein ekstatisches Erlebnis.

Das weibliche Prinzip in einem Mann ist vor allem ein Prinzip des Sich-Beziehens-auf-andere. Aber die Anima macht für den Mann eine ganz besondere Art des Sich-Beziehens möglich: Sie personifiziert die Fähigkeit des Mannes, eine Beziehung zu seinem eigenen inneren Selbst einzugehen, zum inneren Reich seiner eigenen Psyche, zum Unbewußten. Eigenartigerweise reißt sie ihn aus dem Bereich der menschlichen Bezogenheit heraus, genauso wie sie Tristan von der Loyalität zu seinem Onkel, von seiner Pflichterfüllung und seinen Aufgaben abbringt. An einem bestimmten Punkt unserer Evolution sind unsere Beziehung zu unserer Seele und unsere Beziehung zu unserer menschlichen, persönlichen Welt in einen tödlichen Konflikt miteinander verwickelt – und dieser Konflikt ist die Feuerprobe des Bewußtseins.

Auch Frauen haben eine entsprechende innere Struktur, die Jung «Animus» genannt hat. Der Animus ist die Seele der Frau, genau so wie die Anima die Seele des Mannes ist. Der Animus ist gewöhnlich als männliche Kraft personifiziert und erscheint in den Träumen einer Frau als eine männliche Figur. Die Beziehung einer Frau zu ihrem Animus unterscheidet sich von der Art der Beziehung des Mannes zu seiner Anima, aber dennoch haben Männer und Frauen eines gemeinsam: Die romantische Liebe besteht stets in der Projektion dieses Seelenbildes. Wenn eine Frau sich verliebt, so sieht sie ihren Animus auf den sterblichen Mann, der vor ihr steht, projiziert. Wenn ein Mann vom Liebestrank trinkt, dann sieht er seine Anima, seine Seele, in der geliebten Frau.

Die Projektion kann nur aufgelöst werden, wenn der Sohn einsieht, daß es in seinem seelischen Bereich eine Imago der Mutter gibt, und nicht nur dieser, sondern auch der Tochter, der Schwester und der Geliebten, der himmlischen Göttin und der chthonischen Baubo, überall gegenwärtig als altersloses Bild, und daß jede Mutter und jede Geliebte die Trägerin und Verwirklichung dieser gefährlichen Spiegelung ist, welche dem Wesen des Mannes zutiefst eignet. Sie gehört zu ihm, sie ist die Treue, die er gegebenenfalls um des Lebens willen nicht immer haben darf; sie ist die unumgänglich nötige Kompensation für Wagnisse, Anstrengungen, Opfer, die alle mit Enttäuschung enden; sie ist die Tröstung gegenüber all der Bitternis des Lebens, und zugleich mit alldem ist sie die große illusionserregende Verführerin zu eben diesem Leben, und zwar nicht nur zu dessen vernünftigen und nützlichen Aspekten, sondern auch zu dessen furchtbaren Paradoxien und Zweideutigkeiten, in denen sich Gut und Böse, Erfolg und Verderben, Hoffnung und Verzweiflung die Waage halten. Als seine größte Gefahr erfordert sie Größtes vom Manne, und wenn er ein solcher ist, erhält sie es auch. Dieses Bild ist «die Herrin Seele». (C. G. Jung, Aion, Par. 24f.)

Eine der seltsamsten Entwicklungen in der westlichen Welt besteht darin, daß wir nicht mehr das Gefühl haben, eine Seele zu besitzen. Wenn man uns fragt, was die Seele ist, dann haben wir nicht die geringste Ahnung. Das Wort Seele ruft weder ein Gefühl noch ein Bild hervor. Es gibt in unseren Gefühlen und in unserem Leben nichts, von dem wir sagen könnten: «Das ist meine Seele – da ist sie.» Es ist ein Wort, das von Philosophen, Theologen und Dichtern gebraucht wird, aber wir wissen eigentlich nicht, warum, und im stillen bezweifeln wir, ob diese Leute es wissen. Die «Seele» ist zu einer reinen Redewendung geworden, zu einer Sentimentalität.

Jungs Psychologie bringt uns die Seele als konkrete Realität zurück, als etwas, das man erkennen, beschreiben und direkt erfahren kann. Das ist der Punkt, an dem sich das innere Leben, das man in den alten Religionen fand, und das innere Leben der archetypischen Psychologie überschneiden. Beide bestätigen die Realität der Seele, und beide wissen, daß wir nur über die Seele den Weg zum Unbewußten finden, zum inne-

ren Leben, zu jener Seite der Existenz, die außerhalb des Ichs liegt und außerhalb seines engen Gesichtskreises.
Jung hat drei Dinge von der Seele gesagt, die uns auf unserer Reise mit Tristan und Isolde leiten können.
Erstens, die Seele ist weder eine Redewendung noch ein Aberglaube: Die Seele ist eine psychologische Realität, ein Organ der Psyche. Sie lebt an unserer unbewußten Seite, aber sie hat tiefgreifende Auswirkungen auf unser Leben. Unsere Seele ist jener Teil des Unbewußten, der außerhalb des Ichs liegt, außerhalb des Gesichtsfeldes, aber sie hat Vermittlerfunktion zwischen dem Unbewußten und dem Ich. C. G. Jung sagte, die Seele sei zugleich «Empfänger und Vermittler». Sie ist jenes Organ, das die Bilder des Unbewußten empfängt und an den bewußten Ich-Verstand weiterleitet.
Zweitens, die Seele manifestiert sich selbst und das Unbewußte mittels Symbolen: Das sind die Bilder, die aus dem Unbewußten in Form von Träumen, Visionen, Phantasien und allen Arten von Imagination aufsteigen. Jungs wesentliche Entdekkung besteht darin, daß wir das Gefühl für unsere Seele deshalb verloren haben, weil uns der Respekt für Symbole abhanden gekommen ist. Unser moderner Verstand ist darauf hin erzogen worden, daß Symbole Illusionen seien. Wir sagen: «Das ist nur deine Einbildung» – und bemerken gar nicht, daß alle fehlenden Teile unseres Selbst, nach denen wir uns sehnen, der «verlorene Weg zum Paradies», uns ständig in der vergessenen Sprache der Seele vermittelt werden: in den Symbolen und Bildern, die in Träumen und Vorstellungen aufsteigen.
Drittens, das Symbol der Seele ist für Männer das Bild der Frau. Wenn ein Mann sich dessen bewußt geworden ist und weiß, wann er das Bild der Frau als ein Symbol der eigenen Seele gebraucht, dann kann er lernen, wie man sich zu dem Bild als Symbol verhält und wie man seine Seele innen lebt

und nicht außen. Jung sagt: «Dieses gefährliche Bild gehört zum Mann.» Wenn ein Mann versteht, daß dieses Bild sein eigenes Bild ist, daß es zu ihm gehört, dann hat er den ersten Schritt auf dem Weg der Bewußtwerdung der romantischen Liebe getan. Er beginnt zu begreifen, «daß jede Geliebte die Trägerin und Verkörperung dieses überall gegenwärtigen und alterslosen Bildes» ist.

Jeder Mann muß lernen, wie man sich gegenüber Menschen und Situationen in der äußeren Welt verhält. Aber es ist ebenso wichtig und sogar noch dringender, daß er lernt, wie man sich gegenüber dem eigenen Selbst verhält. Solange er nicht gelernt hat, wie man den Motiven, Wünschen und ungelebten Möglichkeiten des geheimsten Winkels des eigenen Herzens gegenübertritt, kann er nicht in sich selbst vollständig oder wirklich erfüllt sein. Diese innere Macht, die uns ständig antreibt, unsere ungelebten Möglichkeiten und Werte zu erleben, ist die ehrfurchtgebietendste Kraft im menschlichen Leben. Für einen Mann ist diese Kraft die Anima: Sie ist seine Seele. Es ist kein Wunder, daß die Männer sie als Göttin sehen, die allein ihr Leben lebenswert machen kann! Aber den letzten Sinn des Lebens muß man in sich selbst finden: Ein Mann muß seine Beziehungen zur äußeren Welt aus der Kraft seiner inneren Ganzheit gestalten, nicht ziellos außen nach einem Sinn suchen, den er letztlich nur auf den einsamen Pfaden der eigenen Seele finden kann.

Jetzt beginnen wir teilweise zu verstehen, was in Tristan vor sich geht, wenn er den Liebestrank trinkt, und was er in Isolde der Blonden zu erkennen meint. Während der Zaubertrank seine Glieder entflammt, beginnt er mit anderen Augen zu sehen. Er sieht nicht so sehr die Frau Isolde vor sich sitzen als vielmehr eine strahlende Vision der eigenen inneren Göttin, die plötzlich auf unerklärliche Art und Weise im Leib einer sterblichen Frau wohnt. Er erblickt seine «Herrin Seele» in Isolde, denn Isolde ist zu ihrem Fleisch, ihrem Bild und ihrem Symbol geworden.

Die schöne und gute Seite der romantischen Liebe liegt in der Wahrheit dessen, was man projiziert, was man dank des geliebten Menschen sieht: die Seele und ihre magische Bilderwelt. Wer wollte diese Vision oder dieses Erlebnis einem Mann oder einer Frau verweigern? Aber... die Sache hat noch eine andere Seite, und auch mit dieser müssen wir uns auseinandersetzen. Sehen wir uns Tristan an: Gerade erst hat er von dem Liebestrank getrunken, und was ist passiert? Die Auswirkungen auf seine menschliche, irdische, alltägliche Welt sind furchtbar. Er verwirft seine Loyalität gegenüber König Marke. Er vergißt seine Verpflichtungen. Menschliche Grundsätze, Treue, ja sogar unumgänglich Notwendiges gibt er einfach auf. Der Weg des Verrates, den die Liebenden betreten haben, kann nur ins Verderben führen. Er weiß das, aber es spielt keine Rolle mehr: «Komme denn der Tod!»

Im Leben westlicher Menschen von heute sehen wir zahllose Schwierigkeiten, die eben von jenem Eintreten der Seele in das äußere Leben, in unsere menschlichen Beziehungen herrühren. Ein Mann beginnt nun wirklich von seiner Frau oder seiner Freundin zu verlangen, daß sie eine Göttin, ja seine Seele sein und ihm ständig ein ekstatisches Gefühl der Vollendung vermitteln soll. Anstatt daß er nach innen blickt, wo seine Anima von Natur aus wohnt, verlangt er, daß seine Umgebung ihm seine Seele gebe. Er verlangt sie von einer Frau. Normalerweise ist er so beschäftigt damit, seine inneren Ideale auf sie hinaus zu projizieren, daß er nur selten den Wert und die Schönheit der Frau wahrnimmt, die in Wirklichkeit vor ihm steht. Und wenn sich diese Projektion plötzlich in Luft auflöst und er nicht mehr im romantischen Sinne «verliebt» ist, dann befindet er sich in einem schrecklichen Konflikt. Er will seiner Projektion folgen, die davonfliegt und sich an einer anderen Frau entzündet, wie ein Schmetterling, der von Blume zu Blume fliegt. Das ist der schreckliche Konflikt der Werte und Verpflichtungen, den wir in Tristan sehen: Plötzlich gehen unsere Verpflichtungen und Seelenprojektionen in verschiedene Richtungen und befinden sich im Kriegszustand, und das zarte und zerbrechliche Gefäß der menschlichen Beziehungen kann sie nicht mehr tragen.

Aber hinter all diesem Widerstreit der menschlichen Werte liegt etwas Gutes, etwas Schönes, etwas, das große evolutionäre Kraft hat:

Die Kraft, die einen zur Bewußtwerdung zwingt und die einen in der bewußten Welt unterstützt, erweist sich als der ärgste Feind, wenn man zum nächsten Zentrum kommt. Denn dort verläßt man wirklich diese Welt, und alles, was einen dazu bringt, an ihr festzuhalten, ist einem der ärgste Feind. Was in dieser Welt der größte Segen ist, ist der größte Fluch in der nächsten. (C. G. Jung, «Kundalini Yoga», Spring 1976, S. 10f.)

Wenn immer einen das Schicksal aufruft, wenn immer es einen zum nächsten *Chakra* (Bewußtseinsebene) weiterbewegt, hat man das Gefühl, «auf den Kopf gestellt zu werden», daß einem in der Welt das Unterste zuoberst gekehrt werde. Man findet, daß alle Werte und Verpflichtungen der Welt, so wie man sie gekannt hat, sich in einem schrecklichen Konflikt mit der neuen, die einen ruft, befinden.

Und so ist es auch mit der romantischen Liebe. Der patriarchalische Mann der westlichen Welt hat seine Seele verloren, und seine Seele ruft ihn mit mächtiger Stimme, sie führt ihn aus der ihm bekannten Welt in ein Reich, in dem alles auf dem Kopf zu stehen scheint. Und ständig tanzt vor seinen Augen das Bildnis von Isolde der Blonden.

Liebestrank und Religion

Oft scheint es, als ob die äußere Welt eine Antwort auf unsere innere Reise gäbe. Das äußere Leben und die Geschichte bestätigen, was uns mythische Symbole und Träume gelehrt haben. Vom Liebestrank haben wir einige bestürzende Dinge über die Natur des kulturellen und psychologischen Phänomens, das wir romantische Liebe nennen, erfahren. Außerdem haben wir gesehen, daß die romantische Liebe in ihren Anfängen als höfische Liebe, als eine «geistige Disziplin» gedacht war. Das bestätigt die symbolische Bedeutung des Liebestrankes. Es soll uns in diesem Abschnitt dazu dienen, noch weiter zurückzugehen und etwas tiefer zu graben: Es wird sich herausstellen, daß der Kult der höfischen Liebe seine Wurzeln in einer Religion hat.

Noch viele Jahrhunderte nach der Christianisierung war Europa geradezu ein Umschlagplatz für Religionen. Während verschiedene Könige und Herrscher ihren Völkern das Christentum aufzwangen, fuhr das Volk fort, offen oder im geheimen, seine alten Götter und Göttinnen zu verehren. Die Leute überlagerten ihre «heidnischen» religiösen Praktiken mit einer dünnen Schicht von Christentum, und die daraus entstehenden Kombinationen würden uns heute wohl sehr seltsam vorkommen. Manche der nicht religiösen Feiertage wie zum Beispiel der 1. Mai (das Mai-Baum-Aufstellen) oder Haloween im angelsächsischen Sprachraum waren ursprünglich religiöse Feiertage. Sie sind weltliche Überbleibsel von alten Religionen, die vom Christentum unterdrückt wurden. Dasselbe gilt für manche alten Ideale und Überzeugungen. Viele Einstellungen und Glaubensinhalte alter Religionen wurden oberflächlich als Häresie unterdrückt, leben aber unbewußt in uns und unserer Kultur weiter. Das hat seinen guten Grund: Sie entsprechen einer psychologischen Notwendigkeit und Realität im Menschen, die weder von den orthodoxen Religionen noch von «offiziellen» Ansichten befriedigt wird.

Es ist eine durchaus vertretbare Ansicht, die romantische Liebe als psychologische Kraft zu betrachten. Sie dient als Träger, mit dem uns etwas zurückgegeben wird, das wir lange schon in unserem Leben und unserer Kultur verloren haben. Die menschliche Natur ist erfinderisch. Wir finden einen Weg, und wenn es auch unbewußt ist, das beizubehalten, was wir brauchen.

Zu den einflußreichsten frühen Religionen gehörte die manichäische Bewegung, deren Name sich vom persischen Propheten Manes herleitet. In Europa wurde diese Religion zum Katharertum, denn die Anhänger nannten sich Katharer, was «innerlich rein» bedeutet. Im 12. Jahrhundert lebten in vielen Städten und Provinzen Südfrankreichs praktizierende Katharer, auch wenn sie nominell Christen waren. Auch viele Adelige an den Höfen Europas waren Katharer. In Frankreich nannte man die Bewegung die Häresie der Albigenser, denn sie hatte ihr Zentrum in der Stadt Albi in Frankreich.

Ein Glaubensgrundsatz der Albigenser war, daß die «wahre Liebe» nicht die gewöhnliche Liebe zwischen Mann und Frau sei, sondern vielmehr die Verehrung eines weiblichen Retters, einer Mittlerin zwischen Gott und den Menschen, die im Himmel wartete, um den «Reinen» mit einem heiligen Kuß zu empfangen und ihn oder sie in das Reich des Lichtes zu geleiten. Im Gegensatz zu dieser «reinen» Liebe waren die gewöhnliche menschliche Sexualität und Ehe tierisch und ungeistig. Die Katharer glaubten, daß die Liebe eines Mannes zu

einer Frau eine irdische Allegorie der spirituellen Liebe zur Himmelskönigin sein soll.
Viele Christen betrachteten die Sekte der Katharer als eine Reformbewegung, als Reaktion gegen Korruption und weltliche Politik innerhalb der kirchlichen Hierarchie. Die patriarchalische Kirche des Mittelalters, die schon lange die Verbindung zur weiblichen Seele verloren hatte, war materialistisch und dogmatisch geworden. Sie bot dem Gläubigen geoffenbarte Gesetze und Lehren, die alle sehr rational und männlich waren. Sie bot das Erleben eines Rituals und eines Dogmas, in dem die einfachen Leute keinen Raum für ihre persönliche Erfahrung des lebendigen Gottes fanden. Im Gegensatz dazu befleißigten sich die Katharer einer beispielhaften Moral und boten eine Gotteserfahrung, die zugleich persönlich, individuell und lyrisch war. Sie verliehen der Religion wieder ein weibliches Element: sie brachten Isolde die Blonde zurück.
Die Katharer glaubten an das absolut Gute und das absolut Böse in der Welt. Der Geist ist gut, aber die physische Welt ist schlecht. Unsere Seelen sind in Wahrheit Engel, göttliche Teile Gottes, die den Himmel verlassen hatten und hier in der Erdmaterie gefangen waren. Dieser heroische Engel in jedem von uns bemüht sich um eine reine spirituelle Existenz im Himmel, aber Venus, die Göttin der Sinnlichkeit, hält uns in der dunklen, physischen Materie eingekerkert. Um die Erlösung zu erlangen, bemühten sich die Katharer, «rein» zu sein, den Versuchungen der Venus nicht zu erliegen, die Sexualität aufzugeben, wenig zu essen und den sinnlichen Gelüsten, die uns in dieser schlechten, schmerzlichen Welt festhalten, zu entsagen. Daher vermieden die Katharer Ehe und Sexualität.
Im Mittelpunkt ihrer Verehrung stand ein weiblicher Erlöser. Ein Wesen aus reinem Licht, ganz in Weiß gekleidet, das uns im Himmel erwartet, um uns in die Gegenwart Gottes zu ge-

leiten. Für die Katharer gab es Erlösung nur durch den physischen Tod, wenn man diesen Körper verließ und aufstieg, um der Frau in der Höhe zu begegnen. Ein männlicher Katharer bereitete sich auf die Erlösung vom Fleisch dadurch vor, daß er die Frau nicht als Ehefrau oder sterbliche Gefährtin oder sexuelle Partnerin betrachtete, sondern als Bildnis der Erlöserin. Er betete sie mit Leidenschaft an, aber stets als Symbol und als Erinnerung an die «andere Welt» der Reinheit und des Lichts.

Der Papst erklärte die Bewegung der Katharer zur Häresie, und der hl. Bernhard von Clairvaux zwang die Bewegung durch seine schonungslosen Kreuzzüge in den Untergrund. Aber wie jede mächtige Idee, die man in den Untergrund zwingt, tauchte sie wieder auf, und zwar in einer «weltlichen» Form. Die Lehren und Ideale der Katharer kamen erneut im Kult der höfischen Liebe, in den Gesängen und Gedichten der Troubadours und in den «Ritterromanen» an die Oberfläche. Manche Kulturhistoriker meinen, daß die höfische Liebe eine beabsichtigte «weltliche» Fortsetzung des Katharertums war und daß die Ritter und Damen, die zuerst die höfische Liebe übten, eigentlich Katharer waren, die ihre religiösen Praktiken in Form eines weltlichen Liebeskultes fortsetzten. Für Außenstehende sah das wie eine neue und elegante Form der Liebe aus, man hofierte und schmeichelte hübschen Damen, aber Eingeweihte, die den «Code» kannten, wußten, daß es eine allegorische Ausübung der Ideale der Katharer war.

Das Ideal der höfischen Liebe nahm die feudalen Höfe des mittelalterlichen Europa im Sturm und war der Anfang einer Revolution in unserer Einstellung zu den weiblichen Werten der Liebe, der Beziehung, des verfeinerten Gefühls, der Hingabe, der geistigen Erfahrung und des Strebens nach Schönheit. Diese Revolution ging allmählich in das über, was wir «Romantik» nennen. Auch unsere Einstellung zur Frau wurde grundlegend verändert. Aber diese Veränderung hinterließ eine seltsame Spaltung in unserem Gefühlsleben. Auf der einen Seite begann der westliche Mann die Frau als die Verkörperung von allem, was rein, heilig und ganz ist, zu betrachten. Die Frau wurde zum Symbol der Anima: «Meine Herrin Seele». Auf der anderen Seite aber fuhr der Mann fort – denn er war ja ganz in der patriarchalischen Einstellung befangen –, die Frau als Träger der «weiblichen» Eigenschaften zu sehen, wie Emotionalismus, Irrationalität, Weichheit und Schwäche – nur daß diese «weiblichen» Eigenschaften viel mehr Symptome der weiblichen Seite des Mannes sind und nicht so sehr wirkliche Charateristika einer Frau.

Es ist dem westlichen Mann immer noch nicht in den Sinn gekommen, daß er aufhören könnte, die Frau als Symbol von etwas zu betrachten, und statt dessen einfach beginnen könnte, sie als Frau zu sehen, als menschliches Wesen. Er ist gefangen in der Ambivalenz, die er gegenüber seinem eigenen inneren Weiblichen empfindet. Manchmal eilt er darauf zu, um seine verlorene Seele zu finden, dann wieder straft er es mit Verachtung, denn es ist ja nur eine unnötige Komplikation im Leben, Sand im Getriebe seiner patriarchalischen Mentalität. Das ist der Riß im Inneren des Mannes, der nie geheilt ist und den er nach außen auf die Frau projiziert; das ist der Widerspruch, den er auf ihre Kosten austrägt.

Einige Dinge haben sich allerdings seit den Tagen der höfischen Liebe gewandelt. Am Anfang, als die höfische Liebe noch ein geistiges Ideal war, waren weder Sexualität noch Ehe zwischen den Liebenden erlaubt. Sie hatten das Gefühl, daß die jenseitige Intensität der Anbetung sich schlecht mit einer persönlichen Beziehung, mit Ehe und physischem Kontakt vertrug. Im Gegensatz dazu vermengen wir die romantische Liebe immer mit Sex und Ehe. Die grundsätzliche Einstellung, die sich durch die Jahrhunderte unverändert erhalten hat, ist folgende: Wir glauben immer noch unbewußt, daß die «wahre Liebe» eine gegenseitige Anbetung von solch überwältigender Intensität sein müsse, daß sich Himmel und Erde in unserer Liebe offenbaren. Aber im Gegensatz zu unseren Vorfahren versuchen wir diese Verehrung in unser persönliches Leben zu integrieren, zusammen mit Sex, Ehe, Frühstück kochen, Rechnungen zahlen und Kinder aufziehen.

Die höfische Überzeugung, daß wahre Liebe nur außerhalb der Ehe existieren kann, verfolgt uns noch immer und beeinflußt uns unbewußt mehr, als wir wahrhaben wollen. Ein Mann erwartet von seiner Frau, daß sie auf die Kinder aufpaßt, ein Essen auf den Tisch stellt, zum Familieneinkommen beiträgt und ihn in den Kämpfen des täglichen Lebens unterstützt. Gleichzeitig will ein anderer Teil von ihm, daß sie die Inkarnation der Anima sein soll, die heilige Dame des Himmels, die stets schön und vollkommen ist. Er wundert sich, wie es geschehen konnte, daß die reine und strahlende Göttin, die er einst anzubeten pflegte, sich in diese gewöhnliche Frau verwandelt hat, die äußerst unvernünftig erscheint. Eine Frau sieht, wie ihr Mann arbeitet, die Rechnungen zahlt, das Auto zur Reparatur bringt, seine geschäftlichen Imperien verteidigt und ganz allgemein ein gewöhnliches Leben führt. Sie wundert sich, was aus dem Ritter geworden ist, den sie einst angebetet und verehrt hat in den Tagen, als er ihr «den Hof machte», damals, als alles so intensiv, ekstatisch und wonnevoll war.

Das sind schreckliche Risse, die wir alle in uns tragen. Auf der einen Seite wollen wir Stabilität und eine Beziehung mit einem gewöhnlichen Menschen. Auf der anderen Seite verlangen wir unbewußt, daß der andere die Inkarnation der Seele sei, die uns die Gottheit und das Reich des Lichtes offenbart, uns zu einem Stadium der religiösen Anbetung emporhebt und unser Leben mit Ekstase erfüllt. Damit finden wir in uns noch immer die Phantasie der Katharer am Leben, ein religiöses Ideal, das sich nur verkleidet hat.

Jedes dieser Ideale stellt eine psychologische Wahrheit dar. Jedes ist eine Phantasie, die in uns spielt, uns sagt, was wir sind, woraus wir sind und was wir brauchen.

Die Religion der Katharer und die davon abgeleitete höfische Liebe sind die Träger der bedeutendsten Phantasie im Geist des westlichen Mannes, der Phantasie, die heute für uns von der romantischen Liebe getragen wird. Aber diese ehrfurchtgebietende Phantasie ist keine Illusion. Jede Phantasie ist Realität, eine Realität, die sich im Symbol ausdrückt und die von einer Quelle ausgeht, die man nicht beschreiben kann. Katharertum ist die Phantasie, daß man seine verlorene Seele wiederfindet. Es ist die wunderbare Phantasie davon, daß man entdeckt, daß die innere Welt real ist, ebenso real wie die Seele und die Götter, und daß wir wirklich diese Welt, diese Schönheit und diese Vereinigung mit den Göttern finden können.

Viele Männer würden zustimmen, daß die romantische Liebe eine «Phantasie» ist, aber sie wären sich nicht bewußt, was sie eigentlich gesagt haben. Denn in demselben Maß, in dem sie eine Phantasie ist, ist sie auch eine Wahrheit, eine Wahrheit, die wir leben können, wenn wir sie auf der richtigen Ebene verstehen. Damit wir diese Wahrheit finden, müssen wir nachsehen, was hinter der Phantasie und ihren Symbolen steht. Wir müssen es aufgeben, die höfische Phantasie und die Phantasie der Katharer wörtlich zu nehmen und wörtlich zu leben, nämlich außerhalb unseres Selbst mit sterblichen Menschen, in einer vergänglichen Welt. Wir müssen die Wahrheit dieser Phantasie als inneres Ereignis leben, als eine innere Tatsache, in der Erfahrung *Ihres* zeitlosen Reiches, des Reiches der Göttin, die wir somit anerkennen.

List und Gewalt

Wir haben zusammen mit Tristan zwei Reisen über das Meer nach Irland gemacht. Das erstemal ist er krank bis zum Tode. Er treibt auf dem Wasser, hat nur seine Harfe bei sich und vertraut darauf, daß ihn die See an den Ort seiner Heilung bringen werde. Seine innere Reise führt ihn zu Isolde der Blonden, einer Frau von außerordentlicher Schönheit und wundersamen Gaben, aber interessanterweise reagiert er nicht auf sie. Er ist nicht an Isolde interessiert. Falls er sie liebt, dann weiß er es noch nicht. Er will nur, daß sie ihn heilt, und dann will er zurück nach Cornwall zu seinem Status quo.
Zu Hause in Cornwall geschehen beunruhigende Dinge, und beunruhigende Ansichten greifen Platz. All die vielen Jahre seit Blancheflurs Tod gab es kein weibliches Wesen am Hof von Cornwall, aber König Marke will nicht heiraten. Er will weder eine Gattin noch eine Königin. Es ist anzunehmen, daß er von Isolde der Blonden erfährt, aber er zeigt nicht mehr Interesse als Tristan.
Der König und sein Neffe kehren zu ihrem Normalverhalten zurück. Sie sind zufrieden, wenn sie blutige Turniere veranstalten können, wenn sie Kriege gewinnen, Feinde erschlagen, Drachen umbringen und sich anderem ähnlichem männlichem Zeitvertreib widmen. Und als Tristan schließlich nach Irland zurückkehrt, tut er es nicht, weil er Isolde um ihrer selbst willen sucht, nicht weil er sie und das, wofür sie steht, schätzt, und nicht weil er eine Beziehung zu ihr aufbauen möchte. Er fährt dorthin wie ein angreifender Pirat, um sie

«mit Arglist und Gewalt» wie eine Kriegsbeute mit sich zu nehmen.
Warum begibt sich Tristan auf seine Suche nach der Königin mit den goldenen Haaren? Auf den ersten Blick erscheinen seine Motive tapfer und edel: Er sagt zu König Marke: «Ich will für Euch, mein edler Oheim, meinen Leib und mein Leben aufs Spiel setzen, damit Eure Barone erkennen, daß ich Euch in echter Liebe zugetan bin.» Wir aber verstehen, daß er mit diesen Worten eigentlich folgendes sagt: daß er Isolde als eine Schachfigur in seinem Wettbewerb mit den Baronen verwenden will. Er will sie nach Hause bringen wie eine Jagdtrophäe, als Siegespreis seiner Männlichkeit, als Beweis, daß er der treueste und heldenhafteste Kämpfer am Hof von Cornwall ist. Auf diese Weise geschieht es, daß sich die Tugenden eines Helden in Laster verkehren, denn in Tristans Haltung gegenüber Isolde sehen wir ein Abbild der Einstellung des westlichen Mannes zu seiner Seele.
Wenn wir so verletzt sind, daß sonst nichts mehr hilft, wenn wir in der Trickkiste des Ichs absolut nichts mehr finden, das unserem Leben Gesundheit und Sinn verleiht, dann wenden wir uns zögernd an unsere Seele. Wie Tristan lassen wir uns schließlich im Unbewußten umhertreiben. Endlich beginnen wir, unsere inneren Bereiche zu erforschen und nach einem Sinn für unser Leben zu fragen. Aber sobald wir dort gewesen sind und von Isoldes Händen geheilt wurden, konzentrieren wir uns sofort wieder auf das patriarchalische Leben unseres Ich: auf unsere Projekte, unsere Produktionsserien, unseren Status und unser Prestige in der äußeren Welt. Wie Tristan beschäftigen wir uns viel zu sehr mit dem, was andere von uns denken: Was meinen die anderen Barone? Wer ist der größte Kämpfer von allen? Wer produziert am meisten? Wer verdient mehr als alle anderen?

König Markes Weigerung zu heiraten ist ein unheilvolles Symbol. Wenn im Mythos oder in Träumen der König es versäumt, eine Königin zu nehmen und einen Erben zu zeugen, so ist das gleichbedeutend mit einer Ablehnung der Ganzheit, des Wachsens, ganz allgemein eine Verweigerung der Lebensaufgabe, die in der Form eines neuen Kindes kommt. In alten Zeiten war das Volk beunruhigt, wenn der König keine Kinder hatte. Sie fürchteten, der Boden würde unfruchtbar sein, es würde nicht regnen, ihre eigenen Familien würden nur wenige Kinder haben, und das Königreich würde austrocknen und unfruchtbar werden. Im Gegensatz dazu waren die Hochzeit des Königs und der Königin und die Geburt eines Erben Anlaß zur Freude. Wenn ein Monarch oder ein Prinz ein Kind hervorbringt, besonders wenn es sich um einen Thronerben handelt, ist bis zum heutigen Tag die ganze Welt daran interessiert, und Millionen Leute freuen sich, als ob sie persönlich etwas mit dem Kind zu tun hätten. Eine tiefe psychologische Energie liegt unserer kollektiven Reaktion auf die Geburt eines königlichen Kindes zugrunde. Auf einer tiefen psychischen Ebene symbolisieren König und Königin für uns die Evolution des ganzen Selbst, und der neugeborene Thronerbe symbolisiert das neue Bewußtsein und die Kraft, die als Potential in uns wohnt.

Was immer auch unsere bewußte Einstellung gegenüber königlichen Familien sein mag, wir sind gut beraten, wenn wir daran denken, daß es in uns ein archetypisches Königspaar gibt. Das Symbol von König und Königin richtet die Aufmerksamkeit unseres Bewußtseins auf das Höchste und Wahrste in uns, auf unsere Fähigkeit, eine Synthese zwischen männlichen und weiblichen Werten herbeizuführen.

Folglich zeigt uns König Markes Weigerung, eine Königin zu nehmen, daß in der westlichen männlichen Psyche etwas fehlt.

Er hat nicht nur das Weibliche verloren, er ist auch gar nicht daran interessiert – bewußt weiß er nicht einmal, daß er es verloren hat. Wir haben uns so lange nur um die männlichen und extravertierten Werte gekümmert, daß wir die Seele nur mehr als unnötige Komplikation in unserer sonst sauberen und ordentlichen westlichen Welt betrachten.

Seltsamerweise stellen die «grausamen» Barone, Tristans Todfeinde, die Art, wie er sein Leben eingerichtet hat, in Frage. Von Tristan aus gesehen sind sie die Bösewichte in der Psyche. Aber stets ist es etwas, das wir in uns als böse ansehen, das uns zum Ganzwerden zwingt. Es kann eine Drohung sein, ein Haar in der Suppe, etwas, das die Welt unseres Ich in Unruhe versetzt und unser Fließband-Leben unterbricht. Es kann eine Krankheit sein, Erschöpfung durch Überarbeitung, eine Neurose, die plötzlich an die Oberfläche kommt und unser Leben stört und uns zwingt, nach dem Sinn, der hinter allem steht, zu suchen, nach dem, was wir nicht erklären können. Unsere Symptome und unsere Schwierigkeiten erscheinen uns als die «Schurken», die uns nur Ärger bereiten wollen, aber in Wirklichkeit sind es genau die Schurken, die uns zwingen, nach der Königin zu suchen.

Wenn wir uns schließlich auf die Suche begeben, dann machen wir es genauso wie Tristan «mit Arglist und Gewalt». Wenn unser Leben steril wird, dann gehen wir die Anima suchen. Aber wir wollen sie zu unseren Bedingungen. Wir wollen sie uns als Anhängsel zu unserem Ich anhängen, als Verzierung unserer Person. Wir wollen, daß die Anima uns Energie verleiht, unserem Leben Sinn und Richtung gibt und daß sie unsere Existenz aufregender gestaltet. Aber wir wollen nicht von ihr zu ihren Bedingungen lernen, und wir wollen sie auf keinen Fall als gleichgestellt behandeln. Tristan will Isolde als eine Schachfigur in der Ausübung seiner staatsmännischen Kunst verwenden, als ein Mittel, um das Bündnis zwischen den männlichen Egos zu besiegeln. Das entspricht unserer üblichen Haltung.

Tristan zeigt uns unser Heldentum, aber er macht uns gleichzeitig darauf aufmerksam, wo unser Heldentum sich verirrt. Tristan sitzt im Kräuterbad, als er Isolde mit honigsüßen Worten von seiner Ergebenheit überzeugt: «Königstochter, ... eines Tages kamen zwei Schwalben bis nach Tintagel geflogen und brachten dorthin eines deiner goldenen Haare. Ich glaubte, sie seien Boten des Friedens und der Liebe für mich. Das war's, warum ich dem Drachen und seinem Gift die Stirn bot. Sich dieses Haar, zwischen den goldenen Fäden meines Wamses eingenäht: die Farbe der Goldfäden ist dahin, aber das Gold des Haares ist nicht verblichen.»

Es ist möglich, daß die ganze Tragödie im Leben des Mannes von heute mit dieser einen schicksalshaften Täuschung beginnt – denn er betrügt sich selbst dabei. Die Schönheit der Worte Tristans besteht darin, daß sie so richtig sind; ihre Tragödie liegt darin, daß er sie nicht ehrlich meint. Wenn er wirklich meinen würde, was er sagt, dann wäre das eine große Evolution, eine Umkehr im Ich des westlichen Mannes, eine bejahende Suche nach dem Weiblichen. Wenn aber unser patriarchalischer Vorfahre Tristan nicht wirklich gemeint hat, was er sprach, wie steht es da erst um uns? Könnten wir nicht vielleicht lernen, wie man mit denselben schönen Worten an die weibliche Seite des Lebens herangeht, und sie auch wirklich ehrlich meinen? Die Anima schickt uns Botschaften des Friedens. Können wir vielleicht nach Jahrhunderten der Arglist lernen, wie man sich ihr ehrlich nähert?

In dem Augenblick, als Isolde Tristans schöne Worte vernimmt, als sie den Satz von ihrem eigenen Goldhaar, das auf seinem Wams aufgenäht ist, hört, senkt sie das Schwert. Sie ist darauf aus, den Beweis für seine Ergebenheit zu finden; als sie glaubt, ihn gefunden zu haben, legt sie das Schwert weg. Anstatt daß sie ihn durchbohrt, küßt sie ihn. Hier sehen wir ein Beispiel, wie das innere Weibliche und die äußere Frau einander ähnlich sind. Für beide ist das beherrschende Prinzip, sich auf andere zu beziehen.

Wenn eine Frau von einem Mann ignoriert oder verwundet wird, wird sie, ähnlich wie Isolde, oft eine Möglichkeit finden, wie sie sein eigenes Schwert gegen ihn richten kann, wie sie ihn durch seinen eigenen Machttrieb verwunden kann. Aber in dem Augenblick, in dem ein Mann seine eigenen Bedürfnisse begreift und seine Liebe anbietet und sich bejahend auf sie bezieht, hat die Frau eine geradezu magische Kraft zu verzeihen. Die Frau weiß sich das Schwert ihres Gegners zunutze zu machen. Aber wenn er sein Schwert begräbt und ihr eine wirkliche Beziehung anbietet, dann begräbt sie im selben Augenblick auch ihr Schwert. Aggression verwandelt sich in Beziehung. Das Weibliche, ganz egal, ob im Mann oder in der Frau, wird gewöhnlich seine Beleidigung und die Wunden der Vergangenheit vergessen, wenn man ihr jetzt in der Gegenwart echte Beziehung und Zuneigung anbietet. Das gehört zu den edelsten und schönsten Instinkten einer Frau, das ist eine ihrer Möglichkeiten, dem Leben zu dienen und es zu wandeln. Bezogenheit ist ihr erstes Prinzip, das vorherrschende Motiv in ihrer Natur, und dafür lebt sie, mehr als für alles andere.

So ist es auch mit Isolde. Als Tristan sie überzeugt, daß er Liebe und Bezogenheit anbietet, daß er sie schätzt und um ihrer selbst willen begehrt, schiebt sie all ihren Haß und ihre Rachepläne beiseite. Sie senkt das Schwert. Hier sehen wir zwei Seiten der Anima. Die Seele ist kein warmes, sentimentales Gefühl, das wir in uns herumtragen, das wir herausziehen, wenn wir es brauchen, und sonst ignorieren. Auch die Anima braucht Bezogenheit – auf die innere Welt. Auch sie verlangt nach einem Anteil an der Zeit und den Bemühungen des Mannes. Wenn er sie ignoriert, erhebt sie sich im Zorn. Die Anima stürzt sich mit seinem eigenen Schwert auf ihn und droht, ihn zu durchbohren. Sie bringt sein Leben durcheinander, kreiert Zwangsvorstellungen und Neurosen und bahnt sich einen Weg in die Projektionen und Krisen der romantischen Liebe.

Die Anima, mit einem Schwert bewaffnet, ist ein gefährliches Wesen und ist sehr wohl imstande, eine Stätte der Verwüstung zu verursachen. Aber die Anima ist bereit, ganz wie Isolde, Frieden zu schließen. Wenn wir sie suchen, wenn wir sie als gleichgestellt betrachten, wenn wir nach ihrer Welt und ihrer Weisheit streben, wird sie Frieden schließen und uns ihre innere Welt eröffnen.

Leider ist der westliche Mann wie Tristan: ein glatter Redner. Aber gleichzeitig haben wir es hier mit einem Rätsel zu tun, das den Weg zur Versöhnung öffnet: Oft, wenn wir lügen, sprechen wir unabsichtlich die Wahrheit. Was wir bewußt denken und nicht meinen, ist genau das, was auf der unbewußten Ebene wahr ist. Tristan glaubt, daß er lügt. Er weiß aber nicht, daß ihn das Unbewußte unterhalb seiner bewußten Motive unausweichlich zu Isolde hinzieht. Und alles, was er zu ihr gesagt hat, ist auf dem Grunde seiner Seele wahr, obwohl er der letzte ist, der bereit wäre, das zuzugeben.

Warum glaubt ihm Isolde? Die Seele hat hellseherische Kräfte! Sie ist kein Narr. Warum glaubt sie ihm? Weil sie die Wahrheit hinter der Lüge vernimmt; das Weibliche reagiert stets auf die tiefen inneren Wahrheiten.

Unsere Betrügereien drücken oft unsere tiefen, unbewußten Bedürfnisse und Wünsche aus, die, die wir bewußt nicht zugeben wollen. Dieses Prinzip gibt uns keine Ermächtigung, andere zu täuschen oder zu betrügen; aber wenn wir lernen, nach der Wahrheit hinter unseren Lügen zu forschen, sowohl wenn wir uns selbst als auch wenn wir andere belügen, dann könnten wir beginnen, für die Wahrheiten Verantwortung zu übernehmen und sie ehrlich und direkt zu leben.

Wir alle haben, wie Tristan, blumenreiche Worte gesprochen, die wir nicht gemeint haben. Aber wenn wir genau hinsehen, von welchem geheimen und versteckten Ort diese Worte kamen, dann werden wir entdecken, daß wir eigentlich Isolde suchen und brauchen.

Tristan weiß weder, was er sucht, noch, was er braucht. Durch eine seltsame umgekehrte Alchemie des Unbewußten verwandelt er seine Wahrheit in eine Lüge. Als Isolde dann vor den irischen Baronen steht und den Zweck von Tristans Suche vernimmt, fühlt sie sich getäuscht, ein Messer durchbohrt ihr Herz, und sie zittert «vor Schande und Schmerz»: «So verschmähte sie also Tristan, der sie gewonnen. Die schöne Erzählung von dem goldenen Haar war nichts als Lüge, und einem anderen lieferte er sie aus... so brachte Tristan... durch List und durch Gewalt die Königin mit den goldenen Haaren heim.»

Aber List und Gewalt werden am Ende nie den Sieg davontragen. Mit List und Gewalt steht das männliche Ich seinem eigenen Selbst feindlich gegenüber, gegen seine tiefinneren Nöte und gegen seine eigene Seele. Tristan glaubt, er habe das Weibliche erobert, und er wird es nach Hause zurückbringen, damit es seinen Bedürfnissen und der Macht seines männlichen Ich diene. Aber er weiß nicht, was ihm bevorsteht. Er glaubt, er habe erobert, und in Wirklichkeit ist er der Eroberte.

Das Schicksal stellt einen kühlen Becher mit seltenem, erfrischendem Wein vor Tristan hin. Und er, nichts ahnend, trinkt tief daraus.

3. TEIL DER ERZÄHLUNG

Wie Tristan und Isolde im verzauberten Garten umherwanderten

Kehren wir nun zu unserer Erzählung zurück. Tristan und Isolde befinden sich auf einem kleinen Schiff, das der Küste Cornwalls zustrebt. In seinen Armen hält Tristan die Königin von den goldenen Haaren, sie, die für den König bestimmt war.

König Marke war erstaunt, und alles Volk war von Entzücken erfüllt, als sie ihre neue Königin sahen, denn Isolde war die holdeste Maid, die je in diesem Land gesehen worden war, und sie war freundlich zu jedermann, egal ob er hochgestellt war oder nicht. Die königliche Hochzeit wurde in Glanz und Freude gefeiert. Aber als die Nacht kam, nahm Brangäne, um die Unehre der Königin zu verbergen, Isoldes Platz auf dem Hochzeitsbett ein. Isolde stattete Brangäne mit ihren schönen Kleidern aus und sprach einen Zauberspruch über sie, um den König zu täuschen. Das Dunkel der Nacht verbarg dem König die List und seine Schande, und er erfuhr nie, daß Isolde ihre Jungfräulichkeit in den Armen seines guten Neffen verloren hatte, lange bevor sie Fuß auf Cornwalls Land gesetzt.

Alle Barone und das ganze Volk waren froh, daß sie eine Königin hatten. Aber in den Herzen von Tistan und Isolde brannte ein Feuer, und es ließ sich nicht eindämmen. Sie achteten nicht der Gefahr, trafen sich im geheimen und lebten ihrer Leidenschaft.

Hinter dem Palast befand sich ein schöner Garten mit wohlriechenden Blumen und einer murmelnden Quelle, und in der Mitte stand eine hohe Tanne. Unter dieser hohen Tanne pflegten sich die Liebenden zu treffen, behütet, wie sie glaubten, vor allen neugierigen Augen. Und wenn sie bei Morgengrauen den Schmerz der Trennung empfanden, pflegte Isolde manchmal zu sagen:

«Tristan, versichern nicht die Seeleute, daß das Schloß Tintagel verzaubert sei und daß durch Hexerei es zweimal im Jahr, im

Winter und im Sommer, versinkt und den Augen entschwindet? – Jetzt ist es versunken. – Ist das nicht der verzauberte Garten, von dem die Harfenlieder sprechen? Eine Mauer von Luft schließt ihn von allen Seiten ein; blühende Bäume, ein balsamischer Boden; hier lebt der Held in ewiger Jugend in den Armen seiner Freundin, und keine feindliche Macht vermag die luftige Mauer zu zertrümmern!»

«Nein», sprach Tristan, «hier ist nicht der verzauberte Garten. Doch eines Tages, Freundin, werden wir vereint in das Land des Gücks eingehen, aus dem niemand wiederkehrt. Dort erhebt sich ein Schloß aus weißem Marmor; an jedem seiner tausend Fenster leuchtet eine brennende Kerze; bei jedem spielt und singt ein Spielmann eine Melodie ohne Ende; die Sonne scheint nicht, aber niemand bedauert das Fehlen ihres Lichtes: das ist das glückliche Land der Seligen.»

Solcherart waren die Blicke, die sie Tag für Tag tauschten, daß ihre Leidenschaft von jedermann bemerkt werden konnte, der sich nur die Mühe nahm, hinzusehen. Und so spionierten ihnen denn die ruchlosen Barone, die Gott verfluchen möge, nach und verrieten sie beim König. Sie führten den König zum Ort des Stelldicheins und hoben ihn in den Tannenbaum. Dort wartete er, bis er sah, wie sich Isolde in den Garten stahl. Aber der Mond schien so hell, daß Isolde den Schatten des Königs auf dem Boden erkennen konnte. Sie erzitterte und flehte Gott an, daß Tristan nicht kommen möge.

Bald darauf sprang Tristan über die Mauer wie ein Panther, und Isolde rief aus, einen harten Ton der Verwarnung in der Stimme: «Herr Tistan, was habt Ihr gewagt? Mich zu solcher Stunde an einen solchen Ort zu laden! Denn wenn es der König wüßte, so würde er das Schlechteste von mir denken, und es gälte mein Leben.»

Da sah Tristan in das Wasser der Quelle und erblickte das

Spiegelbild des Königs, und er wußte, warum Isolde so streng sprach. Nun war Tristans Verstand so blitzschnell wie sein Schwert. Er fiel auf die Knie und bat die Königin, seine Fürsprecherin bei König Marke zu sein und dem König von seiner Treue zu erzählen. Er weinte, daß falsche Verräter ihn und die Königin angeklagt hätten. Und er sagte: «Wisse denn, Königin, daß ich mich jedem Ritter im Zweikampf stellen werde, um Eure Reinheit und meine Unschuld zu beweisen.»
So spielten die Liebenden ihre Rolle vor König Marke, der von ihrer Unschuld überzeugt war, und er senkte den Pfeil, den er schon auf den Bogen gespannt und auf Tristans Herz gerichtet hatte.
Die Königin flüchtet in ihr Gemach, wo Brangäne sie zitternd in ihre Arme nimmt; die Königin erzählt das Abenteuer. Brangäne ruft aus: «Isolde, meine Herrin, Gott hat für Euch ein großes Wunder getan! Er ist ein liebender Vater und will nicht das Unheil derer, die er unschuldig weiß.»
Der König aber war von Zorn gegen die vier schurkischen Barone erfüllt, und sie flüchteten aus seinem Gesichtskreis.
Aber Tristan konnte die Königin nicht aufgeben und ging jedes Risiko ein, um sie in seinen Armen zu halten und ihrer beider Leidenschaft zu stillen. Schließlich wurden sie ertappt, und die Beweise waren so klar, daß der König wütete wie ein verwundeter Eber und er die Liebenden auf den Scheiterhaufen schickte, damit sie verbrannt würden. Der Weg zum Scheiterhaufen führte an einer kleinen Kapelle vorbei, die auf der Spitze eines Felsens stand, dem Meer zugewandt. Tristans Wachen ließen ihn eintreten, damit er sein letztes Gebet verrichten könne..
Als er in der Kapelle war, sprach er zu sich selbst: «Lieber dieser Sturz als den Tod auf dem Scheiterhaufen vor versammeltem Volk!» Und er reißt das Fenster auf und schwingt sich

hinaus. Doch Gott war ihm gnädig. Der Wind fängt sich in seinen Kleidern, trägt ihn und läßt ihn auf einem großen Stein am Fuß des Felsens niederkommen. Sein treuer Diener, der alles gesehen hatte, eilte mit Pferd und Waffen an die Küste des Meeres, und beide rasten davon.

Der König, in dessen Brust der Zorn brannte, übergab Isolde einer Gruppe Aussätziger, auf daß sie mit ihr liegen und ihre Lust an ihr stillen sollten. So verdammte er sie zu einem langsamen und qualvollen Tod. Aber Tristan spornte sein Pferd aus dem Waldrand heraus, befreite Isolde aus den Händen der Aussätzigen und entkam mit ihr in den Forst von Morois.

Drei Jahre lang lebten die Liebenden im wilden Wald. Sie lebten von Wurzeln und Kräutern und vom Fleisch der Tiere, die sie erlegten. Ihre Haut spannte sich über ihren mageren Körpern, sie waren blaß, und ihre Kleider fielen in Lumpen. Sie aber sahen einander an, der Trank rann durch ihre Adern, sie liebten sich und wußten nicht, daß sie litten.

Eines Tages kamen sie durch Zufall zur Einsiedelei des Bruders Ogrin, eines heiligen und rechtschaffenen Mannes, der, kaum hatte er den Blick auf Tristan geworfen, diesen zur Rede stellte: «Herr Tristan, Gott helfe Euch, denn Ihr habt diese Welt verloren und die andere dazu. Den Verräter an seinem Herrn, man soll ihn auf dem Scheiterhaufen verbrennen; wo seine Asche niederfällt, da wächst kein Kraut mehr... Herr Tristan, gebt die Königin dem zurück, der sie nach dem Gesetz Roms zur Ehe hat!... Tut Buße, Tristan.»

Tristan aber antwortete: «Ich Buße tun, Herr Ogrin? Für welche Missetat? Ihr, die Ihr uns verurteilt, wißt Ihr, welchen Trank wir auf dem Meer getrunken haben? Oh! Ein guter Trank macht uns trunken, und ich will lieber ein Leben lang mit Isolde von Wurzeln und Kräutern leben, als ohne sie eines schönen Reiches König sein.»

Dann sprach Isolde zu Herrn Ogrin:

«Sire, por Dieu omnipotent
Il ne m'aime pas, ne je lui.
Fors par un herbe
Dont je bui
Et il en but: ce fu pechiez.»*

«Herr, bei Gott dem Allmächtigen,
Er liebt mich nicht, noch liebe ich ihn.
Es war wegen eines Kräutertrankes,
Wovon ich getrunken
Und auch er: das war eine Sünde.»

So stellten Tristan und Isolde ihre Schuld in Abrede und erzählten Ogrin, daß alle Schuld im Zaubertrank gelegen sei. Und sie verschwanden vor ihm und gingen zurück in den Wald.

Bald danach fand ein Wildsteller ihre Hütte im Wald, und er rannte geradewegs nach Tintagel. Der schamlose Verräter verkaufte sich dem König und führte ihn zu der Stelle. Als der König zu dem Ort kam, stieg er vom Pferd ab und näherte sich mit gezogenem Schwert. Als er aber die Liebenden erblickte, lagen sie völlig bekleidet schlafend am Boden und Tristans nacktes Schwert lag zwischen ihnen. Ihre Gesichter waren unschuldsvoll und keusch.

Da sagte der König zu sich selbst: «Oh Gott, was sehe ich! Darf man sie töten? Wenn sie einander in Liebe verfallen wären, würden sie nach so langer Zeit, während welcher sie hier lebten, dieses Schwert zwischen sich legen? Weiß nicht jeder, daß

* Der altfranzösische Text stammt aus der Béroul-Version des Mythos.

eine nackte Klinge, die zwei Körper trennt, Bürge und Bewahrerin der Keuschheit ist? Wenn sie sich in Leidenschaft ergeben wären, würden sie so unschuldsvoll zur Ruhe gehen?»
Dann zog Marke einen Ring von seinem Finger und steckte ihn an Isoldes Hand. Er hob Tristans Schwert vom Boden auf und legte das seine an die Stelle. So ließ er ihnen Zeichen der Versöhnung und des Vergebens zurück.
Tristan und Isolde erwachten wie durch einen großen Schreck und fanden des Königs Ring und Schwert, und ihre Angst wich langsam der Verwunderung. Das Mitleid des Königs verwirrte sie, wie sein Haß es nie vermocht hätte. Zum ersten Mal begann Tristan darüber nachzudenken, ob das, was er tat, richtig war. Er verspürte ein heftiges Verlangen nach der Liebe und Freundschaft seines Onkels.
«Aber», so dachte er, «er wird Isolde wieder wegnehmen! Was denke ich! Wie könnte ich das ertragen! Es wäre besser gewesen, er hätte mich im Schlafe erschlagen, denn nun hat sein Mitleid mein Gewissen aufgeweckt!»
Tristan dachte daran, wie Isolde Königin gewesen, an Markes Seite, wie sie im Palast in mit seidenen Stoffen bespannten Gemächern gelebt hatte. Hier aber im Wald lebte sie wie eine Sklavin. Was hatte er aus ihrer Jugend gemacht? Hier mit diesem wilden Leben in einer kleinen Hütte!
«Wahrlich», so dachte er, «sie ist sein Weib, ihm angetraut nach den Gesetzen Roms und vor allen Edlen seines Reiches. Sicherlich ist es recht, wenn ich sie dem König zurückgebe.»
Aber die ganze Nacht hindurch war er unentschlossen und weinte, und die Sorge quälte ihn.
Auch Isolde begann nachzudenken: «Müßte nicht Tristan im Palast des Königs wohnen, hundert edle Pagen um sich, die ihm unterstellt und zu Diensten wären. Müßte er nicht ausreiten, um Ritterdienste und Abenteuer zu suchen? Aber um

mich vergißt er sein ganzes Rittertum, verbannt vom Hofe, gehetzt in diesen Forst, zu wildem Leben verdammt!»
So kamen Tristan und Isolde zu dem Schluß, daß Isolde zum König zurückkehren sollte.
Aber Tristan sagte: «Königin, was immer geschehen mag und wo immer ich hingehen mag, ich werde Euer bleiben, denn ich will nur einer einzigen Liebe dienen.»
Dann begaben sich die Liebenden an den Rand des Waldes, um den Einsiedler Ogrin zu finden. Er erblickte sie und rief ihnen wohlmeinend zu: «Ihr Freunde! Wie die Liebe euch von Elend zu Elend hetzt! Wie lange dauert noch euer Wahnsinn? Mut, bereut endlich! Tristan, mein Sohn, willst du nicht die Königin dem König zurückerstatten und sein Erbarmen anrufen?»
Tristan antwortete: «Hört, Herr Ogrin. Für unsere Liebe kann es keine Buße geben. Aber ich will nicht, daß Isolde noch länger hier in dieser Armut lebt um meinetwillen. Helft uns, dem König ein Schreiben zu senden. Wenn er die Königin zurückzunehmen gewillt ist, so werde ich sie zurückgeben, selbst aber in die Ferne ziehen. Einstmals, wenn der König mich um sich dulden will, würde ich zurückkehren und ihm nach meinen Pflichten dienen.»
Ogrin trat vor den Altar, betete und pries Gott. Dann verfaßte der gute Einsiedler das Schreiben und setzte alles in feine Worte, wie es ein Priester konnte, und sandte die Botschaft noch in derselben Nacht an König Marke.
Der König berief seine Barone, daß sie ihn beraten sollten, er zeigte ihnen das Schreiben und befahl, daß es ihnen vorgelesen werde. Und die Barone sagten: «Herr, nimm die Königin wieder auf. Was Tristan betrifft, so mag er, wie er sich erbietet, gehen, in Frankreich oder bei dem König von Friesland Kriegsdienste zu nehmen. Denn sollte er nach Tintagel zu-

rückkehren, dann wird es verschiedene Gerüchte geben und Gerede, und die Krone würde entehrt sein.»
Und so geschah es. Der König ließ Tristan Botschaft sagen, daß er die Königin an der Furt des Flusses an einem bestimmten Tag zurückgeben und das Land Cornwall verlassen solle, um in anderen Ländern zu dienen.
An dem Tag, an dem Tristan Isolde zurückgeben sollte, saßen die Liebenden an einem schönen Platz im Wald und weinten traurig. Bevor sie gingen, um dem König zu begegnen, versprachen sie einander folgendes:
«Königin», sprach Tristan, «wo immer mein Weg mich hinführt, will ich Euch Boten senden. Und sobald Ihr ruft, will ich auch aus dem fernsten Lande herbeieilen.»
Isolde gab Tristan einen grünen Jaspisring und sagte: «Tristan, mein Freund, ich habe hier einen Ring von grünem Jaspis. Nimm ihn als Zeichen meiner Liebe und trage ihn an deinem Finger. Wenn je ein Bote von dir gesandt zu sein vorgibt, so will ich ihm nicht glauben, bis er mir diesen Ring zeigt. Wenn ich ihn aber erblickt habe, so wird mich keine Macht, kein königliches Verbot daran hindern, das zu tun, was du mir zu tun entbietest, sei es nun Klugheit oder Tollheit.»
Nach Isoldes Rückkehr war das ganze Land erneut glücklich, und alles Volk in Cornwall lebte in Frieden und Freude. Aber die verräterischen Barone sprachen schlecht von Isolde und sagten, sie hätte mit Tristan zusammen Böses verübt, und Isolde hörte davon. Sie verlangte von ihrem Mann und König, was ihr Recht war: ein Gottesurteil. Und so geht ein Gottesurteil vonstatten: eine eiserne Stange wird erhitzt bis zur Rotglut. Isolde muß auf die Gebeine der Heiligen schwören, daß sie unschuldig ist und die Wahrheit spricht. Dann muß sie das glühende Eisen aus dem Feuer heben. Wenn sie die Wahrheit spricht, wird Gott nicht zugeben, daß das Eisen sie verbrenne

(wie alle guten Christen wissen). Aber wenn sie lügt, so wird es sie brennen und aufgrund dieses Beweises muß sie für ihren Verrat auf dem Scheiterhaufen verbrennen.

Isolde schickte um Tristan, daß er ihr bei einem geheimen Plan helfe. So kam es, daß vor dem Tage des Urteils Tristan als armer Pilger verkleidet zur Küste kam. Alles war für das Urteil bereit: Ein heißes Feuer brannte, die Reliquien der Heiligen waren unter Bewachung aufgestellt, der Scheiterhaufen war vorbereitet und trockene Zweige lagen in der Nähe, um ihn zu entzünden.

Die Königin kam in ihrem Boot vom Meer, und indem sie auf Tristan zeigte, sagte sie zu einem Ritter: «Hole diesen armen Pilger, damit er mich über den Schlamm trage und ich meine langen Gewänder nicht beschmutze und in geziemender Aufmachung vor die Leute treten kann.»

Tristan watete in das seichte Wasser, hob die Königin aus dem Boot und trug sie hinüber aufs trockene Land. Angetan mit einem schneeweißen Kleid stand sie vor den versammelten Baronen von Tintagel und Camelot – denn sogar Artus und sein Hof waren von Camelot gekommen, um Zeugen zu sein, so daß niemals jemand dieses Gottesurteil anzweifeln könne. Alle standen da und staunten über ihre Schönheit. Zitternd streckte sie die rechte Hand gegen die Gebeine der Heiligen aus und sprach: «Bei den heiligen Gebeinen schwöre ich, daß nie ein Mann mich in seinen Armen gehalten außer König Marke, mein Herr, und der arme Pilger, der mich soeben von meinem Boot getragen.»

Dann nahte sie sich dem Kohlenbecken, bleich und schwankend. Alle schwiegen: Das Eisen stand in roter Glut. Da tauchte sie ihre nackten Arme in den Tiegel, ergriff das Stück Eisen und schritt neun Schritte mit ihm dahin. Dann warf sie es fort und breitete ihre Arme im Kreuz auseinander mit offenen

Händen. Und jeder sah, daß ihre Haut so unverletzt war wie die eines Pfirsichs vom Baum.

Da drang aus allen Kehlen ein Schrei des Lobes und Dankes zu Gott empor.

Aber selbst nach all diesen Schwierigkeiten zögerte Tristan immer noch, Cornwall zu verlassen. Noch brachte er es nicht fertig, sich von der Königin fernzuhalten. Heimlich ging er eines Nachts unter ihr Fenster und ahmte den Ruf der Nachtigall nach. Die Königin erkannte das Lied. Sie gedachte Ogrins, des Eremiten, der geleisteten Schwüre, sie fühlte die Gefahr des Todes. Und dennoch rief sie aus: «Was ist der Tod! Du rufst mich, du willst mich, ich komme!»

Und so trafen sie einander in der Dunkelheit der Nacht und den Liebenden war ihr Glück und ihre Freude. Aber verräterische Spione und Schurken sammelten sich und spürten der Königin nach, und beide wußten, daß sie bald wieder entdeckt sein würden. Schließlich verließ Tristan Cornwall nach vielen tränenreichen Worten zum Abschied.

Die Liebenden konnten nicht leben und nicht sterben einer ohne den anderen. Getrennt zu sein, das war weder Leben noch Tod, das war Leben und Tod in einem. Über die Meere, über die Inseln, durch die Lande floh Tristan vor seinem Elend.

Die Königin der inneren Welt

Die Hochzeit von Isolde und König Marke repräsentiert etwas sehr Tiefes und Mächtiges in unserer Psyche. Die Anima wird dem inneren Königreich zurückgegeben. Das Weibliche und das Männliche sind wieder vereinigt. Das Selbst ist vervollständigt und zu einem Ganzen geworden. Wir hören die Glocken läuten. Die Menschen drängen sich in Massen in die große Kirche und säumen die Straßen, um die neue Königin zu sehen und sich an ihrer Schönheit zu erfreuen. Die Seele ist nach Cornwall zurückgekommen. Der König hat eine Frau, und das Land beginnt allenthalben zu blühen.

Wir sollten einen Augenblick innehalten und abwägen, was das für uns bedeuet. Denn auch in uns gib es eine entsprechende Hochzeit, eine Vereinigung, die wir nicht leicht nehmen sollten. Isolde war Königin von dem Augenblick an, als eine Schwalbe durch das Fenster von Tintagel flog und Marke ihr goldenes Haar brachte. Tristan nennt sie «Königin», noch bevor sie König Marke heiratet, und spricht sie selbst in der Wildnis von Morois mit «Königin» an. Isolde die Blonde ist von Anfang bis Ende und immer «die Königin» – sie kann nichts anderes sein.

Die königliche Hochzeit sagt uns, daß es richtig ist, daß die Anima mit dem inneren König vereinigt werden soll. Auch wenn Tristan sie beschwindelt und zu Gewalt und List gegriffen hat, auch wenn seine Motive die falschen waren und sie gegen ihren Willen gekommen ist, auch wenn sie den Liebestrank auf hoher See getrunken haben – das ist alles unwichtig,

denn Isolde ist die Königin der inneren Welt und ist für einen einzigen Platz bestimmt: Königin zu sein und neben König Marke, dem inneren König, auf dem Thron zu sitzen.
Wenn wir imstande sind, das zu sehen, dann begreifen wir auch, warum Tristan, in dem Augenblick, in dem er König Marke betrügt, das Königreich zerstört. Er betrügt nicht nur den König, er verweist auch die Königin auf einen Platz von geringerer Würde, als ihr zusteht. Als Isolde sich mit König Marke vermählte, strömten Freude und Gesundung durch das ganze Land.
Als Tristan Isolde aber zu geheimen Stelldicheins unter dem Tannenbaum verführt, sind die Nachwirkungen überall im Lande zu spüren: Die Königin verliert ihren Rang und wird zu weniger herabgewürdigt, als sie ist. Sie wird von ihrem Thron gestürzt und vertrieben. Das Herz der Königin ist geteilt, Tristan ist geteilt. Und bald wird das Königreich von Zwietracht erfüllt sein, denn sie können ihren Konflikt nicht in sich selbst austragen.
Das Dilemma des Mythos und zugleich die Quelle allen Konfliktes, aller Verwirrungen und allen Leides liegt in einer einfachen Forderung: Tristan fordert das Recht, Isolde für sich zu besitzen. Sie, die die Königin eines ganzen Reiches sein sollte, wird von einem Individuum beschlagnahmt. Das Ich usurpiert etwas, das dem Selbst gehört.
Was bedeutet das nun für das Leben des Menschen heute? Mit unseren Versuchen, die Anima zu einer realen, physischen Frau der äußeren Welt zu machen, nehmen wir ihr ihre rechtmäßige Rolle in uns, als Königin der inneren Welt, weg. Das geschieht durch Projektion. Das ist der Versuch unseres Ich, die Anima zu *besitzen,* sie in das Gefängnis des sterblichen Körpers zu stecken und sie auf einer persönlichen, äußerlichen, physischen Ebene zu erfahren.

Etwas ganz Bestimmtes ist notwendig, um der Anima ihre psychologische Rolle als Königin der inneren Welt zurückzugeben: Ein Mann muß bereit sein, seine *Animaprojektion von der Frau in seinem Leben zurückzunehmen.* Das allein ermöglicht es der Anima, die ihr rechtmäßig zukommende Rolle in seiner Psyche zu spielen.

Das ist für ihn die einzige Möglichkeit, sie als die Frau zu sehen, die sie ist, unbelastet von seinen Projektionen. Jung sagt über dieses Zurücknehmen der Projektion:

> Durch die Zurücknahme ihrer Projektion wird sie (die Anima) wieder zu dem, was sie vorher war, nämlich zu einem archetypischen Bild, welches an der richtigen Stelle zum Vorteil des Individuums funktioniert ... zwischen dem Ich und dem Unbewußten ... (C.G.Jung, Ges. Werke 16, Par. 504)

Was ist ihr «richtiger Platz»? Er ist dort, wo sie «zwischen dem Ich und dem Unbewußten» wirkt, wo sie in der Psyche des Mannes lebt, als seine Vorstellung, die ihn von innen her inspiriert.

Wenn Tristan darauf besteht, die Königin zu besitzen, so bedeutet das, daß er darauf besteht, die Anima in ein psychisches Lebewesen zu verwandeln. Er versucht, seine Seele in etwas Physisches zu verwandelen anstatt anzuerkennen, daß sie ein psychologisches Wesen ist, das in der inneren Welt lebt. Anstatt sie als Symbol zu erfahren, als ein inneres Bild des Weiblichen, versucht er sie in eine richtige, physische Frau zu verwandeln. Wir glauben, Anima ist gleich Frau und Frau ist gleich Anima. Wir fordern von den Frauen, daß sie diese Rolle spielen und Göttinnen sind anstelle von Menschen. Indem wir die Anima im Menschen verwandeln, verlieren wir die Seele aus dem Blickfeld. Indem wir versuchen, Frauen zu göttlichen Wesen zu machen, verlieren wir den Blick für ihre Menschlichkeit und berauben sie zudem ihres Frauseins.

Isoldes königliche Hochzeit und ihre Krönung zur Königin sagen uns, daß sie stets in der inneren Welt als Königin regieren muß. Wir können unternehmen, was wir wollen, es wird uns nicht gelingen, sie vom inneren König zu entfernen, sie aus ihrer königlichen Ehe zu lösen oder sie in unsere physischen Beziehungen zu extravertieren. Wenn wir nur eines dieser Dinge versuchen, dann ist das Königreich entzwei gerissen, und die Struktur des menschlichen Lebens und die menschlichen Beziehungen nehmen Schaden. Und weil Tristan nicht davon abgeht, die Anima als physische Frau zu sehen, erlebt er sie nie als «meine Herrin Seele», was sein wahres Sehnen und tiefe innere Weisheit wäre.

Aber es gibt einen anderen Weg. Wir können es lernen, das Innere vom Äußeren zu unterscheiden, die Königin dem König zu überlassen, und ihr damit die Möglichkeit geben, eine ganz neue Welt des Bewußtseins zu entfalten – eine Welt, die wir nur sehen können, wenn wir uns ihr als Archetyp nähern, den man innerlich erlebt.

Tief in seinem Herzen weiß Tristan, daß Isolde innere Königin bleiben muß. Das ist der Grund, warum er nie versucht, eine gewöhnliche Ehe mit ihr einzugehen. Das ist der Grund, warum er im entscheidenden Moment das nackte Schwert zwischen sich und Isolde legt. Letzten Endes weiß er, daß er sie nicht auf eine persönliche und physische Art besitzen kann. Mit einer Hand tritt er sie dem König ab, selbst wenn er mit der anderen versucht, sie zu besitzen. Er macht das unbewußt, ungern, er beklagt sein Los und ist nicht in der Lage, die Hintergründe seiner eigenen Handlungen zu erkennen.

Wenn Tristan imstande wäre, dieses Opfer bewußt zu bringen, wenn er die Königin wieder auf den Thron setzten könnte und verstehen würde, warum das so sein muß, sein Schicksal wäre nicht die tragische Geschichte, die sie ist. Er könnte seiner

Königin nahe sein, er könnte sie als die Göttin erleben, die sie darstellt, und er könnte mit ihr in der inneren Welt leben, was die richtige Ebene wäre. Er besäße seine Seele, seine «hohe Königin», als innere Realität, und er wäre frei, mit einer sterblichen Frau in der äußeren Welt zu leben, sie innig zu lieben, auf die Art, die ihr entspricht und auch zukommt.

Der Verrat unter der Tanne

«Ich Buße tun, Herr Ogrin? Für welche Missetat? ... Ihr, die Ihr uns verurteilt, wißt Ihr, welchen Trank wir auf dem Meer getrunken haben? Ein guter Trank, er macht uns trunken...»
Diese Worte gibt Tristan zur Antwort, als ihn Ogrin, der Einsiedler, ermahnt, Buße zu tun für Verrat und Ehebruch. Mit diesen Worten betritt eine neue Moralvorstellung die Welt: Die, die vom Liebestrank getrunken haben, verlangen für sich eine spezielle Ausnahmeregelung. Tristan teilt uns mit, daß er unschuldig ist, daß er nichts Böses getan habe, und daß er neuen Gesetzen unterliegt. Er ist vom zauberischen Wein trunken, der ihn über die alten Richtlinien von Gut und Böse hinausgehoben hat: Er unterwirft sich keinem anderen Gesetz mehr als dem Gesetz der Leidenschaft. Außerdem hat Gott zu seinen Gunsten bereits so oft eingegriffen, daß es nur recht erscheint, wenn er für sich das «Imprimatur» des Himmels geltend macht.

Das erste Mal war es unter dem großen Tannenbaum, dem geheimen Treffplatz der Liebenden. Der Mond verbindet sich mit ihnen und zeigt ihnen, daß sie der König im Baum sitzend beobachtet. Und als sie ihre Rollen gespielt und den König getäuscht haben, ruft Brangäne aus: «Gott hat für Euch ein großes Wunder getan! Er ist ein liebender Vater und will nicht das Unheil derer, die er unschuldig weiß.»

Was bedeutet das? Wir haben es hier mit einem Widerspruch zu tun, der nicht einfach zu erklären ist. Wie können diese Liebenden «unschuldig» sein, wenn sie doch den König täuschen, ihre ihm gegebenen Versprechen brechen und ihn zum Narren machen? Ist das derselbe Gott, der die Ehe heiligt? Der an Treue und Wahrheit Freude hat? Hat Gott am Ende denselben Wein getrunken wie die Liebenden und beginnt nun, bei Verrat und Ehebruch zu helfen?

Aber das ist noch nicht alles. Nachdem die Liebenden erwischt worden sind und Tristan zum Scheiterhaufen geführt wird, springt er vom Felsen. Auf wunderbare Weise bläht ein plötzlicher und starker Wind seinen Mantel, der am Stiefel hängengeblieben war, und mildert den Sturz. Später, als König Marke die Liebenden im Forst von Morois nebeneinander liegend findet, trifft es sich so, daß Tristan sein nacktes Schwert zwischen sich und Isolde gelegt hat. Wieder sind die Liebenden gerettet. Schließlich steht Isolde vor den versammelten Edlen, um das Gottesgericht auf sich zu nehmen, sie hebt das glühende Eisen aus dem Feuer, und ihre Hand ist nicht verbrannt davon. Gott selbst bestätigt, daß sie «die Wahrheit» spricht.

Was bedeuten diese Wunder? Was sind sie? Sie sind nicht nur dramatische Hilfsmittel. Wenn wir es verstehen können, dann sprechen die Liebenden die Wahrheit: Sie sind «die Unschuldigen»! Sie sind «reinen Herzens». Sie wurden von einer Wahrheit, von einer Kraft überwältigt, die so furchtbar ist, daß sie jegliche Orientierung verloren haben. Sie reagieren auf die Schwingungen einer anderen Welt, auf eine andere Existenzebene, und das hat sie in Gegensatz zu allen Regeln der gewöhnlichen menschlichen Welt gebracht.

Diese Wunder zeigen uns, daß die Liebenden das Richtige tun, auch wenn sie anscheinend «Böses» tun. Zumindestens handeln sie so gut sie eben können unter der furchtbaren Erkenntnis, zu der sie gelangt sind. Die «andere Welt» greift immer wieder in das gewöhnliche Leben ein, um die beiden Liebenden vor den normalen Folgen ihres Handelns zu bewahren.

Denn, wenn sie auch in bezug auf die gewöhnliche Welt und die menschlichen Moralvorstellungen völlig aus dem Rahmen gefallen sind, so entspricht ihr Verhalten doch ganz den Gesetzen dieser «anderen Welt». Aber diese Welt hat ihren Preis und ihre eigenen Konsequenzen, und wir werden gleich sehen, worin diese Konsequenzen bestehen.

Wenn wir uns die Frage stellen, auf die Schwingung welcher Welt diese Liebenden eigentlich reagieren, dann müssen wir nur zum großen Tannenbaum zurückkehren und zuhören, was Tristan spricht: «Nein, hier ist nicht der verzauberte Garten. Doch eines Tages, Freundin, werden wir vereint in das Land des Glücks eingehen, aus dem niemand wiederkehrt. Dort erhebt sich ein Schloß aus weißem Marmor; an jedem seiner tausend Fenster leuchtet eine brennende Kerze; bei jeder spielt und singt ein Spielmann eine Melodie ohne Ende...»

Dieser «verzauberte Garten» ist die innere Welt der Psyche, der unerforschte Teil des Menschen außerhalb von Raum und Zeit. Tristan weiß nichts von dieser Welt, bis er von dem Liebestrank trinkt, aber wenn er einmal davon getrunken hat, dann zehrt ihn diese Welt auf. Seine Augen sind geblendet von Dingen, die er nie zuvor gesehen hat. Von da an sind sein Verstand, sein Körper und alle seine Sinne nur auf eine Existenzebene eingestellt.

Und wie steht es mit dem König? Wie steht es um Tristans gewöhnliches Leben und seine Pflichten? Um Isoldes Ehe? Ihre Versprechen? Ihr Leben mit ihrem Gatten? Hier, unter der hohen Tanne, beginnen wir zu ahnen, daß der Liebestrank zuviel verlangt. Er nimmt zuviel. Wenn wir ihn nicht bewußt machen, wenn wir ihn nicht auf die richtige Ebene heben, dann sind wir davon besessen, und er beherrscht uns aus der Tiefe. Er zerstört unser menschliches Leben, unsere Beziehungen und Verpflichtungen. Nichts bleibt an seinem Platz. Die Welt, die er uns auftut, ist seltsam und wundervoll. Sie ist der Teil von uns selbst, den wir lange schon hätten wiederentdecken und berühren sollen. Aber wie mit jeder großen neuen Wahrheit, die aus dem Unbewußten aufsteigt, so ist es auch mit dem Liebestrank. Er findet seinen Weg an Orte, an die er nicht gehört, zerstört Dinge, die man hätte erhalten sollen, und verlangt mehr, als recht und billig ist.

Wenn der Liebestrank von Tristan und Isolde Besitz ergreift, dann verlangt er nicht nur, daß sie ihr Leben um eine Dimension erweitern, er verlangt auch, daß sie jegliches Gefühl für Gut und Böse austilgen, alle Regeln der Loyalität, alle Verpflichtungen und Treue, kurz alle Maßstäbe, mit deren Hilfe wir gewöhnlichen Sterblichen unser Leben und unsere menschlichen Beziehungen auf Erden intakt halten.

Wir haben gesehen, wie ein Schluck von dem Trank die Welt auf den Kopf gestellt hat. Jetzt sehen wir, wie er auch die Moralvorstellungen verkehrt: Er dreht unsere Werte um, macht Gut zu Böse und umgekehrt. Seit dem Auftauchen der romantischen Liebe werden die meisten westlichen Menschen ständig zwischen zwei einander wiedersprechenden Idealen hin- und hergerissen: Das eine ist das romantische Ideal. Das andere ist das Ideal der Verpflichtung in menschlichen Beziehungen. Wir denken gewöhnlich, das sei ein und dasselbe. In Wahrheit sind es aber Gegensätze.

Mit der höfischen Liebe hat eine Anzahl neuer Werte in unsere Kultur Eingang gefunden. Ohne daß wir es bemerkt haben, ist in uns eine neue Moralvorstellung entstanden, und diese hat begonnen, unsere Einstellungen zu beeinflussen. Romantik in ihrer reinsten Form sucht nur eines: Leidenschaft. Sie ist bereit, alles andere zu opfern: Aufgabe, Verpflichtung, Beziehung oder Verantwortung, sie will nur Leidenschaft haben. Mit der höfischen Liebe begann die Überzeugung, daß es das Wichtigste im Leben sei, nach seiner Seele zu suchen, und zwar durch romantische Projektion. Wir haben nie gehört, ob es einen anderen Weg gibt, unsere Seele zu finden. Unser Ideal der romantischen Liebe lehrt uns, daß wir die äußerste Ekstase suchen müssen, und zwar auf die einzige Art, die wir kennen: indem wir uns «verlieben».

Der Kult der Romantik bringt eine neue Definition von «Gut» und «Böse» mit sich. Unsere neuen Moralvorstellungen behaupten, daß nichts so wichtig ist wie «verliebt sein», nichts ist bedeutender, als diese Intensität und Ekstase zu fühlen und zu glauben, daß man wieder einmal die Offenbarung des fehlenden Teiles der eigenen Seele im geliebten Menschen gefunden hat. Leidenschaft heißt der Weg, der einzige Weg zu Ganzheit und Erfüllung. Leidenschaft ist der einzige Pfad, der in die verlorene Welt der Götter führt.

Wenn wir das wirklich glauben, ist es nur folgerichtig, einen neuen Standard von Gut und Böse einzuführen. Was mit «Verliebtsein» zu tun hat, ist «gut». Was meiner Leidenschaft dient, ist gut. Was meiner Leidenschaft im Weg steht, muß hinweggeräumt werden, um des einen höheren «Guten» willen. Wir alle sprechen Tristans Antwort: «Ihr, die Ihr uns verurteilt, wißt Ihr, welchen Trank wir auf dem Meer getrunken haben?» Wir sind der Meinung, daß wir das Recht haben, unseren Projektionen zu folgen, wo immer sie hinführen, und der Leidenschaft zu frönen um ihrer selbst willen, ganz egal, ob dabei menschliche Beziehungen zerbrechen oder andere verletzt werden. Die Leidenschaft wurde unbewußt als unser höchstes Gut definiert, unser größtes Ziel im Leben. Und alle anderen Werte werden ihr gewöhnlich geopfert und untergeordnet.

Normalerweise wird heute ein Mann seine Ehe damit beginnen, daß er sein Seelenbild auf seine Frau projiziert. Die Zeit, in der er seine Ehefrau als Frau kennenlernt, kommt erst, wenn die Projektion vergeht. Er findet dann, daß er sie als Frau liebt, er schätzt und respektiert sie und empfindet, wie schön es ist, daß er sich an sie gebunden hat und daß sie wiederum an ihn gebunden ist. Und dann begegnet er eines Tages einer Frau, die die Projektion seiner Anima auf sich zieht. Natürlich weiß er weder etwas von der Anima noch von Projektionen. Das einzige, was er weiß, ist, daß ihm diese «andere Frau» wie der Inbegriff der Vollkommenheit vorkommt. Ein goldener Schimmer scheint sie zu umgeben, sein Leben ist aufregend und sinnvoll, wenn er mit ihr zusammen ist.

An diesem Tag greifen die beiden feindlichen Armeen in der westlichen Psyche zu den Waffen und beginnen einen Krieg in der Seele des Mannes. Zwei Moralvorstellungen treten zum Duell an. Auf der einen Seite sagt ihm seine «menschliche» Moral, daß es böse ist, seine Frau zu betrügen und einen Kurs einzuschlagen, der seine Beziehung zerstören wird. Seine Instinkte warnen ihn, daß er sich auf das stützen soll, was er hat; er soll die dauerhafte Liebe pflegen, die ihn nährt, und die Beständigkeit sowie das gegenseitige Vertrauen, das er und seine Frau aufgebaut haben, hochhalten.

Aber auf der anderen Seite seines Unbewußten vernimmt er eine andere Stimme: die Moral der Romantik. Sie sagt ihm, daß sein Leben nur Sinn hat, wenn er seiner Anima folgt, daß er seine Seele im Leib jener «anderen Frau» suchen muß, und alles andere ist ganz einfach zu wenig, denn dort liegt die Leidenschaft, und Leidenschaft ist alles. Die Moral des Liebestrankes sagt ihm, daß er die Leidenschaft suchen muß, koste es, was es wolle. Er hat das «Recht», sich «zu verlieben». Das ist eben der Sinn des Lebens. Er hat sich selbst gegenüber die positive «Pflicht», alle Erregung und Intensität zu bekommen, die das Leben zu bieten hat. Die alten Stimmen der Katharer flüstern im Chor mit den höfischen Rittern und Damen, daß man die «wahre Liebe» weder in der Ehe noch in einer gewöhnlichen Beziehung findet, sondern nur in einer Frau, die nicht die Ehegattin ist, in einer Frau, die man nicht als Frau betrachtet, sondern als Abbild einer Göttin.

Das sind die Moralvorstellungen, die Tristan beherrschen. Das ist das Gesetz, nach dem er lebt, ob er nun unter der großen Tanne zum Stelldichein kommt oder mit Isolde durch den wilden Wald wandert. Die einzige Stimme, die sich dagegen erhebt, ist die schroffe Stimme des alten Ogrin: «Den Verräter an seinem Herrn, man soll ihn auf dem Scheiterhaufen verbrennen; wo seine Asche niederfällt, da wächst kein Kraut mehr... Herr Tristan, gebt die Königin dem zurück, der sie nach dem Gesetz Roms zur Ehe hat!... Tut Buße, Tristan.»

Hier haben wir es mit einem liebenswerten und wunderlichen alten Mann zu tun, mit einer Stimme aus der alten Zeit. Das alte Gesetz klingt seltsam, wenn es aus seinem Mund kommt. Wir sind versucht zu lachen und seine Ermahnungen in den Wind zu schlagen, als hoffnungslos naiv, als altmodische Moral, die einer früheren Zeit angehört.

Aber hinter jeder moralischen Idealvorstellung steht etwas, das wert ist, daß man es genauer ansieht – nämlich eine Ansammlung menschlicher Werte. Diese Werte sind nicht aus der Luft gegriffen, sie kommen aus den Tiefen der menschlichen Seele und geben die Antwort auf echte menschliche Bedürfnisse. Moralvorstellungen verwandeln sich schnell in oberflächliche gesellschaftliche Regeln, in ein versteinertes Fossil, das den Zusammenhang mit den echten Bedürfnissen der Menschen verloren hat und nur mehr willkürliche Regeln aufstellt. Aber wir können hinter diese künstlichen Regeln schauen und feststellen, welche wahren Bedürfnisse ihnen zugrunde liegen.

Hinter den wunderlichen Worten des Einsiedlers steht sein

verzweifeltes Eintreten für die Werte von Treue und Verpflichtung – vor allem innerhalb einer Ehe. Ogrin schreit es hinaus, daß sich Menschen aufeinander verlassen können müssen. Was er sagt, ist, daß das menschliche Leben nur weitergehen kann und Beziehungen nur dann erhalten bleiben und die Menschen ihre Liebe füreinander in einer sinnvollen Art leben können, wenn sie ehrlich den Verpflichtungen nachkommen, die sie füreinander eingegangen sind. Ogrin weiß, daß Tristan und Isolde nicht nur die sexuelle Treue aus ihrem Leben verbannt haben, sie haben auch jegliches Loyalitätsgefühl aufgegeben, jede Pflicht, jede Verpflichtung außer einer – der Hingabe an die Leidenschaft.

Aber der Leidenschaft verpflichtet zu sein ist kein Ersatz für die Bindung einem anderen Menschen gegenüber. In unserer Kultur sind diese beiden Gefühle total durcheinander geraten. Wir alle fühlen uns nur einem verpflichtet: die Leidenschaft zu finden und ewig verliebt zu sein. Wir stellen uns vor, das sei dasselbe wie die Bindung an einen Menschen. Aber die Leidenschaft vergeht, sie wandert zu jemand anderem, und wir fühlen uns von diesem anderen Menschen angezogen. Wenn unsere Verpflichtung so aussieht, daß wir der Leidenschaft folgen, wo immer sie uns hinführt, dann kann es keine richtige Treue zu einem Menschen geben.

Treue und Bindung sind Archetypen unserer menschlichen Struktur. Sie sind uns so nötig wie Essen und Luft. Aus diesem tiefen menschlichen Bedürfnis nach sicheren, treuen und dauerhaften Beziehungen erwächst Ogrins Moral, die Moral der Bindung und der Verpflichtung.

Fast jeder Mensch sucht Beziehungen, die Bindung und Verpflichtung beinhalten. Die meisten Menschen spüren, daß sie das brauchen, und sie reden daher ununterbrochen von den «menschlichen Beziehungen». Und trotz all unserer Gespräche über Bindungen und Verpflichtungen sabotieren uns unsere eigenen Vorstellungen, noch bevor wir überhaupt angefangen haben. Wir glauben, daß die einzige Zutat, die wir wirklich für eine Beziehung brauchen, das einzige, was keinesfalls fehlen darf, die Romantik sei. In Wahrheit heißen die einzig wesentlichen Zutaten Zuneigung und Verpflichtung. Wenn wir uns das klar vor Augen führen, dann werden wir sehen, daß die romantische Liebe ein völlig anderes Energiesystem darstellt, eine Ansammlung von Wertvorstellungen, die sich von denen der Liebe und der Verpflichtung grundlegend unterscheiden. Wenn wir die romantische Liebe suchen, dann werden wir auch die romantische Liebe bekommen, aber nicht Verpflichtung und nicht Bezogenheit.

Ein Mann ist nur dann wirklich einer Frau verpflichtet, wenn er innerlich bestätigen kann, das er sich an sie als an einen Menschen bindet, daß er auch dann bei ihr bleiben wird, wenn er nicht mehr «verliebt» ist, wenn er und sie nicht mehr im Feuer der Leidenschaft erglühen und wenn er sie nicht mehr als das Ideal der Vollkommenheit und Spiegelbild seiner eigenen Seele betrachtet. Wenn ein Mann das innerlich sagen kann und es auch wirklich meint, dann hat er das Wesen der Verpflichtung und der Bindung begriffen. Aber er sollte wissen, daß ihm ein innerlicher Kampf bevorsteht. Der Liebestrank ist stark. Die neue Moral der romantischen Liebe ist tief in uns verwurzelt. Sie ergreift und beherrscht uns, wenn wir es am wenigsten erwarten. Den Liebestrank auf die richtige Ebene zu stellen und so zu leben, daß man seine menschlichen Beziehungen nicht verrät, das ist die schwierigste Aufgabe der Bewußtwerdung, die sich ein Mann in unserer modernen westlichen Welt stellen kann.

Das also sind die beiden Moralvorstellungen, die unter der hohen Tann in Konflikt geraten. Die Moral der romantischen

Liebe und die Moral der menschlichen Bindung. In uns stehen immer noch die häßlichen Heere der Vergangenheit in Waffen und kämpfen den endlosen Kampf des letzten Jahrtausends. In diesem Krieg kann es keine Lösung durch den Kampf geben, denn jede Seite trägt auf ihrem Banner eine Wahrheit, die wir brauchen, die weder verloren noch zerstört werden darf.

Aber diese beiden Heere werden aneinandergeraten und werden so lange zerstören, bis wir endlich lernen, auf welcher Ebene welche Wahrheit gelebt werden muß. Die Wahrheit, die in der Moral der romantischen Liebe verborgen ist, ist eine Wahrheit der Seele, der inneren Welt, sie ist der wahre «verzauberte Garten». Sie muß innen gelebt werden. Die Wahrheit, die sich in Ogrins Worten verbirgt, ist jene der menschlichen Treue und Bindung. Sie muß außen gelebt werden, auf der Ebene unserer Beziehungen mit anderen Leuten.

Unsere Rolle besteht darin, Frieden zu machen und die richtige Ebene zu suchen. Es muß uns gelingen, die Ebene zu finden, auf der man die jeweilige Wahrheit erleben kann, und wir müssen sie dann auch positiv leben. Wenn wir jedem dieser Bedürfnisse Rechnung tragen und jeder dieser Welten in uns ihren Raum geben, dann werden diese alten Heere ihre Waffen niederlegen und Frieden schließen.

Das vierte Jahr in Morois

Der Zauberbann des Liebestrankes sollte drei Jahre anhalten:

La mere Yseut, qui le bollí,
A trois Anz d'amistié le fist.

«Der Mutter von Isolde, die ihn gebraut hat, für drei Jahre der Liebe hat sie ihn gemacht» – so berichtet es der Dichter Béroul in der ersten und ältesten Erzählung von Tristan und Isolde.
Es ist kein reiner Zufall, daß der Zauberspruch drei Jahre anhält, ebenso, wie es kein Zufall ist, daß Tristan und Isolde den Wald von Morois im vierten Jahr verlassen. Zahlen sind Symbole. Die Zahlen Drei und Vier stehen für bestimmte Entwicklungsstadien des Bewußtseins. Vier ist das Symbol der Ganzheit, der Einheit, der Vollendung. Die vier Elemente, die vier Himmelsrichtungen, die vier Jahreszeiten, die vier Teile eines Mandala – das alles waren allgemeingültige Symbole der Vereinigung des Bewußtseins, lange bevor die historische Zeit überhaupt begann. Wenn in Träumen und Mythen die Zahl Vier erscheint, gleichgültig, ob es nun vier Gegenstände, vier Menschen oder eine Vierteilung der Zeit ist, so bedeutet das, daß eine Vereinigung möglich ist, daß sich die Psyche auf eine Synthese zubewegt oder daß eine Evolution ihre Vollendung erfährt. Eine neue Entwicklungsstufe des Bewußtseins ist möglich, wenn man bereit ist, den Preis zu entrichten. Ein neuer Anfang steht vor der Tür.
Im Gegensatz dazu ist Drei das Symbol der Unvollkommen-

heit. Drei symbolisiert jene Bewußtseinsstufe, auf der wir wissen, daß wir unvollständig sind, daß wir uns selbst nicht kennen, auf der wir aber noch nicht imstande sind, das Rätsel des Lebens zu lösen. Drei ist dynamisch, kommt nie zur Ruhe und sucht ständig nach dem fehlenden Element, nach dem unbekannten vierten Mitglied der Quaternität. Drei ist das Stadium, in dem wir uns unserer selbst noch nicht als Ganzheit oder Totalität bewußt sind. Wir streben und wir suchen nach dem Sinn, der Antwort, dem unbekannten Weg zu unserem wahren Selbst. Drei verwandelt sich in Vier, wenn wir den fehlenden Teil unseres Lebens hinzufügen, und Vier kann zu Eins werden: zum Bewußtsein, daß unsere Ganzheit und unsere Individualität eine Tatsache ist.

Wir haben gesehen, wir Blancheflur nach dem Tod von Tristans Vater drei Tage lang dahinsiecht, und am vierten Tag wird Tristan geboren. Wir haben gehört, wie der Morolt dreimal von der Insel, auf der Tristan ihn bekämpfte, herüberrief, dann war sein Schicksal besiegelt. Wir werden die Zahlen Drei und Vier noch oft in unserem Mythos wiederfinden, sogar im letzten Augenblick von Tristans Leben.

Drei Jahre lang verweilten Tristan und Isolde im Forst von Morois. Aber sie leben in diesem Wald wie unter einem Zauberbann. Wir sehen sie wie wilde Tiere leben mit bleichen, ausgezehrten Gesichtern, angetan mit Kleidern, die vom Dorngestrüpp zerrissen und fetzig sind, und sie ernähren sich vom Fleisch der Tiere und von Wurzelwerk. Dennoch sind sie sich dieser Härten nicht bewußt, denn sie sind trunken von einem Zaubertrank, trunken vom Anblick des anderen und nehmen im Wachen nur ihren gegenseitigen Traum wahr. Die Liebenden glauben in Morois die Ganzheit des Lebens zu sehen, sie glauben, daß sie im «verzauberten Garten» sind. Wir aber, die wir ihr Schicksal von außen als Zuseher betrachten, wissen, daß die Projektionen der romantischen Liebe nicht das ganze Leben sind, sie sehen nur so aus. Die Liebenden leben unter dem Zeichen der Zahl Drei, wir aber wissen, daß es außerhalb des Waldes noch eine andere weite Welt gibt.

Nach drei Jahren ist der Zauber plötzlich gebrochen. Die unsichtbare Uhr der Evolution hält in ihrem langsamen Ticken inne und schlägt die Stunde: Es ist das vierte Jahr in Morois. Auf wunderbare Art und Weise betritt König Marke ihre kleine Hütte. Er läßt sein Schwert und seinen Ring als Unterpfand des Gesetzes und seiner Liebe zurück. Er ruft Tristan zum gewöhnlichen menschlichen Leben zurück. Er ruft Isolde, Tristans Seele, an ihren Platz in der inneren Welt zurück, wo sie neben ihm regiert. Eine Entwicklung ist zu ihrem Abschluß gekommen. Es ist an der Zeit, die Früchte zu ernten, auf daß ein neues Leben offenbar werde.

Jeder Mann, der sich verliebt, flieht in den Forst von Morois. Er konzentriert seine ganze Existenz auf seine romantische Phantasie, denn er ist überzeugt, in seinen Projektionen «sich selbst gefunden zu haben» und die Ganzheit des Lebens dazu. Aber, ohne es zu wissen, ist er in dem Nebel von Morois von der Welt abgeschnitten, und auf eine gewisse Zeit verliert er sich in Morois in den Dunst seiner Projektionen. Im Wald von Morois lebt er weder mit der Frau, die er geheiratet hat, noch mit der Anima, nach der er sucht: Eine gewisse Zeit lang lebt er nur mit seiner Animaprojektion – mit einem Bildnis, das vor seinem Auge erglänzt und doch trügerisch ist, das vergeht im Augenblick, wo er es in seine Arme nimmt, um erneut halb verborgen zwischen den Bäumen, hinter einem Felsen oder im Nebel über dem Wasser aufzutauchen. Hier hat er keine Wahl, denn er ist vom Liebestrank besessen. Aber der Moment kommt, in dem die Zeit sich erfüllt und der Bann gebrochen wird.

Tristan erwacht aus einem Traum, der drei Jahre gedauert hat. Er stellt fest, daß der König sogar im Schlaf zu ihm gekommen ist. Die sichtbaren Zeichen der versöhnlichen Haltung des Königs bringen für Tristan die Welt der Menschen zurück, eine Welt, die er ganz vergessen hatte – Freundschaften, Interessen, Arbeit, Pflicht, Begeisterung, Leute, Beziehungen –, alles Dinge, die sich außerhalb des «verzauberten Gartens» befinden. Tristan beschließt, daß er dem König die Königin zurückgeben muß, daß er sie ihrem Leben zurückgeben muß in «ihren Palast, in die mit seidenen Stoffen bespannten Gemächer».

Das ist genau der Punkt, an dem der Mann zum erstenmal die Chance hat, sich über seine Projektionen zu erheben und eine echte Beziehung aufzubauen. Der Bann ist gebrochen! Der König kommt, um das, was ihm gehört, zu fordern. Eine neue Zeit bricht an, wenn er bereit ist, es zu sehen und zu akzeptieren. Diese Evolution wird mit der Zahl Vier symbolisiert. Das Schicksal bietet ihm eine unwahrscheinliche Möglichkeit. Wenn er vom Zaubertrank befreit ist, hat ein Mann die Chance zu erkennen, daß die Frau, die er liebt, und die Projektionen, mit denen er sie umgibt, verschiedene Wirklichkeiten sind. Er hat die Gelegenheit zu lernen, daß seine Projektionen eigentlich Teile von ihm selbst sind, Möglichkeiten, Potentiale, von denen er nie etwas gewußt und die er nie angerührt hat, denn er hat immer versucht, sie durch eine Frau zu leben.

Dieses vierte Jahr in Morois bringt eine zweifache Offenbarung. Das Zurücknehmen der romantischen Projektionen gibt ihm die Kraft, die Frau so zu sehen, wie sie ist, zu ihr eine Beziehung aufzubauen und sie als Person zu schätzen und nicht nur als Träger seiner verlorenen Seele und seines ungelebten Lebens. Für den Mann eröffnet sich die Möglichkeit, seine Beziehung zur Frau wie zu einem Individuum zu gestalten, wie zu einer Gleichgestellten, zu einem Wesen, das unabhängig von ihm existiert. Das befähigt ihn, sie so kennenzulernen, wie sie ist, in aller Komplexheit, mit allen ihren Stärken und Gaben, die so verschieden von seinen eigenen sind und doch so notwendig für die Welt.

Seltsamerweise reagieren die meisten Männer auf dieses Stadium der romantischen Liebe, dieses Aufhören des Zauberbannes, als ob das ein großes Unglück wäre. Dabei ist es der wesentliche Punkt in einer Evolution, an dem sich wunderbare Möglichkeiten auftun. Aber irgendwie gelingt es dem Mann, an der Überzeugung festzuhalten, daß es eine Katastrophe ist.

Wenn die Projektionen, die ein Mann auf seine Frau gerichtet hatte, sich plötzlich in nichts auflösen, dann wird man oft hören, wie er sagt, er sei jetzt «desillusioniert». Er ist enttäuscht, daß sie ein menschliches Wesen ist und nicht die Verkörperung seiner Phantasie. Er benimmt sich, als ob sie etwas falsch gemacht hätte. Wenn er nur seine Augen aufmachen würde, dann könnte er sehen, daß das Ende der Verzauberung eine goldene Möglichkeit bietet, den echten Menschen zu erkennen, mit dem man lebt. Und zugleich bietet sich ihm die Chance, den unbekannten Teil seiner selbst zu erkennen, den er auf sie projiziert hatte und den er durch sie hatte leben wollen.

Mit dem neuen Lebensabschnitt konfrontiert, reagiert Tristan wie die meisten Männer; er beklagt sein unglückliches Schicksal: «Er wird Isolde wieder wegnehmen! Wie könnte ich das ertragen!» Er ist der Meinung, daß er Isolde nur als Projektion besitzen kann oder gar nicht.

Der wesentliche Punkt, den man hier verstehen muß, ist folgender: Tristan verliert weder eine Frau noch seine Anima. All die Aufregung dreht sich nur um eine Frage: Auf welcher Ebene soll er mit der Anima leben? Wird er seine eigene Seele wiedererlangen und wird er sie als Teil seines eigenen Selbst leben? Wird er die Verantwortung für sein eigenes ungelebtes Leben übernehmen? Denn wenn man die Seele an den inneren König zurückgibt, dann heißt das eben genau das: Verantwortung dafür übernehmen, daß man seine eigene Seele lebt, und aufhören, die Aufgabe an eine Frau zu delegieren.

Dieses Problem ist für den modernen Mann immer schmerzhaft. Er ist so daran gewöhnt, sein nichtgelebtes Selbst durch andere Menschen zu leben, daß die Aussicht, diese Gewohnheit aufzugeben, schlichtweg als Katastrophe erscheint. Er hat das Gefühl, daß alle Freude und Intensität in der Hoffnung liegt, eines Tages werde eine Frau erscheinen, die ihn ganz und sein Leben vollkommen machen wird. Es ist für ihn sehr schwierig zu begreifen, daß er mit einer Frau leben und ihr nahestehen kann und dennoch nicht versucht, sein Leben durch sie zu leben.

Das Problem ist für eine Frau genauso schwer. Viele Frauen sind zum Aufstand bereit, weil sie in die ständige Rolle der Hausfrau, Kindergebärerin und Dienerin gedrängt werden. Aber nur wenige Frauen wehren sich dagegen, zur Leinwand gemacht zu werden, auf die der Mann seine Anima projiziert. In unserer Kultur wird die Frau dazu erzogen, daß ihre Rolle nicht darin besteht, ein unabhängiger Mensch zu sein, sondern daß sie ein Spiegel sein soll, der dem Mann sein Ideal oder seine Phantasie widerspiegelt. Sie muß sich bemühen, den gerade gängigen Hollywood-Stars ähnlich zu sein, sie muß sich so kleiden und benehmen, wie die kollektive Animavorstellung es verlangt. Es wird von ihr nicht verlangt, ein Individuum zu sein, sondern die Inkarnation der Phantasie des Mannes.

Viele sind so sehr an diese Rolle gewöhnt, daß sie sich gegen jede Veränderung dieses Arrangements wehren. Sie spielen lieber weiter die Göttin für einen Mann, als eine sterbliche Frau zu sein. Es liegt etwas Anziehendes darin, wenn man als Gottheit verehrt und angebetet wird. Aber der Preis für diese Rolle ist hoch. Der Mann, der sie als Göttin sieht, hat keine Beziehung zu ihr wie zu einer Frau. Seine Beziehung ist die zu seiner eigenen Projektion, zu seiner eigenen inneren Gottheit, die er in ihr sieht. Und wenn die Projektion aufhört, wenn sie von ihr zu einer anderen Frau wandert, dann werden seine Verehrung und seine Anbetung mit seiner Projektion mitwandern. Wenn er keine Beziehung zu ihr hat wie ein Mensch zu einem anderen, dann ist einfach nichts mehr übrig, wenn die Projektion aufhört.

Die meisten Menschen spüren das, und sie wenden viel Energie und Zeit auf, um Mittel und Wege zu ersinnen, wie man die Projektion zwischen ihnen am Leben erhalten könnte, wie man dieses Phantasieelement in Gang und das Gefühl der übermenschlichen Intensität beibehalten könnte. Wenn die Leute von Methoden reden, wie man «in einer Ehe die Romantik erhalten kann», «wie man den Reiz der Beziehung erhalten kann», oder wie man sicher gehen kann, «daß der Partner immer in einen verliebt ist», dann geschieht das unter der Annahme, daß die einzig mögliche Basis für eine «Beziehung» in den Projektionen liegt. Man geht von der Annahme aus, daß, wenn die Projektionen vergehen, damit auch die Basis für die Beziehung oder die Ehe schwindet. Als Resultat davon stellen sich die meisten Methoden zur Rettung einer Ehe als Methoden heraus, die zur Manipulation von Projektionen und zum In-Gang-Halten derselben dienen. Ein westlicher Mensch kommt überhaupt nicht auf die Idee, daß eine Beziehung zwischen zwei ganz gewöhnlichen Menschen stattfinden kann, daß diese einander als normale, unvollkommene Menschen lieben können, und daß die Projektionen sich ruhig auflösen könnten. Aber das ist genau das, was eigentlich notwendig wäre. Letztendlich werden dauerhafte Beziehungen nur zwischen Personen bestehen, die bereit sind, einander als gewöhnliche Menschen zu akzeptieren, die einander ohne Illusion und ohne aufgeblasene Erwartungen lieben.

Projektionen folgen ihren eigenen Gesetzen. Wir können sie manipulieren, wir können sie künstlich stimulieren und eine Zeitlang am Leben erhalten. Aber immer kommt der Punkt, an dem die symbolischen «drei Jahre» um sind, an dem der Zauberbann aufhört zu wirken und die Projektion vergeht. An diesem Punkt geht es uns allen wie Tristan: Wir stehen im Wald von Morois, haben ein Problem vor uns und müssen verschiedene Entscheidungen treffen.

Wenn ein Mann die Prüfung, die im Wald von Morois stattfindet, korrekt hinter sich bringt, dann öffnet sich ihm eine neue Welt. Er stellt fest, daß es Teile von ihm selbst gibt, Möglichkeiten und Kräfte, die er nicht durch eine Frau leben kann. Er entdeckt, daß er nicht die Frau zum Träger seines nicht gelebten Lebens und seines nicht verwirklichten Selbst machen kann. Er findet heraus, daß es Dinge gibt, die er allein und für sich selbst tun muß: Er muß ein inneres Leben haben, er muß den Werten dienen, die für ihn von Bedeutung sind. Er muß Interesse und Begeisterung haben, die aus seiner eigenen Seele stammen und die nicht nur Nebenprodukte seines Lebens mit einer Frau sind. Das ist das nackte Schwert, das Tristan zwischen sich selbst und Isolde legt. Es ist das Bewußtsein seiner eigenen Individualität, seines eigenen Lebens, unabhängig von dem Leben, das er zusammen mit einer Frau führt.

Das tut der Beziehung zu einer Frau in keiner Weise Abbruch. Ganz im Gegenteil, es macht eine echte Beziehung erst möglich. In dem Maße, in dem er die Frau in seinem Leben von der Bürde, die Trägerin seiner Seele zu sein, befreit, in dem

Maße wird es für ihn möglich, sie als Frau zu sehen, in ihrer Individualität, ihrer Einzigartigkeit und Menschlichkeit. Er erkennt dann, daß auch sie ein Individuum sein muß mit einem eigenen Leben und einer eigenen raison d'être. Genausowenig kann sie ihr ganzes Selbst auf ihn projizieren oder ihr Leben durch ihn leben und den Rest ihrer Tage damit zubringen, die Folie für sein nicht gelebtes Selbst abzugeben.

Bei dieser Evolution geht es um ein geradezu furchterregendes Potential. Es handelt sich um die Möglichkeit, selbst ein vollständiger Mensch zu sein, während man doch eine echte Beziehung zu einem anderen Menschen hat. Indem er den Wald von Morois verläßt, Isolde dem König zurückgibt, seine eigene Seele wieder an ihren Platz in ihm selbst zurückstellt, erwacht ein Mann zu seiner Individualität. Wenn er erkennt, daß es einen Teil seiner selbst gibt, der nicht durch eine andere Person gelebt werden kann, für den er selbst Verantwortung übernehmen muß, dann erwacht in ihm ganz unerwartet ein Begriff von der Ausdehnung und Kompliziertheit des eigenen Selbst. Hand in Hand mit der Erkenntnis seiner eigenen Einmaligkeit geht die Fähigkeit, eine direkte Beziehung zu einer Frau in ihrer Individualität aufzubauen. Der Prüfstein einer echten Individuation besteht darin, daß man zu einer richtigen Beziehung zu einem anderen Menschen fähig ist und imstande ist, den anderen als Individuum zu respektieren.

Unglücklicherweise ist dieser Punkt in unserer Evolution der Punkt, an dem unsere Möglichkeiten am reichsten wären, zugleich aber jener Punkt, an dem fast alle Menschen die Gelegenheit verpassen. Sie wehren sich dagegen, die Prüfung zu bestehen, die sie aus dem Wald von Morois herausführen würde, und finden statt dessen immer wieder irgendeinen schmalen, verschlungenen Weg, der sie auf die Waldwiese ihrer eigenen Projektionen zurückführt.

Wenn ein Mann begreift, daß er die ganze Zeit über versucht hat, sein Leben durch einen anderen Menschen zu leben, dann ist es gewöhnlich so, daß ihm die richtigen Schlußfolgerungen entgehen und er die falschen Schlüsse zieht. Er beginnt davon zu reden, daß er sich von seiner Frau trennen muß, um «sich selbst zu finden». Plötzlich kommen ihm all die Dinge zu Bewußtsein, die er während seiner Ehe nicht getan hat. Er will seinem Leben einen Sinn geben, er will einige Ziele verwirklichen, denn er hat das Gefühl, daß ihm das Leben durch die Finger rinnt. Er will seine Ausbildung weiterführen, er will überhaupt einen neuen Beruf und sich verbessern, er will eine Diät machen oder Länder bereisen, wo er noch nicht war, und all das tun, was er bis jetzt nicht getan hat.

Wenn er diese Ideale objektiv betrachten würde, dann könnte er sehen, daß er die meisten davon ebensogut in seiner Ehe verwirklichen könnte. Es ist gar nicht notwendig, daß er eine Entweder-Oder-Situation konstruiert: «Entweder meine Individuation oder meine Ehe». Der Grund, warum er alle diese Dinge bis jetzt nicht getan hat, liegt weder in der Tatsache, daß er verheiratet ist, noch darin, daß ihm seine Frau im Weg steht. Der wahre Grund ist, daß ihm die Selbstdisziplin oder Vorstellungskraft abgegangen ist, um diese Dinge alleine zu tun. Er hat von seiner Frau erwartet, daß sie sein nicht gelebtes Leben für ihn lebt. Er hat von ihr erwartet, daß sie sein Leben vervollständige und zu einem Ganzen mache, ohne, daß er selbst mit Hand anlegen müsse. Und dann, eines Tages, wenn er plötzlich bemerkt, daß er unvollständig ist, daß er unerfüllt ist, daß er nichts zu seiner eigenen Entwicklung beiträgt, dann schiebt er die Schuld auf sie. Er sagt: «Sie steht im Weg», «sie zieht mich hinunter», sie hindert mich daran, «ich selbst zu sein».

Diese Einstellung setzt den Circulus vitiosus der Projektionen nun fort. Sie führt geradewegs zurück in die Nebel und Sümpfe von Morois. Ein Mann, der sich so verhält, beendet gewöhnlich die Beziehung zu seiner Frau, verkündet laut, wie er von jetzt an sein Leben ändern werde und zwar allein, und macht sich auf die Suche nach einer anderen Frau, die alle seine Probleme lösen wird und sein Leben vervollständigt – ganz ohne Anstrengung seinerseits. Er fällt in seine ausgefahrenen Bahnen zurück und versucht wieder, sein unbewußtes Selbst durch eine Frau zu leben. Er hat seine Frau gegen eine neue eingetauscht, aber das Schema ist dasselbe geblieben, und es führt zur selben Art von Leben. Sein «Individualismus» stellt sich als Ausweichmanöver heraus, als ein Kreis, der wieder in den Wald zurückführt. Wenn dieser Mann seine Ehe oder seine Beziehung nicht aufgelöst hätte, sondern die Verantwortung dafür übernommen hätte, seine Individualität im Rahmen dieser Beziehung zu entwickeln, dann hätte er den Problemen ins Auge blicken können.

Es ist für uns verdammt notwendig zu begreifen, daß wir beides im Leben brauchen: Individualität und die Beziehung zu einer bestimmten Person. Wir können nicht das eine auf Kosten des anderen haben. Kein Mann kann zur Gänze ein Individuum sein, wenn er sich nicht zur Gänze auf jemand anderen beziehen kann, und seine Fähigkeit zur echten Beziehung wächst in demselben Ausmaß, in dem er ein vollständiges Individuum wird. Diese beiden Aspekte des Lebens sind durch ein tiefgehendes altes Band miteinander verbunden, denn sie sind in Wirklichkeit zwei Seiten desselben Archetyps, zwei Gesichter derselben Realität.

Das ist nämlich die große Evolution, die im vierten Jahr von Morois möglich wird, wenn der Zauberbann sich löst. Es ist diese wundervolle Möglichkeit, eine Synthese zwischen Individualität und Beziehung herbeizuführen, die Möglichkeit, uns aus dem illusionären Konflikt zwischen diesen zwei starken Energien in uns herauszuentwickeln und sie in der Einheit eines Menschenlebens zu leben.

Tristan ist dazu aufgerufen, ein Opfer zu bringen. Er glaubt, es wird von ihm verlangt, seine Anima und die Frau zu opfern. Das stimmt aber nicht. Was er opfern muß, ist folgendes: die Art, wie er sich zur Anima verhält, und die Art, wie er sich zur Frau verhält. Er ist dazu aufgerufen, seinen kostbaren Anspruch, seine Seele als Projektion zu leben, aufzugeben. Er ist aufgerufen, seine Forderung aufzugeben, daß die Frau sein Unbewußtes für ihn übernehmen soll. Wenn er dieses Opfer bringen könnte und zwar sauber und ganz, dann würde er entdecken, daß das, was er glaubt geopfert zu haben, ihm zurückgegeben wird. Seine Seele wird ihm zurückgegeben als inneres Erlebnis, und er wird sehen, daß es eine andere Isolde gibt, eine irdische Frau, die die ganze Zeit über auf ihn gewartet hat, außerhalb des Waldes von Morois, jenseits der Nebel seiner projizierten Welt.

Das Opfern hat eine Gesetzmäßigkeit: wenn ein Mann wirklich das aufgibt, was er auf der falschen Ebene besitzt, dann wird es ihm auf der korrekten Ebene zurückerstattet werden. Wenn er es aufgibt, Isolde die Blonde auf der falschen Ebene zu leben, dann wird sie ihm auf einer richtigen Ebene, auf der er mit ihr leben kann, zurückgegeben werden. Eigentlich wird sein Großmut sogar doppelt belohnt, denn er wird feststellen, daß es zwei Isolden gibt, die man jede auf ihre Art erleben kann. Eine ist Isolde, das Bildnis seiner Seele, und die andere Isolde, die Frau.

Traurigerweise ist Tristan nicht imstande, das Opfer zu bringen. Im letzten Augenblick erweisen sich seine Männlichkeit und seine Entschlußkraft als zu schwach. Er trifft eine geheime Abmachung mit Isolde, daß er in der Nähe bleiben und sie im

geheimen treffen wird. Er nimmt von ihr den Ring mit dem grünen Jaspis als Unterpfand ihres Versprechens, jederzeit auf seinen Ruf zu ihm zu eilen und den König erneut zu betrügen. Er behält sich das Recht vor, sie in die Welt der Projektionen zurückzuführen, ihre Beziehung wieder auf die alte Ebene zu stellen, erneut den Kreislauf der Intrigen, geheimen Treffen, gebrochenen Gelübde und des Betrügens zu beginnen.
Wenn Tristan sein Wort halten, das Opfer bringen und einen sauberen Schnitt machen würde, könnte er seine Beziehung zu Isolde auf eine neue Ebene heben. Aber er verzichtet auf das Opfer, macht geheime Ausnahmen, und die Evolution kommt nicht zustande. Das Symbol dieses unvollständigen Opfers ist der grüne Jaspisring, denn mit diesem Ring besiegeln sie die Abmachung, mit der sie ihr Opfer zerstören. Wir werden bald sehen, in welche schrecklichen Fallstricke sich der grüne Jaspisring noch verwandelt, bevor unsere Geschichte zu Ende ist.
Es ist das Schicksal jeden Mannes, daß er den Punkt im Leben erreicht, an dem der Zauberbann zu Ende ist und er aus dem Wald von Morois heraustreten muß. Es ist das eine Zeit der Entscheidung und des Opfers. Der König ruft uns dazu auf, ein neues Leben mit der Frau zu beginnen.

Wenn man sich mit archetypischem Material beschäftigt, wie mit diesem Mythos, dann darf man nicht vergessen, daß hier ein Ideal ausgedrückt wird, das sich nicht immer direkt ins praktische Leben übertragen läßt. Ebenso wie die katholische Sicht der Geburtenregelung, ihre traditionelle Einstellung zur Ehescheidung und zur Einehe Idealvorstellungen repräsentieren, die der Kultur als Richtlinien dienen mögen, so ist auch das mythologische Ideal, das in Tristan und Isolde dargestellt wird, eine erhabene Betrachtung der Dinge, die im täglichen Geben und Nehmen des menschlichen Lebens nicht immer verwirklicht werden kann. Eine Anmerkung aus dem I Ging mag hier ermutigend wirken:

In China herrscht formell die Einehe. Jeder Mann hat nur eine offizielle Frau. Diese Verbindung, die weniger die beiden Beteiligten als die Familien angeht, wird unter strenger Beobachtung der Formen geschlossen. Doch behält der Mann das Recht, auch den zarteren Neigungen persönlicher Art Gehör zu schenken... Selbstverständlich handelt es sich hier um sehr heikle und zarte Fragen, die viel Takt auf jeder Seite erfordern. Doch wenn die Umstände günstig sind, findet sich hier die Lösung eines Problems, die der europäischen Kultur nicht gelungen ist. Selbstverständlich entspricht die Weiblichkeit in China so wenig dem Ideal, wie die Ehen in Europa durchschnittlich im Einklang mit den europäischen Eheidealen sind. (I Ging, Text und Materialien, Übersetzung von Richard Wilhelm, Diederichs 1973, S. 199f.)

Diese delikate Betrachtung aus dem alten China soll uns ermutigen: Das Ideal ist ein hell leuchtender Stern, den man aber nicht immer erreichen kann.

4. TEIL DER ERZÄHLUNG

Tristan findet Isolde die Weißhändige, und Liebe und Tod vereinen sich zuletzt

Wir kehren nun zu Tristans Geschichte zurück. Wir finden ihn dort, wo wir ihn verlassen haben: in den fernen Landen, wo er umherzieht. «Über die Meere, über die Inseln, durch die Lande floh Tristan vor seinem Elend!» Ohne Isolde war das Leben leer, es war Leben und Sterben zugleich, und Tristan sehnte sich nach dem Tod, der ihn von seinem Elend erlösen würde. Dennoch hielt er an der Erinnerung an sie fest, er nährte seinen Kummer so, als ob er das Leben selbst wäre, und wies alle anderen Frauen zurück. Er zog weit herum, bestand Kriege und Abenteuer und war doch stets heimatlos und vertrieben.

«Ich bin müde und zerbrochen. Wozu dienen mir diese Abenteuer? Die Dame meines Herzens ist fern, und niemals werde ich sie wiedersehen. In zwei Jahren, hätte sie mich nicht irgendwo finden können? Nicht eine Botschaft von ihr! In Tintagel hält sie der König in Ehren und dient ihr. Sie gibt ihm Freude... Und ich, werde ich denn nie die vergessen können, die mich vergißt? Werde ich nie jemanden finden, der mein Elend heilt?» Tristan wußte es nicht, aber der Himmel würde bald eine Antwort auf seine Frage senden.

Tristan gelangte in die Bretagne, und dort bot sich ihm ein trübseliger Anblick, denn das Land war verwüstet, die Städte verlassen und die Bauernhöfe niedergebrannt. Ein Einsiedler sprach zu ihm: «Edler Herr, unser König Hoël sitzt in seinem Schloß Carhaix wie in einer Falle, denn Carhaix wird von seinem Vasallen belagert, dem Grafen Riol von Nantes. Und dieser Verräter Riol verwüstet das Land.» Da ritt Tristan zu den Mauern von Carhaix und sprach zum König: «Ich bin Tristan, der König von Lohnois, und Marke von Cornwall ist mein Oheim. Ich habe erfahren, Herr, daß Eure Vasallen Euch Unrecht antun, und bin gekommen, Euch meine Dienste anzubieten.»

Nun wollte aber der König Tristan nicht einlassen, denn in Carhaix gab es nur mehr wenig zu essen, die Lage war hoffnungslos, und die bittere Niederlage schien nicht mehr fern. Aber des Königs junger Sohn, Kaherdin, sagte: «Nehmt ihn auf, mein Vater, denn er ist von solchem Sinn und so tapfer, daß er seinen Teil an unserem Leid und unserem Wohlergehen tragen wird.»

Kaherdin nahm Tristan in Ehren auf und behandelte ihn wie einen Freund und Bruder. Er führte ihn durch das ganze Schloß und zeigte ihm alle Verteidigungsanlagen und Verliese. So traten sie Hand in Hand in die Frauengemächer, wo Kaherdins Mutter und Schwester zusammen saßen, aus Goldbrokat ein englisches Gewand fertigten und dazu ein Spinnlied sangen. Tristan verneigte sich vor ihnen. Dann sagte Kaherdin: «Seht, guter Freund, wie die Hände meiner Schwester die Goldfäden so flink über den weißen Sammet laufen lassen! Meiner Treu, schöne Schwester, zu Recht führt Ihr den Namen Isolde die Weißhändige.»

Als Tristan den Namen vernahm, erschrak er. Dann lächelte er und betrachtete sie zärtlicher.

Nun hatte der Verräter, Graf Riol, sein Feldlager drei Meilen von Carhaix aufgeschlagen. In der Nacht konnte man die Feuer seines Lagers sehen, und er umgab das Schloß und versuchte es auszuhungern. Aber von diesem Tag an machten Tristan und Kaherdin jeden Tag einen Ausfall zusammen mit einigen treuen Rittern. Mit List und Wagemut überfielen sie den Feind, und stets brachten sie reiche Beute zurück, ganze Wagenladungen voll Nahrung und Waffen. Die Hoffnung kehrte nach Carhaix zurück, und die Männer König Hoëls kämpften wieder mit mehr Angriffslust. Unter den Truppen Riols verbreitete sich das Gerücht, daß da zwei unbesiegbare Ritter Seite an Seite kämpften, und der Verräter war beunruhigt.

Kaherdin ritt an Tristans Seite in die Schlacht, und sie standen gemeinsam ihren Mann. Einer wachte über den anderen und kam schnell zu seiner Hilfe herbeigeritten. Glücklich kehrten sie aus den Schlachten zurück und sprachen von Ritterlichkeit, Heldentaten, Liebe und Abenteuer. Sie begannen Zuneigung und Zutrauen zueinander zu hegen, so daß sie sich Freundschaft und Kameradschaft schworen. Und nie vergingen sie sich gegen dieses Wort, wie die Geschichte euch lehren wird. Wenn Kaherdin mit Tristan ritt, pries er ihm stets seine Schwester Isolde wegen ihrer Schönheit, ihrer Güte und Einfachheit.

Eines Tages traf Graf Riol zum Sturm auf Carhaix an mit einer großen Armee und Belagerungsmaschinen. Aber Tristan und Kaherdin führten ihre Ritter in einem wagemutigen Angriff vor die Mauern. Tristan ritt geradewegs auf Graf Riol zu und kämpfte mit ihm Schwert zu Schwert und Mann zu Mann, bis Riols Helm von Tristans Streichen gespalten war und er um Gnade flehte. Riol ergab sich und zog sein Heer zurück. Er ging nach Carhaix, bat König Hoël um Gnade und schwor dem König erneut die Treue.

Als all das vorbei war, sprach Kaherdin zu seinem Vater: «Herr, behaltet Tristan bei Euch. Laßt ihn meine Schwester heiraten, so daß er Euch ein Sohn und mir ein Bruder werde.»

Der König holte den Rat seiner Mannen ein und sprach dann zu Tristan: «Freund, Ihr habt meine Liebe gewonnen. Nehmt denn meine Tochter, Isolde die Weißhändige, von Herzögen, Königen und Königinnen gebürtig, sie gebe ich Euch; nehmt sie.»

«Herr, ich nehme sie», sprach Tristan. Denn er hatte seinen Kummer vergessen. Tristan lebte wieder. Er liebte Isolde die Weißhändige um ihrer Güte und Schönheit willen. Er liebte seinen Bruder Kaherdin. Es gab Heldentaten zu vollbringen

und einen König, dem er dienen konnte. Und so sprach er: «Herr, ich nehme sie.»
Vor aller Angesicht nimmt Tristan am Klostertor Isolde die Weißhändige, Prinzessin von Bretagne, zur Ehe. Isolde war voll Freude. Kaherdins Herz strömte über, und alles Volk jubelte.
Aber als die Nacht gekommen war und die Mannen Tristans ihn entkleideten, geschah es, daß ein grüner Jaspisring von Tristans Finger fiel und mit hellem Klang auf dem Fliesenboden aufschlug. Für Tristans Ohren war der Klang wie Glokken, die den Untergang läuten. Tristan erwachte. Er starrte auf den Ring. Er dachte an Isolde die Blonde, die weit weg in Cornwall war. Und auf einmal kehrten Kummer und Elend zu ihm zurück.
Ach! Jetzt sagt ihm sein Herz, daß er Unrecht getan hatte. Es war im Wald, daß sie ihm diesen Ring geschenkt, wo sie für ihn ein rauhes Leben geführt hatte. In welcher Verblendung hatte er in seinem Herzen seine Freundin des Verrats angeklagt? Nein, sie litt für ihn, und allein er hatte sie verraten. Aber Mitleid ergriff ihn für Isolde, sein Weib, die Schöne ohne Falsch. Die zwei Isolden hatten ihn in einer unheilvollen Stunde liebgewonnen. Und beiden hatte er die Treue gebrochen.
Tristan lag still und kalt wie ein Stein neben seiner Frau im Hochzeitsbett und konnte sich nicht überwinden, seine Frau zu berühren. Endlich sprach sie zu ihm: «Teurer Herr, habe ich Euch in etwas verletzt? Warum küßt Ihr mich nicht ein einziges Mal? Sagt es mir, daß ich mein Unrecht einsehe und ich es Euch recht büße, wenn ich es vermag.»
Und da erfand Tristan eine Geschichte. Er behauptete, daß er einst, als er tödlich von einem Drachen verwundet darniederlag, der Mutter Gottes einen heiligen Eid geschworen hatte: Wenn er durch ihre Hilfe geheilt würde, dann würde er, sollte

er jemals ein Weib nehmen, ein ganzes Jahr sich enthalten wollen, sie in Liebe zu umarmen. Er sagte: «Ich muß meinen Eid halten oder den Zorn Gottes des Allmächtigen riskieren.» Isolde stimmte zu, als aber die Dienerinnen ihr am Morgen das Kleid der verheirateten Frau anlegten, lächelte sie traurig und dachte, daß sie keinerlei Recht auf diese Tracht habe. Tristan aber wurde noch stiller, trauerte um Isolde die Blonde und starrte auf den grünen Jaspisring an seiner Hand.

Als die Zeit dahinging, konnte Isolde die Weißhändige das Geheimnis vor Kaherdin, ihrem Bruder, nicht länger verbergen. So erfuhr er die Wahrheit über ihre Hochzeitsnacht: Tristan hatte Isolde nie wirklich zu seiner Frau gemacht. Kaherdin war zuerst erstaunt, dann wurde er wütend. Er ritt auf Tristan zu und sagte:

«Ich betrachte Euch als ebenbürtig und als meinen Kameraden. Aber Ihr habt Euer Wort gefälscht und mein Geschlecht entehrt. Von nun an wißt, daß ich Euch verachte, wenn Ihr mir nicht genugtut.» Da erzählte Tristan Kaherdin, was er keinem anderen Menschen erzählt hatte, außer Ogrin, dem Einsiedler. Er erzählte ihm von der Suche nach Isolde der Blonden und wie sie auf dem Meer den Liebestrank getrunken. Von dem Schmerz und dem Verlangen, das Tag und Nacht seinen Geist und seinen Körper verzehrt, er berichtete von der Zeit im Forst von Morois, von den Aussätzigen und dem Scheiterhaufen, von den Gelübden, die sie getauscht hatten, und vom grünen Jaspisring. «Jetzt weiß ich, daß ich ohne Isolde die Blonde weder leben noch sterben kann, und das Leben, das ich führe, ist ein stetiges Sterben.»

Kaherdin schwieg und erstaunte. Er fühlte seinen Zorn sich legen, ihm zu Trotz. «Freund Tristan», sprach er schließlich, «Ihr habt mein Herz zu Mitleid gerührt, denn Ihr habt Qualen ausgestanden, vor denen Gott jeden und jede bewahren mag! Ich will über all das drei Tage lang nachdenken, und dann will ich Euch meine Meinung erklären.»

Am dritten Tag rief Kaherdin Tristan: «Mein Freund, ich habe mein Herz um Rat gefragt. Gewiß, wenn Ihr mir die Wahrheit gesagt habt, so ist das Leben, das Ihr in diesem Lande führt, Blendung und Torheit, und nichts Gutes kann daraus weder für Euch noch für meine Schwster, Isolde die Weißhändige, entstehen. So hört denn meinen Rat. Wir wollen uns zusammen nach Tintagel einschiffen. Ihr werdet die Königin wiedersehen, und Ihr werdet Beweis erlangen, ob sie Euch noch immer anhängt und Euch die Treue hält. Wenn sie Euch vergessen hat, vielleicht vermögt Ihr dann meine Schwester Isolde, die Schöne ohne Falsch, liebzugewinnen. Ich will Euch folgen. Bin ich nicht Euer Kampfgenoß und Kamerad?»

«Bruder», sprach Tristan, «man sagt zu Recht: Das Herz eines Mannes wiegt alles Gold eines Landes auf.»

Kaherdin und Tristan verkleideten sich als Pilger und segelten nach Cornwall. Tristan sandte den grünen Jaspisring zu Isolde mit der Botschaft, daß sie sich mit ihm treffen sollte. Nun war aber Isolde in einer schwierigen Lage: Sie hatte die Nachricht von Tristans Heirat mit Isolde der Weißhändigen vernommen. Sie glaubte, daß Tristan sie betrogen habe, daß er ihr eine andere Frau vorgezogen habe. Und doch – sie hatte es versprochen! ... Was sollte sie tun? Sie arrangierte ein Stelldichein mit Tristan. Aber dann hörte sie neue Gerüchte von Betrug. Als schließlich Tristan als Bettler verkleidet zu ihr kam, befahl sie ihren Bediensteten, ihn zu schlagen und zu vertreiben. Tief bekümmert verließ Tristan das Land und segelte mit Kaherdin in die Bretagne. Als Isolde vernahm, daß Tristan voll Verzweiflung abgefahren war, begriff sie, daß sie sich getäuscht haben mußte. Sie weinte bitterlich und verbrachte lange Tage und Nächte in Reue und Zerknirschung.

Nach Carhaix zurückgekehrt, siechte Tristan dahin. Weder seine Frau noch die Abenteuer noch die Jagd vermochten ihn zu erheitern. Schließlich sagte er: «Ich muß zurückkehren, um sie zu sehen. Ich will lieber sterben, wenn ich sie noch einmal sehe, als hier vor Sehnsucht nach ihr vergehen. Wer sich zum Leid lebt, ist wie ein Toter. Ich ersehne den Tod, aber die Königin soll wenigstens erfahren, daß ich aus Liebe zu ihr umgekommen bin. Wenn ich nur wüßte, ob sie genauso um mich leidet wie ich um sie.»

Tristan verkleidete sich als Pilger, und ohne Kaherdin Bescheid zu sagen begab er sich erneut nach Tintagel. Er bestrich sein Gesicht mit Erde und gab vor, ein Narr zu sein. Er trat vor König Markes Hof und rief ihm zu: «Gebt mir Isolde, die Königin, ich will sie nehmen und Euch für ihre Liebe dienen.»

Der König lachte und sprach: «Und wo willst du sie hinbringen, du Narr?»

«Hoch hinauf, zwischen den Himmel und die Wolken in mein schönes Haus von Glas. Die Sonne durchdringt es mit ihren Strahlen, die Winde vermögen es nicht zu erschüttern. Dort will ich die Königin in mein kristallenes Gemach bringen, ganz mit Rosen übersät, ganz von Licht durchflutet am Morgen, wenn es die Sonne trifft.»

Indem er den Narren spielte, gelang es Tristan später, ins Zimmer der Königin zu gelangen und ihr den grünen Jaspisring zu zeigen. Zuerst war sie mißtrauisch, aber dann erkannte sie ihn und fiel ihm in die Arme. Drei Tage lang kehrt er immer wieder zu ihr zurück, und halb von Sinnen vor Verlangen gaben sie sich einander hin, bis die Wachen Verdacht schöpften und er wußte, daß er entweder fliehen mußte oder entdeckt und festgenommen würde.

«Freundin, schon muß ich fliehen, denn bald wird man mich entdeckt haben. Ich muß fliehen, und niemals, ich weiß es, werde ich wiederkehren. Mein Tod ist nahe: fern von Euch werde ich an meiner Sehnsucht sterben.»

«Mein Freund, schließe deine Arme und umfange mich so eng, daß in der Umarmung unserer beider Herzen brechen und unsere Seelen entweichen! Führe mich in das glückselige Land, aus dem niemand wiederkehrt, wo himmlische Musikanten Lieder singen ohne Ende. Führe mich dorthin.»

«Ja, ich will dich in das selige Land des Lebens führen. Die Zeit naht. Wenn sie sich erfüllen wird und ich dich rufe, Isolde, wirst du kommen?»

«Rufe mich, Freund! Du weißt es, daß ich kommen werde.»

Mit dieser Todesprophezeiung eilte Tristan davon, und Isolde sah ihn nie mehr wieder unter den Lebenden.

Nach Carhaix zurückgekehrt, weigerte er sich immer noch, seine Frau zu berühren. Niemals mehr leuchtete menschliche Glückseligkeit aus seinen Augen oder sah man Freude auf seinem Antlitz. Als einige Zeit vergangen war, ritt er Kaherdin zu Hilfe, der mit einem freindlichen Adeligen im Kampf lag. Sie wurden in einen Hinterhalt gelockt und überfallen, und obwohl Kaherdin und Tristan alle sieben Ritter erschlugen, die sie umzingelt hatten, wurde Tristan von einem vergifteten Pfeil getroffen. Zum letztenmal in seinem Leben wurde er von tödlichem Gift in seinen Adern niedergezwungen, und kein Arzt und kein Zauberer wußten ein Heilmittel. Tristan aber rief Kaherdin zu sich und sagte:

«Bruder, für mich gibt es keine Heilung. Nimm diesen grünen Jaspisring und fahre zu Isolde der Blonden. Zeig ihr den Ring und sage ihr, daß ich sterbe, wenn sie nicht kommt. Sag ihr, sie muß kommen, denn wir haben zusammen den Tod getrunken. Sie soll des Schwures gedenken, den ich ihr geleistet habe, nie eine andere Frau zu lieben als sie: ich habe mein Versprechen gehalten.»

Und sie verabredeten folgendes Zeichen: Wenn Kaherdin mit Isolde der Blonden zurückkehrte, dann würde er ein weißes Segel hissen; sollte sie sich aber weigern zu kommen, so würde das Segel schwarz sein. «Edler Kamerad, weine nicht», sagte Kaherdin, «denn ich will alles tun, wie du es wünschst.»

Hinter der Wand hörte Isolde die Weißhändige diese Worte, und ihre Sinne verließen sie fast. Zum erstenmal verstand sie, warum ihr Mann sie so sehr zurückgewiesen hatte. Obwohl sie es sich nicht anmerken ließ, so dachte sie doch von diesem Tag an nur mehr an bittere Rache – Rache an Isolde der Blonden, die ihr den Mann und das irdische Glück geraubt hatte.

Kaherdin nahm ein Schiff, segelte geradewegs nach Tintagel, und ein guter Wind begünstigte die Fahrt. Er betrat als Kaufmann den Hof des Königs, und als er der Königin seine Ware zeigte, legte er ihr den grünen Jaspisring vor. Dann überbrachte er flüsternd die Botschaft. Sofort verließ die Königin das Schloß und ging im geheimen auf Kaherdins Schiff. Mit der Flut verließ das Schiff den Hafen. Isolde stand am Bug und sah zu, wie das Schiff durch den Schaum der Wellen schnitt, während sie ihren Blick auf Carhaix gerichtet hielt.

Tristan war inzwischen so schwach geworden, daß er nicht mehr auf den Klippen über dem Meer bei Carhaix Ausschau halten konnte. Er lag auf seinem Lager und fragte täglich seine Frau, ob denn nicht das Schiff zurückkäme. Schließlich kam der Tag, an dem sie auf das Meer blickte und in der Ferne das Schiff mit geblähtem weißem Segel sah. Und in der Bitterkeit ihres Herzens nahm sie furchtbare Rache. Sie trat zu ihrem Mann und sprach: «Mein Herr, das Schiff ist in Sicht.» – «Und das Segel», fragte Tristan, «wie sieht das Segel aus?» – «Ich habe es wohl gesehen; sie haben es hoch am Mast ausgesetzt, denn sie haben wenig Wind. Wißt: es ist schwarz.» Tristan drehte sich zur Mauer und sprach: «Ich kann mein Leben nicht länger halten.» Dreimal rief er: «Isolde, meine Freundin.» Beim vierten Male gab er seine Seele auf.

Der Wind hatte sich von neuem erhoben und traf voll das Segel. Er trieb das Schiff hoch auf den Strand, und Isolde die Blonde entstieg ihm. An ihr Ohr drangen die lauten Wehklagen in den Straßen und das Glockengeläut in den Klöstern und Kapellen. Sie fragte die Leute, warum man läute, warum man weine. Ein Greis antwortete ihr: «Herrin, ein großer Schmerz ist uns widerfahren. Tristan, der Freimütige, der Tapfere, ist tot. Das ist das schlimmste Geschick, das jemals dieses Land getroffen.»

Sie stieg zum Schloß empor, die Straße entlang, mit wallendem Mantel. Die Bretonen staunten bei ihrem Anblick. Niemals hatten sie eine Frau von solcher Schönheit gesehen. Wer war sie? Woher kam sie?

Bei Tristan saß zusammengekauert Isolde die Weißhändige, fast von Sinnen über das Unheil, das sie angerichtet, und stieß wilde Schreie aus, über den Leichnam geworfen. Da trat die andere Isolde ein und sprach zu ihr: «Erhebt Euch, Herrin, und laßt mich hinzutreten. Ich habe größere Rechte, um ihn zu weinen, als Ihr, glaubt mir. Ich habe ihn mehr geliebt.»

Sie wandte sich nach Sonnenaufgang und betete. Dann deckte sie ein wenig den toten Körper auf, streckte sich neben ihn, zur Seite ihres Freundes, küßte seinen Mund und sein Antlitz und zog ihn eng an sich: Leib an Leib, Mund an Mund, gab sie so ihren Geist auf; aus Schmerz um ihrem Freund starb sie bei ihm.

Als König Marke die Nachricht erreichte, kreuzte er das Meer und brachte sie nach Hause nach Cornwall. Er ließ ihnen beiden einen kunstvollen Sarkophag fertigen und senkte sie in zwei Gräber, zur rechten und zur linken eines Altares. Aber während der Nacht wuchs aus Tristans Grab ein grünender, blattreicher Brombeerstrauch mit starken Ranken, mit würzigen Blüten, der, über die Kapelle hinüberwachsend, sich in das Grab Isoldens einsenkte. Und durch viele Menschenleben hindurch lebte der Strauch, stark und schön und mit duftenden Blüten.

Rätsel und Widersprüche

Wir haben den ganzen Weg mit Tristan und Isolde zurückgelegt. Wir sind dabeigewesen und haben sie in ihren Freuden, ihren Leiden und schließlich in ihrem Tod begleitet. Unsere Reise ist aber noch nicht zu Ende, denn wir müssen sie zweimal machen: einmal, um sie zu erleben, und einmal, um sie verstehen zu lernen. Wir stehen jetzt vor der Aufgabe, einen Schritt zurückzutreten und uns zu fragen: Was bedeutet das alles? Und was kann ich daraus lernen?

In diesem letzten, äußerst dramatischen Abschnitt der Geschichte gibt es einige Rätsel, Fragen, Widersprüche. Es ist notwendig, daß wir uns das vor Augen führen und für uns klarstellen. Später, wenn wir die Symbolik verstanden haben, können wir darauf zurückgreifen und uns auf sie beziehen.

Dem ersten und schreiendsten Widerspruch begegnen wir, wenn Tristan Isolde die Weißhändige zurückweist. Zu Beginn des letzten Abschnittes unserer Erzählung treffen wir Tristan, als er in tiefer Verzweiflung und Einsamkeit durch die Welt zieht. Er ruft aus: «Werde ich denn nie jemanden finden, der mein Elend heilt?»

Seine Frage wird bald beantwortet. Er findet Isolde die Weißhändige, Kaherdin, einen König, dem er dienen kann, und die Möglichkeit, ein anständiges Leben zu führen. Aber dann weist er es zurück! Warum? Für einen normalen Menschen ist das unverständlich. Es war ihm nicht gelungen, mit Isolde der Blonden eine menschliche Beziehung aufzubauen. Er gab sie an König Marke zurück, und Isolde die Blonde hat ihr Leben

dort zu leben. Warum will er dann nicht ein menschliches Leben mit Isolde der Weißhändigen leben?
Aufgrund welcher seltsamen Moralvorstellungen, aufgrund welcher seltsamen Auffassung von «richtig» und «falsch», «Treue» und «Betrug» glaubt er, daß er sich selbst zu ständigem Leiden und Alleinsein verdammen muß? Warum glaubt er, daß es seine Pflicht ist, die Frau, mit der er zusammenlebt, zurückzuweisen und vor Sehnsucht nach einer idealisierten Göttin zu sterben, die er in seinem Geist trägt, die er aber nie wirklich in diesem physischen Leben besitzen kann?
Menschlich kann man darin keinen Sinn erblicken, denn diese Haltung zerstört das menschliche Leben: Sie reduziert im wahrsten Sinne des Wortes Tristans Leben zu einem «nicht leben und nicht sterben können». Und dennoch, der Teil in uns, der romantisch denkt, kann Tristans Haltung verstehen. In jedem Mann gibt es eine Stimme, die heftig darauf besteht, daß es ganz wunderbar ist, wenn man stets nach dem vollkommenen, idealisierten Weiblichen sucht und sich nicht mit der Frau aus Fleisch und Blut zufriedengibt, die einem das reale Leben in seine Arme gelegt hat.
Jeder Psychologe hat einen nie abreißenden Strom von Patienten, die Tristans Frage wiederholen: «Werde ich nie jemanden finden, der mein Elend heilt?» Das ist die Frage, die in unserer Gesellschaft am häufigsten gestellt wird. Und dennoch folgen die meisten Männer Tristans Beispiel. Wenn ein sterbliches menschliches Wesen aus Fleisch und Blut im Leben eines Mannes auftaucht, das ihm Liebe und eine wirkliche Beziehung bietet, dann endet es oft damit, daß er sie zurückweist, weil sie der vollkommenen Idealfigur – Isolde der Blonden – nicht gerecht wird – aber Isolde die Blonde kann nur in seiner inneren Welt leben.
Das zweite große Rätsel in diesem Teil der Geschichte ist fol-

gendes: Was ist das für eine «Liebe», die zwischen Tristan und Isolde der Blonden besteht? Während wir sie auf ihrem Lebensweg begleiten, sind wir eigentlich die meiste Zeit sehr gutgläubig, schließlich und endlich sind wir ja auch westliche Romantiker. Aber zuletzt beginnen wir uns doch ein bißchen über den himmelschreienden Egoismus zu wundern, über die Willkürakte, die sie einander im Namen der «Liebe» antun!

Tristan beklagt sich, daß «Marke Isolde in Ehren hält und sie ihm Freude gibt»! Wenn Tristan sie wirklich so sehr liebt, warum will er nicht, daß sie mit ihrem Mann glücklich ist? Die Frage klingt vielleicht naiv, aber wenn Tristan vorgibt, von «Liebe» motiviert zu sein, dann ist es nur recht und billig, diese Frage zu stellen. Später sagt er: «Ich möchte sterben, aber die Königin soll wissen, daß ich aus Liebe zu ihr gestorben bin. Wenn ich nur wüßte, daß sie um mich leidet, so wie ich um sie!»

Was für eine Art «Liebe» ist das, auf Grund derer Tristan nicht will, daß seine Geliebte glücklich ist, sondern daß sie leidet? Wenn er glaubt, daß sie mit der Vergangenheit Frieden gemacht hat und mit König Marke glücklich ist, warum kehrt Tristan dann zurück, um die Flammen der Leidenschaft neu anzufachen? Warum strebt er danach, ihr Leiden von neuem beginnen zu lassen und ihr Leben mit König Marke erneut in Unruhe zu versetzen?

Und wie steht es mit Isolde? Was ist das für eine «Liebe», die sie dazu bringt, Tristan zu verachten, weil er eine andere Frau geheiratet hat? Isolde ist mit König Marke verheiratet und lebt mit ihm. Aber aufgrund dieser seltsamen Ansprüche darf Tristan weder eine andere Frau heiraten noch eine andere Frau lieben. Und vor allem, er darf nicht glücklich sein. Wenn er auch nur eine dieser normalen menschlichen Handlungen setzt, dann ist es ein «Betrug» an Isolde der Blonden. Welche

Art von «Liebe» verleitet Isolde dazu zu wünschen, daß Tristan allein und unglücklich sein soll, ohne Frau, ohne Kinder, ohne Zuhause?

Hier handelt es sich nicht um Liebe. Liebe ist ein Gefühl, das auf einen anderen Menschen hin gerichtet ist, nicht auf die eigene Leidenschaft. Liebe sucht das Wohlbefinden und das Glück des geliebten Menschen und nicht ein großartiges Drama auf Kosten des anderen. Aber so seltsam es ist, Tristan und Isolde nennen das «Liebe».

Nach menschlichen Maßstäben ist alles verkehrt: Sie «lieben» einander, aber jeder will, daß der andere leidet, daß er unglücklich ist. Sie sprechen von «Betrug», aber ihre Art, einander «treu» zu sein, führt dazu, daß Isolde ihren Mann betrügt und Tristan seine Frau. Sie haben sich geweigert, einen Hausstand zu gründen und gemeinsam ein menschliches Leben zu führen, aber keiner will dem anderen erlauben, daß er auf ganz normale menschliche Art mit jemand anderem zusammenlebt.

Das alles ist uns im Grunde nicht neu. Wir alle haben Leute gekannt, die sich genauso benommen haben, als sie verliebt waren. Viele von uns haben selbst diese widersprüchlichen Einstellungen durchlebt. Im Leben gelingt es uns manchmal, daß wir uns etwas feinfühliger verhalten, aber hier im Mythos zeigt sich der Widerspruch ganz ungeschminkt, denn er kommt roh und unbearbeitet aus dem Unbewußten.

Je mehr wir mit unseren Symbolen arbeiten, desto klarer wird uns werden, daß das größte Paradoxon in der romantischen Liebe selbst zu sehen ist: Als ein System von Haltungen ist sie der Ursprung dieser seltsamen Widersprüche. Die romantische Liebe ist ein recht unheiliges Durcheinander von zwei heiligen Liebesarten. Die eine ist die «göttliche» Liebe, von der zuvor gesprochen wurde: Das ist unser natürlicher Drang in Richtung einer inneren Welt, die Liebe der Seele zu Gott oder zu den Göttern. Die andere ist unsere Liebe zu den Menschen – zu Geschöpfen aus Fleisch und Blut. Beide Liebeshaltungen haben ihren Wert, und beide sind sie notwendig. Aber durch irgendeinen Trick in der psychologischen Evolution hat unsere Kultur beide Liebesarten im Liebestrank der romantischen Liebe zusammengemischt und darüber beide fast verloren.

In ihrer besten Ausprägung stellen Romantizismus und romantische Liebe einen gültigen Versuch dar, dem westlichen Bewußtsein das zurückzugeben, was es verloren hat. Der Romantizismus strebt danach, unseren Sinn für die göttliche Seite des Lebens, für das innere Leben, die Kraft der Phantasie, des Mythos, des Traums und der Vision wiederherzustellen. Die Tragödie, die uns in diesem Teil der Erzählung vor Augen geführt wird, zeigt, daß wir das Ideal der Romantik nicht richtig gebrauchen, daß wir die göttliche Liebe an die falsche Stelle setzen und in der Folge unsere menschlichen Beziehungen zerstören. Wir nennen etwas «Liebe», das keine Liebe ist; wir verdrehen die Bedeutung des Wortes «Treue» und streben lieber nach einem flüchtigen Anima-Bildnis als nach der Liebe zu einem Wesen aus Fleisch und Blut.

Aber Vorsicht: wenn wir uns einige der furchtbaren Folgen der Tragödie, zu der sich das Leben von Tristan und Isolde entwickelt, vor Augen führen, müssen wir doch auch daran denken, daß die romantische Liebe ein notwendiges Stadium in unserer psychologischen Entwicklung ist. Was immer man dagegen vorbringen kann, was immer wir unternehmen müssen, um unsere Beziehung zur romantischen Liebe richtigzustellen, sie ist ein Bestandteil unserers Weges: Sie ist unser westlicher Weg, um die beiden Liebesarten zu entwickeln und zu verfeinern, die wir im Liebestrank zusammengemischt haben. Die romantische Liebe ist wie ein «Tunnel der Liebe»:

Wir können nicht im Dunkel steckenbleiben, wir müssen auf der anderen Seite ans Licht kommen und den Widerspruch auflösen. Dennoch scheint es für den westlichen Menschen notwendig zu sein, durch den Tunnel durchzugehen. Der einzige Weg, der uns bekannt ist, um das Gefühl zu finden, um einen Zugang zu den beiden großen Liebeshaltungen zu finden, besteht darin, sich zu verlieben, an das Kreuz des Widerspruchs geschlagen zu werden und zu lernen.

Je weiter wir gelangen, Illusionen entlarven und Widersprüche aufdecken, desto mehr müssen wir daran denken, daß das Problem nicht darin besteht, ob wir die romantische Liebe preisen oder verdammen, ob wir sie behalten oder loswerden sollen. Unsere Aufgabe besteht vielmehr darin, sie zu einem Weg der Bewußtwerdung zu machen, den Widerspruch ehrlich zu leben und zu lernen, wie man beiden Welten, die in der romantischen Liebe enthalten sind, gerecht wird: der göttlichen Welt von Isolde der Blonden, nach der Tristan strebt, und der menschlichen Welt von Isolde der Weißhändigen, die er zurückweist.

Die Isolde der Erde

Tristan lebt nie in einer menschlichen Beziehung zu Isolde der Blonden. Er lebt nie ein verantwortliches, beständiges, tägliches Leben, das ihnen die menschliche Wärme und die menschliche Kameradschaft bieten würde, die sie beide brauchen. Das ist eigentlich überraschend, wenn man an all die Dramen und Abenteuer denkt, die sie durchleben. Sie treffen sich im geheimen, sie nehmen furchtbare Risiken auf sich, man schleppt sie auf den Scheiterhaufen, sie entkommen, dann setzen sie das Drama im Forst von Morois fort im Kampf mit der Natur und den Feinden. Und doch verwandelt sich die Beziehung nie in eine menschliche Beziehung!

Einer der großen Widersprüche der romantischen Liebe besteht darin, daß sie *nie eine menschliche Beziehung hervorbringt, solange sie romantisch bleibt.* Sie produziert Dramen, wagemutige Abenteuer, wunderbare, intensive Liebesszenen, Eifersüchte und Betrug. Die Leute gelangen anscheinend nie zu einer richtigen Beziehung miteinander als Wesen von Fleisch und Blut, ehe sie nicht aus dem Stadium der romantischen Liebe heraus sind und einander *lieben* anstelle ineinander verliebt zu sein.

Wir beginnen zu verstehen, warum das so ist. Isolde die Blonde ist die Anima. Und es ist die göttliche Liebe, die Tristan in ihr sucht. Unbewußt sucht er den Weg zur inneren Welt. Es gelingt Tristan nicht, eine gewöhnliche menschliche Beziehung zu Isolde der Blonden aufzubauen, denn sie ist die Anima und muß als innere Person, als Symbol erlebt werden.

Als Tristan Cornwall verläßt und Isolde bei König Marke

bleibt, fällt ihn die Verzweiflung an. Er glaubt, die Anima zu verlassen, die direkt in einer sterblichen Frau verkörpert ist, so wie das alle Männer glauben, wenn sie «verliebt» sind. In den Augen seines Ich hat das Leben keinen Sinn, denn einen Sinn kann man nur in Isolde der Blonden finden.

«Getrennt konnten die Liebenden weder leben noch sterben, denn ihr Leben war Leben und Tod zusammen. Tristan floh vor seinem Elend über die Meere und die Inseln und durch viele Länder.» So kommt es zu Tristans berühmter Frage: «Werde ich nie jemanden finden, der mein Elend heilt?»

Obwohl sein Ich es als Tod betrachtet, zieht ihn doch sein Schicksal weiter in Richtung Leben! Denn die stille, bescheidene Frau, die ihn im Schloß von Carhaix erwartet, ist die Inkarnation des menschlichen Lebens: Sie ist Isolde die Weißhändige, die Isolde von der Erde.

Wie Tristan kommen auch wir zu dieser Isolde voll von Vorurteilen und vorgefaßten Loyalitätsansprüchen. Etwas «Einfaches» gefällt uns nicht: «einfach» ist für uns gleichbedeutend mit langweilig oder beschränkt oder dumm. Wir haben vergessen, daß Einfachheit für das menschliche Leben notwendig ist: es ist eine menschliche Kunst, in den kleinen, natürlichen und weniger dramatischen Dingen Sinn und Freude zu finden. Auf höchstem Niveau ist es ein Bewußtsein, das durch die Verwirrungen, die wir erfinden, hindurchsieht bis zur essentiellen, unkomplizierten Realität des Lebens. In unserem Zeitalter besteht geradezu ein kollektives Vorurteil gegen Isolde die Weißhändige. Wenn sich uns das Glücklichsein in einer direkten, unkomplizierten, einfachen Beziehung anbietet, dann werden wir es nicht annehmen. Es ist «zu einfach», «zu langweilig». Wir sind daran gewöhnt, nur das zu respektieren, was aufgeblasen, superintensiv, hochgeschraubt, groß und kompliziert ist.

Die wahre Tragödie von *Tristan und Isolde* ist an einem stillen, bescheidenen Platz verborgen, wo wir es wahrscheinlich nicht vermuten: Sie liegt nicht in Tristans Tod, denn alle Menschen müssen sterben.

Tristans Tragödie besteht darin, daß er sich weigert zu leben, während er noch am Leben ist, und so hat er weder ein menschliches Leben noch eine menschliche Liebe. Und so wird sein Leben zum «Nicht-leben-und-nicht-sterben-Können».

Die wahre Tragödie trägt sich in dem Augenblick zu, als Tristan Isolde die Weißhändige zurückweist. Mit dieser Tat weist er die Erde zurück und alles, das Teil dieses irdischen menschlichen Lebens ist – menschliche Liebe, menschliche Beziehung und alle Freuden der Erde.

Uns westlichen Menschen, die wir den Geist der Romantik mit der Muttermilch in uns aufnehmen, erscheint Isolde die Weißhändige als weniger wichtige Figur. Wir starren fasziniert auf das andere Drama: die geheimen Treffen und Verabschiedungen, die Intrigen, die unirdische Intensität, die zwischen Tristan und Isolde herrscht. Aber wenn wir von diesem Bild einen Schritt zurücktreten und unseren Blick auf Isolde die Weißhändige lenken, dann könnte es uns ergehen, wie Kaherdin sagt: «Vielleicht vermögt Ihr dann meine Schwester Isolde die Schöne ohne Falsch liebzugewinnen.»

Diese Isolde verkörpert eine andere Seite des inneren Weiblichen, eine Seite, der wir noch nicht begegnet sind. Ihre «weißen Hände» haben als Symbol vielerlei Bedeutung. Sie sind hell und fein, aber geschickt zur praktischen Arbeit des Lebens. Diese Isolde hat Freude am gewöhnlichen, menschlichen, irdischen Leben. Wir treffen sie zuerst im Frauengemach des Schlosses an, wo sie Teppiche macht und Goldfäden in feine englische Gewebe einzieht. Sie ist von königlichem Blut und doch können wir uns vorstellen, wie sie Kinder zur Welt bringt und sie aufzieht, wie sie kocht und mit den einfachen Beschäftigungen lebt, die das menschliche Leben ermöglichen. Wir wollen diesen Aspekt des Weiblichen das «erdgebundene Weibliche» nennen, denn diese Art des Weiblichen verbindet einen Mann mit der physischen Welt, mit seinen Mitmenschen, mit dem gewöhnlichen Leben und mit allem, das erdgeboren und erdgebunden ist und den Gesetzen von Notwendigkeit, Verantwortung, Pflicht, Zeit und Raum unterliegt. Das erdgebundene Weibliche ist jene innere Person, die ihn befähigt, auf einer menschlichen Ebene zu lieben und menschliche Beziehungen einzugehen.

Diese Isolde verkörpert die Fähgikeit in jedem Mann, die Schönheit, den Wert und die Heiligkeit in der physischen Welt und in der Alltäglichkeit des menschlichen Lebens wahrzunehmen. Sie führt gewissermaßen die Aufsicht über seine Beziehungen zu äußeren Personen und zur äußeren Welt. Im Gegensatz dazu sind die Beziehungen zu den inneren Personen des inneren Reiches der Bereich der Anima. Das erdgebundene Weibliche weiß, wie man auf eine Art liebt, die weder romantischer Idealismus ist noch eine Projektion der inneren Götter auf die sterblichen Menschen der äußeren Welt. Sie verfügt über eine menschliche Liebe, die uns Beziehungen zu Frauen und Männern aus Fleisch und Blut ermöglicht und die die Menschen in ihrem Menschsein und ihrem Alltäglichsein bestätigt.

In allem, was uns Isolde die Weißhändige zeigt, erkennen wir, daß ihr größtes und einziges Anliegen menschliche Beziehungen sind. Darin liegt ihr Grundprinzip, ihr fundamentales Energiesystem. Tristan sagt von Isolde der Blonden: «Wir haben den Tod zusammen getrunken.» Die andere Isolde ist am Tod nicht interessiert: sie ist am Leben interessiert, am gewöhnlichen menschlichen Leben auf dieser Erde mit einem

Menschen, der sie liebt so wie sie ist, der für sie sorgt und der von ihr genährt wird. Diese erdgebundene Isolde bittet nicht darum, «in den verzauberten Garten» geführt zu werden, den man nur im Lande des Todes findet. Im Gegenteil, sie bittet Tristan, sie zu lieben und mit ihr im Jetzt und Heute von Carhaix zu leben, solange ihr Leben auf Erden eben währt.

Wir können das erdgebundene Weibliche noch besser erfassen, wenn wir Isolde die Weißhändige Isolde der Blonden gegenüberstellen. Wir können uns Isolde die Blonde nicht als Hausfrau vorstellen, die Kinder großzieht, Suppentöpfe umrührt, Decken webt und mit ihrem Mann in einem einfachen Haushalt alt wird. Wir können sie uns nur in einem großartigen Drama vorstellen, bei gefährlichen Treffen, ekstatischem Zusammensein, tränenreichem Abschied oder als Königin auf dem Thron eines Märchenschlosses. Sie ist eine Zauberin, die Tochter einer zauberischen Königin, geboren auf einer mystischen Insel jenseits des Unbekannten. Sie ist eine Göttin: halb göttlich, halb Mensch. Sie ist jener Aspekt des Weiblichen, der immer schwer faßbar und unerreichbar bleiben muß, «die Prinzessin im fernen Land», die eigentlich nur auf der Ebene des Symbolischen und Imaginären erlebt werden kann. Die Anima kann entweder innen gelebt werden, oder sie kann nach außen gekehrt werden, und dann findet ein Drama statt mit Scheiterhaufen, Aussätzigen und dem Forst von Morois. Aber sie paßt nicht in einfache und gewöhnliche menschliche Beziehungen mit ihren Pflichten und ihren endlichen Grenzen.

Wie aber steht es um Isolde die Weißhändige? Sie ist menschlich. Sie stammt nicht von Zauberern und Halbgöttern auf einem Vorposten der «anderen Welt». Sie wurde in der uns bekannten Welt von sterblichen Eltern geboren, in einer gewöhnlichen menschlichen Umwelt aufgezogen und für ein menschliches und persönliches Leben herangebildet. Sie stellt jenen Aspekt des Weiblichen dar, der in unser gewöhnliches Leben und unsere persönlichen Beziehungen paßt.

Die Anima strebt stets danach, uns in die innere Welt zu führen, zu den grenzenlosen und unendlichen Gefilden des Unbewußten ohne Einschränkung, ohne Verpflichtungen gegenüber anderen, ohne Zurückhaltung aufgrund der Grenzen, die einem Notwendigkeit oder Pflicht setzen. Das erdgebundene Weibliche aber lenkt uns zur begrenzten und persönlichen Welt der menschlichen Beziehungen, zu jener Welt, die den Gesetzen von Verpflichtung, Pflicht, Verantwortlichkeit, Zuneigung und Bezogenheit auf eine Person gehorchen.

In dem Maße, in dem das Leben sich dem Tode zuwendet und dem Tod näher kommt, können wir nur eine Zeitspanne erkennen, in der Tristan erneut zu leben beginnt. Er fühlt sich von Isolde der Weißhändigen angezogen: Er will leben, er will lieben und er will wieder ein Mensch sein. Er vergißt den seltsamen Bund mit dem Tod. Kaherdin öffnet die Tore von Carhaix und schließt Tristan in sein Herz. Tristan findet Zuneigung, Freundschaft, Liebe und edle Taten, die er vollbringen kann.

«Werde ich nie jemanden finden, der mein Elend heilt?» Hier ist eine Ehefrau, die ihn liebt, die ihm anbietet, seine Gefährtin zu sein, die ihm ergeben ist, die ihm ein Leben voll Gefühl geben will, erotische Liebe und die Bande von Heim und Familie. Durch seine Verbindung mit ihr erhält Tristan auch einen Bruder, einen Vater, ein Heimatland. Warum weist er das alles zurück?

Später erzählt er uns warum... Als er auf dem Totenbett liegt, vertraut er Kaherdin den grünen Jaspisring an und schickt ihn fort, auf die letzte gefahrvolle Fahrt, um Isolde die Blonde zu holen. «Sag ihr, sie muß kommen, denn wir haben zusammen den Tod getrunken. Sie soll des Schwures gedenken, den ich ihr geleistet habe, *nie eine andere zu lieben als sie:* Ich habe mein Versprechen gehalten.»

Dieser Schwur, welcher der ganzen Tragödie der romantischen Liebe zugrunde liegt, ist ein falschverstandenes Ideal. Tristan schwor, *nie eine andere zu lieben.* Diese einzige Liebe ist die göttliche Liebe, von der wir gesprochen haben: jene Liebe, die uns zur inneren Welt hinzieht. Aber wenn Tristan schwört, nur diese göttliche Liebe der Anima zu lieben, dann schwört er gleichzeitig, auf die menschliche Liebe und auf menschliche Beziehungen zu verzichten. Es gibt zwei große Liebesarten, zwei Welten, in denen ein Mann leben muß, und es sind zwei Isolden, die seinen Dienst verlangen. Der Fehler bei der romantischen Liebe besteht darin, daß sie nach der einen Liebe strebt, aber die andere außer acht läßt. Das ist genau die Bedeutung der Zurückweisung, die Isolde die Weißhändige von Tristan erfährt.

Mit der Zurückweisung Isoldes der Weißhändigen zeigt uns Tristan die Standardeinstellung des westlichen Mannes. Der westliche Mann glaubt in seinem Unbewußten, daß es richtig ist, wenn er seine Ehe dazu benutzt, mit seiner Anima in Kontakt zu treten. Mit anderen Worten: Er sieht es als richtig an, eine Frau als Trägerin der Projektion seines Seelenbildes zu benützen, und er nimmt sie nicht als Person für sich ernst, als ein Wesen mit physischem und individuellem Eigenleben und einer eigenen komplexen Struktur und eigenem Bewußtsein. Ein Mann glaubt, daß er ständig nach Isolde der Blonden suchen und Isolde die Weißhändige immer wieder zurückweisen muß. Ständig sucht er die göttliche Welt, die er auf eine Frau projiziert, und gestaltet nie eine Beziehung zu dieser Frau als einem individuellen Menschen.

Die romantische Liebe, in Einklang mit ihrer widersprüchlichen Natur, täuscht uns: es sieht so aus, als ob es ihr Ziel wäre, eine echte Beziehung zu einem anderen Menschen aufzubauen. Schließlich sitzt man ja nicht in einem Tempel und meditiert. Man ist ja in einen anderen Menschen «verliebt». Oder? Es ist für uns sehr schwer, den großen Unterschied wahrzunehmen, der zwischen einer *Beziehung* zu einem anderen Menschen besteht und der *Benützung* dieses Menschen als Träger für die eigenen Projektionen.

Tristans Schwur und seine Zurückweisung seiner Ehe zeigt uns den grundlegenden Fehler in der romantischen Betrachtungsweise: Sie ist unvollständig. Die romantische Einstellung bemüht sich darum, die Einseitigkeit der westlichen Psyche auszugleichen, indem sie das Erlebnis der Götter der inneren Welt, der Mysterien und der göttlichen Liebe wiederherstellt. Aber, wie alle Versuche, die das kollektive Unbewußte in Richtung ausbalancieren macht, hat auch dieser in einer Einseitigkeit nach der anderen Richtung geendet. Alle Begeisterung wendet sich dem entgegengesetzten Pol zu, die göttliche und die ekstatische Welt werden idealisiert, aber dabei bleibt kein Platz für gewöhnliches Menschsein. Das gewöhnliche menschliche Leben mit seinen Verpflichtungen, seinen Bindungen, Pflichten und Grenzen und seinem Schwerpunkt auf gewöhnlichen Menschen ist zu erdgebunden, zu langweilig und niedrig für unsere romantischen Vorurteile.

Tristans Eheschließung symbolisiert seine instinktive, ungewollte Hinwendung zum menschlichen Leben und zu menschlichen Beziehungen. Seine Instinkte schreien förmlich nach einer praktischen, physischen liebevollen Gefährtin in der Gestalt einer gewöhnlichen, sterblichen Frau. König Hoël bietet ihm seine Tochter an. Tristan antwortet aus reinem Reflex und Lebenswillen: «Herr, ich nehme sie.» Sie ist weder seine Seele noch die Vollkommenheit selbst oder ein Besucher vom

Himmel. Aber sie ist auf ihre menschliche Art schön, sie ist liebevoll, sie hat eine echte Beziehung zu ihm, und sie gehört der realen Welt an. Sie stellt nicht seine Phantasie dar, die sich quer über das Angesicht der äußeren Welt gelegt hat.

Aber Tristan heiratet Isolde nur der Form nach, sobald es um die Folgen geht, weist er sie zurück. Wenn er sich weigert, die Ehe zu vollziehen, bedeutet das, daß er die menschliche Beziehung mit einer sterblichen Frau zugunsten einer leidenschaftlichen Vision, einer Phantasie zurückweist, die nur innerlich erlebt werden kann. Das ist genau die Wirkung, die die romantische Lebensgrundhaltung auf die meisten modernen Ehen und Beziehungen hat. Wir heiraten der Form nach, wir sprechen die Worte, aber innerlich gehen wir die Bindung nicht ein. Den meisten Beziehungen haftet etwas Provisorisches an. Jeder schreibt im geheimen einen Passus in den Vertrag, der es ihm erlaubt, auszusteigen. Jeder von uns behält sich das Recht vor, seine oder ihre Bindung zu einer anderen, irdischen Person aufzulösen, wenn es geschehen sollte, daß die Projektion der leidenschaftlichen Vision an einer anderen Person haften bleibt.

Das ist genau, was der Mythos für unsere Kultur vorhergesagt hat, und das ist es auch, was wir als normales Verhaltensmuster ansehen. Die Menschen heiraten der Form nach, aber sie weigern sich, die tatsächliche Bindung einzugehen. Sie lehnen es ab, eine wirkliche Bindung zu einem anderen Menschen zu übernehmen, weil sie sich nur an ihre innere Vision, ihr inneres Ideal, ihre Suche nach der perfekten Verkörperung der Anima oder des Animus und ihr Streben nach der göttlichen Liebe wirklich binden wollen. Und weil sie nie gelernt haben, daß das eine *innere* Aufgabe ist, glauben sie, daß sie sich stets alle Möglichkeiten offen halten müssen und stets dorthin gehen müssen, wohin sich ihr inneres Ideal projiziert. In unserem romantischen Dusel glauben wir, das sei sehr edel, sehr «liberal», dabei ist es in Wirklichkeit eher ein Mißverstehen der Realität. Es ist ganz einfach unsere Art, die menschliche Seite der Gleichung zu löschen, es ist unsere Art, sich zu weigern, eine Bindung mit Isolde der Weißhändigen einzugehen.

Die Tragödie besteht darin, daß Tristan, der in Carhaix ein Leben voll von menschlichen Beziehungen hat und von menschlicher Wärme umgeben ist, es ablehnt, sich daran zu erfreuen oder sich dieses Leben zu eigen zu machen. Interessanterweise bräuchte er dazu überhaupt nichts tun: Er müßte nur seine Augen öffnen, aufwachen, den Reichtum, der ihn umgibt, wahrnehmen und leben. Aber der Nebel des romantischen Idealismus, diese Abwertung der menschlichen Welt, trennt ihn von der Liebe, nach der er hungert. Er weist Isolde die Weißhändige zurück und erneuert seinen Bund mit dem Tod.

Dieses für die romantische Liebe typische Verhaltensmuster wiederholt sich ständig im Leben der Menschen von heute. Ein Mann hat das Gefühl, daß er mit seiner Beziehung oder seiner Ehe irgendwie unzufrieden ist: Das Leben hat keinen richtigen Sinn, er vermißt die Ekstase und den Überschwang, wie er sie immer empfunden hat. Anstatt zu begreifen, daß er sich nach der göttlichen Liebe sehnt, nach dem inneren Animaerlebnis, für das er selbst verantworltich ist, sucht und findet er den Fehler in seiner Frau. Sie macht ihn nicht glücklich, sie ist nicht gut genug, sie stellt nicht die Erfüllung seiner Träume dar. Obwohl sie ihm alles gibt, was eine sterbliche Frau zu geben vermag, weist er sie zurück und macht sich auf, um nach Isolde der Blonden zu suchen. Er nimmt an, daß er irgendwo, in einer Frau oder in einem Abenteuer, Isolde die Blonde finden wird, daß es ihm möglich sein wird, sie physisch zu besitzen und daß er dabei den Sinn des Lebens und die Erfüllung finden wird. So setzen wir die menschliche Liebe herab und weisen Isolde die Weißhändige zurück. Auf diese Art erneuern wir den kollektiven Schwur, «nie eine andere zu lieben».

Die menschliche Liebe, wie sie Isolde die Weißhändige symbolisiert, ist grundverschieden von dem, was wir «verliebt sein» nennen. Wenn ein Mann auf menschliche Art das erdgebundene Weibliche liebt, so heißt das, daß er seine Liebe einem sterblichen Menschen gibt und nicht einem idealisierten Bildnis, das er projiziert. Es bedeutet für ihn, daß er eine Beziehung zu einer wirklichen Frau hat, daß er sie schätzt, daß er sich mit ihr identifiziert, daß er ihren Wert und ihre Heiligkeit bestätigt, ganz *so wie sie ist,* zusammen mit ihren Schattenseiten, ihren Unzulänglichkeiten und allem, das dazu beiträgt, sie zu einer gewöhnlichen sterblichen Frau zu machen. Wenn man verliebt ist, ist das anders. Dieses Gefühl gilt nicht einer Frau, sondern der Anima, dem Ideal des Mannes – seinen Träumen, seiner Phantasie, seiner Hoffnung, seinen Erwartungen, seiner Leidenschaft für ein inneres Wesen, das er über die äußere Frau darüberstülpt.

Das erklärt auch, warum so vieles an dieser «Liebe» zwischen Tristan und Isolde der Blonden so unmißverständlich egoistisch ist. Tristan will, daß Isolde leidet, daß sie ihm in seinem Unglück Gesellschaft leistet, denn seine Liebe gilt nicht wirklich Isolde der sterblichen Frau, sondern ihm selbst! Er ist zuallererst mit *seiner* Projektion beschäftigt, die sie für ihn trägt, mit *seiner* Leidenschaft – für die er den Liebestrank verantwortlich macht, die er aber eifrig durch immer wiederkehrende Reisen zu Isolde nährt.

In ganz ähnlicher Art ist auch Isolde weder um Tristans Glück noch um sein Wohlergehen bemüht. Für sie ist es wichtig, ob sie bei ihm den ersten Platz einnimmt, ob seine Treue nur ihr gilt und ob er das Drama in Gang hält, das ihr den Zutritt zum «verzauberten Garten» ermöglicht. Keinem von beiden geht es wirklich um das Glück oder das Wohlbefinden oder das Überleben des anderen, beiden geht es um die ständige Erneuerung ihrer Leidenschaft, um die Reise an jenen magischen Ort und darum, das intensive Drama weiterzuführen. Schließlich, am Ende der Geschichte, geht es ihnen nur darum, einander zu benützen und sich von der Verbindung an die Erde völlig zu lösen, um in jenes magische Traumland zu fliegen, «wo zu jeder Zeit ein Spielmann eine Melodie ohne Ende spielt oder singt». Sie lieben nicht wirklich einander. Sie benützen einander vielmehr als das Mittel, das ihnen das intensive leidenschaftliche Erlebnis verschafft, nach dem es sie verlangt.

Ob wir es nun zugeben oder nicht, das ist das wahre Gesicht der romantischen Liebe. Der Egoismus in Tristan und Isolde, die Art wie sie einander gebrauchen, um Leidenschaft um ihrer selbst willen hervorzurufen, sind so offensichtlich, so naiv und so kindlich, daß man sie eigentlich kaum verkennen kann. Nur sind unsere eigenen Versionen dieses Dramas kaum raffinierter oder eleganter. Es kommt uns Romantikern einfach nicht in den Sinn, daß etwas mit der sogenannten «Liebe» nicht stimmt, wenn sie sich nur um *meine* Erfüllung, *meine* Erregung, *meine* erfüllten Träume, *meine* Phantasien, *mein* «Bedürfnis geliebt zu werden», *mein* Ideal von der vollkommenen Liebe, *meine* Sicherheit und *meine* Unterhaltung bekümmert.

Wenn wir einem anderen Menschen in echter Liebe zugetan sind, dann ist das ein spontaner Akt des Seins, eine Identifizierung mit der anderen Person, die bewirkt, daß wir sie oder ihn bejahen, schätzen und ehren und daß wir das Glück und das Wohlergehen dieses Menschen wünschen.

In diesen seltenen Augenblicken, wenn wir wirklich *lieben* und nicht auf unser eigenes Ich eingestellt sind, hören wir auf zu fragen, welche Träume dieser Mensch für uns erfüllen wird oder welche intensiven und außerordentlichen Abenteuer sie oder er uns bieten wird.

Tristan müßte zwei Ehen eingehen. Die erste Ehe ist eine innere Ehe mit seiner eigenen Seele, mit Isolde der Blonden. Diese Ehe geht man ein, indem man sich in die innere Welt begibt und seine Religion ausübt, seine innere Arbeit tut und mit den Göttern der inneren Welt lebt. Die zweite Ehe ist jene mit Isolde der Weißhändigen. Diese Ehe steht für die Verbindung mit einem anderen Menschen und bedeutet, die Frau als Menschen anzunehmen. Sie steht außerdem noch für die anderen menschlichen Beziehungen – zum Beispiel Freundschaften schließen – und das Annehmen auch dieser Personen als Menschen.

Wir können diese beiden Ehen als das Abbild der beiden Naturen verstehen, die sich im Menschen vereinigen: der göttlichen und der menschlichen Natur. Das allerhöchste westliche Symbol der Synthese dieser beiden Naturen ist Christus, und die Dimensionen dieser Realität finden ihren vollendeten Ausdruck im Symbolismus der christlichen Lehre von der Inkarnation. Dort heißt es, daß Gott in diese Welt gekommen ist und sie erlöst hat. Gott ist Mensch geworden! Die Folgerungen aus diesem Glauben, wenn man ihn symbolisch betrachtet, sind enorm. Diese Symbolik bedeutet, daß diese physische Welt, dieser irdische Körper und das Leben, das wir auf dieser Erde führen, gleichermaßen heilig sind. Sie bedeutet, daß unsere Mitmenschen ihren eigenen wirklichen Wert haben. Sie sind nicht nur dazu da, um das Spiegelbild unserer Phantasie von einer vollkommenen Welt abzugeben oder unsere Animaprojektionen für uns zu tragen oder mit uns die Allegorie einer anderen Welt darzustellen. Diese physische, irdische, gewöhnliche Welt besitzt eine eigene Schönheit, einen eigenen Wert und eigene Gesetze, die man beachten muß.

Im Zen gibt es folgende Aussage: «Das ist die Erde – sie ist der Weg.» Der Weg zur Erleuchtung, zur Seele, führt nicht über die Verneinung der Erde durch die Wolken. Man findet ihn in diesem irdischen Leben in der Einfachheit unserer täglichen Pflichten und in den Beziehungen mit ganz gewöhnlichen Menschen. All das drückt sich in der symbolischen Realität der Inkarnation aus.

Diese Inkarnation berichtet vom Paradoxon der beiden Naturen: von der göttlichen Liebe und der menschlichen Liebe, die in *einem* Gefäß vermengt und in *einem* Menschen enthalten sind. die Inkarnation sagt, Gott ist Mensch geworden. Der Mensch-gewordene Gott, Christus, war ganzer Mensch und ganzer Gott. In diesem Bildnis spiegelt sich die Doppelnatur jedes Menschen, die beiden Liebesarten, die gleichberechtigt unsere Loyalität für sich beanspruchen, und die Synthese, die wir zwischen beiden bilden sollten. Die Inkarnation zeigt uns, daß die göttliche Welt und die persönliche Welt in jedem Menschen koexistieren. Und wenn diese beiden Naturen zusammen in einer bewußten Synthese leben, dann wird dieser Mensch zu einem bewußten Selbst.

Welche Vorstellungen wir auch im Zusammenhang mit der historischen Inkarnation haben mögen, wir müssen die enormen Implikationen des Symboles vom Mensch-gewordenen Gott betrachten, und zwar als archetypisches Modell, das tief im westlichen Unbewußten verankert ist. Wir haben es hier mit einer psychologischen Realität zu tun, einem vereinigenden Prinzip, das auf uns von innen her wirkt, ob wir uns nun dessen bewußt sind oder nicht. Wir müssen diese Doppelnatur in der einen oder der anderen Form leben, entweder bewußt oder unbewußt.

Die Inkarnation symbolisiert die Synthese. Der Liebestrank symbolisiert das Durcheinander. Wenn wir unsere Doppelnatur ernst nehmen, erhalten wir die transzendente Synthese. Wenn wir einfach aufs Geratewohl zugreifen, erwischen wir den Liebestrank. Die Geschichte der westlichen Psyche sieht so aus: In dem Augenblick, in dem wir aufhören, die Inkarnation ernst zu nehmen und sei es auch nur als symbolische Realität, verschwindet die Wahrheit unserer Doppelnatur in den Untergrund. Unbewußt findet dann die göttliche Liebe, das ganze Paradoxon der göttlichen und menschlichen Liebe, seinen Weg in den Liebestrank. Und dort befindet es sich heute und kocht im Kessel der Projektionen vor sich hin, vermischt mit der Suppe der romantischen Liebe.

Wir haben gehört, daß die kulturellen Wurzeln der romantischen Liebe im manichäischen Dualismus zu sehen sind, der im Europa des 12. Jahrhunderts in Gestalt der albigensischen Häresie verbreitet war. Die Lehre dieser Religion besagte, daß die göttliche Hälfte der Realität absolut gut und die menschliche absolut schlecht sei. Für die Albigenser existierte das Gute ausschließlich auf der «spirituellen» Ebene, im «Himmel». Die physischen Menschen, das gewöhnliche menschliche Leben, die Sexualität, die erotische Liebe und die ganze materielle Welt wurden als «böse» angesehen, als korrupt und als Abgrund der Dunkelheit. Das war die theologische Formulierung für das, was Tristan in romantischer Sprache ausdrückt: «Sie soll des Schwures gedenken, den ich ihr geleistet habe, nie eine andere zu lieben als sie.» Der albigensische Dualismus, der christliche Dualismus und der romantische Idealismus sie alle lehren uns ein und dasselbe: daß wir nur der göttlichen Liebe dienen sollen, daß gewöhnliche Menschen unserer Liebe nicht wert seien und daß wir Menschen nur insoweit lieben sollen, als sie ein Abbild unseres Ideales sind, unserer Projektion der Intensität einer anderen Welt – der übermenschlichen, kosmischen und göttlichen Welt.

Der Kult der romantischen Liebe lehrt uns, daß einfache Menschen nicht gut genug sind, daß wir nach einem Gott oder einer Göttin streben müssen, einem Hollywood-Star, einer Traumfrau, einem Traummann oder einer Schönheitskönigin – eben nach der Verkörperung von Animus oder Anima. Solange der Mann in dieser Mentalität befangen ist, wird er nie etwas anderes akzeptieren als eben seine Anima. Er stellt zu einer Frau nur dann eine Beziehung her, wenn sie seinem Traum von Isolde der Blonden entspricht.

Die Geschichte von Isolde der Weißhändigen ist die Geschichte von Tristans verpaßter Gelegenheit. Tristan vertut die Chance zu entdecken, daß es zwei Arten von Liebe und von Beziehung gibt: eine mit der inneren Anima und eine mit einer Frau in der irdischen Welt. Jede unterscheidet sich von der anderen und jede hat ihre eigene Gültigkeit. Aber, wenn Tristan so wie wir eine zweite Chance hätte, dann könnte er von Isolde der Weißhändigen *lernen*, anstatt sie zurückzuweisen. Er könnte begreifen, daß der Sinn des Lebens nicht nur im Streben nach seinem inneren Ideal liegt, sondern auch in der irdischen Frau, mit der er im Schloß zu Carhaix lebt.

Leiden und Tod

De tous les maux, le mien diffère;
Il me plait; je me réjouis de lui;
Mon mal est ce que je veus
Et ma douleur est ma santé!
Je ne vois donc pas de quoi je me plains,
Car mon mal me vient de ma volonté;
C'est mon vouloir que devient mon mal,
Mais j'ai tant d'aise à vouloir ainsi
Que je souffre agréablement,
Et tant de joie dans ma douleur
Que je suis malade avec délices.

Mein Leid unterscheidet sich von allem;
Denn es ist mir angenehm, und ich erfreue mich daran;
Mein Leid ist es, was ich mir wünsche
Und mein Schmerz ist meine Gesundheit!
Ich kann nicht verstehen, warum ich mich beklage,
Denn mein Leid kommt zu mir, weil ich es will.
Es ist mein eig'ner Wunsch, der zu meinem Leid wird
Ich aber finde soviel Vergnügen in diesem Wunsch,
Dass ich recht angenehm leide,
Und soviel Freude in meinem Schmerz,
Dass ich vor Vergnügen krank bin.

Chrétien de Troyes

Das sind die Worte eines der größten Dichter aus der Zeit der Troubadoure, es ist die Stimme von jemandem, der als einer der ersten einige der größten «Romane» (Liebesgeschichten) unserer frühen romantischen Literatur aufschrieb. Wie vollkommen fängt er doch die seltsame und uneingestandene Verbindung ein, die zwischen romantischer Liebe und Leiden besteht! Leiden scheint untrennbar mit der romantischen Liebe verbunden, wie jeder von uns weiß, der je verliebt war. Wir können uns bemühen, es zu vermeiden, wir haben manchmal sogar den Eindruck, daß wir dem Leiden entkommen sind, aber es wartet immer auf uns, und zwar dort, wo wir es am wenigsten vermuten. Sogar unser Wort *Leidenschaft* hat ja mit «Leiden» zu tun.

Es sieht so aus, als ob unsere Vorfahren das Leiden in die romantische Liebe mit hineinverwoben hätten. Allerdings betrachteten unsere Vorfahren die romantische Liebe, im Gegensatz zu uns, als eine geistige Disziplin. Indem sie uns gelehrt haben, in einem Mann oder einer Frau ein Ideal der Vollkommenheit zu suchen, das nie von einem sterblichen Menschen verkörpert werden kann, haben sie uns zu einer anscheinend endlosen Kette von unmöglichen Erwartungen, gefolgt von bitteren Enttäuschungen, verurteilt.

Und das ist noch nicht alles: unbewußt suchen wir sogar unser Leiden! Wie Tristan bemühen wir uns anscheinend darum, unmögliche Situationen herbeizuführen, an unmögliche Leute zu geraten und Erwartungen an unsere Beziehungen zu stellen, die niemand erfüllen kann. Wir lassen es uns angelegen sein zu leiden, so als ob es ein notwendiger Bestandteil romantischen Erlebens wäre, ohne das es nicht geht. Unbewußt scheinen wir es zu genießen: «Denn es ist mir angenehm und ich erfreue mich daran.» Auch wenn meine Wünsche unmöglich sind und mir mehr Schmerz als Ekstase bereiten, nichtsdestoweniger: «Ich aber finde soviel Vergnügen in diesem Wunsch, daß ich recht angenehm leide, und soviel Freude in meinem Schmerz, daß ich vor Vergnügen krank bin.»

Wir können soviel lernen, wenn wir die Dichtung und die Romane unserer Vorfahren betrachten, denn ihnen war es noch gegeben, ungeschminkt jene Wahrheit auszudrücken, die wir so schwer zur Kenntnis nehmen. Wenn wir unseren Verstand zu öffnen beginnen und von ihnen lernen, die Dinge beim Namen zu nennen, dann erst können wir verstehen, welche Kräfte in uns am Werk sind. Es ist kein Zufall, daß die gesamte romantische Literatur angefangen von «Tristan und Isolde» und «Romeo und Julia» bis zur Gegenwart von Leid und Tod erfüllt ist. Es scheint in der Natur der romantischen Liebe zu liegen, daß sie angesichts unmöglicher Widerstände, schrecklicher Hindernisse und unmenschlicher Hemmnisse gelebt werden muß. Wenn es sich als unmöglich herausstellt, die romantische Liebe in dieser physischen Welt zu leben, dann wählen viele archetypische Liebespaare, wie Romeo und Julia, den gemeinsamen Tod.

Was ist das für ein Idealismus, der so stark ist, daß er lieber den Tod und die Hoffnung auf eine andere Welt wählt, als sich mit dem weniger vollkommenen Leben auf dieser Erde abzufinden? Was ist an diesem Leiden, das uns so mächtig anzieht, daß wir immer wieder in die Flamme hineinfliegen, ganz egal wie oft wir uns schon verbrannt haben? Das sind Fragen, die wir uns stellen sollten, wenn wir Leiden und Tod von Tristan und Isolde betrachten.

In der Hochzeitsnacht gleitet der grüne Jaspisring von Tristans Finger und fällt klirrend auf den Steinboden. Dieser Augenblick ist der letzte große Wendepunkt in Tristans Leben. Er beschließt, daß er seine Frau zurückweisen muß, um seinem inneren Ideal, verkörpert in Isolde der Blonden, treu zu bleiben. «Aber Mitleid ergriff ihn für Isolde, sein Weib, die Schöne ohne Falsch. Die zwei Isolden hatten ihn in einer unheilvollen Stunde liebgewonnen. Und beiden hatte er die Treue gebrochen!»

In diesem Augenblick schließt sich ein eisernes Tor vor der einen Hälfte von Tristans Wesen. Tristan beschließt, seine Frau zurückzuweisen, und mit dieser Handlung gibt er das Leben selbst auf. Von diesem Augenblick an bis zu seinem letzten Tag scheint er nur mehr auf den Tod zu warten, von dem er glaubt, daß er ihn letztendlich mit seinem Traum, seinem Ideal, seiner Vision der Vollkommenheit und seiner Seele – mit allem, das er in Isolde der Blonden verkörpert gesehen hat – vereinen wird.

Er verzichtet auf alle irdische Liebe mit Isolde der Weißhändigen. Er will nur der göttlichen Liebe dienen, und er sucht seine Seele in der Königin. Aber Tristan und Isolde finden ihre Seelen nicht in einander. Letztendlich ist das, was sich ihnen in einander offenbart, nur eine qualvolle Spiegelung des göttlichen Reiches, das sie hoffen auf der anderen Seite des Grabes zu finden. Tristan ist zweifach unglücklich, denn er hat beide Isolden verloren. Er hat die Freude am irdischen Leben mit seiner Frau verloren, und indem er sich geweigert hat, eine nicht-physische Beziehung zu Isolde der Blonden einzugehen, hat er gleichermaßen seine Beziehung zu ihr verloren. Es ist ihm nicht möglich, sie so zu besitzen, wie er es verlangt. Er hat sein inneres Leben verloren und glaubt nicht mehr daran, daß er es je wiederfinden kann außer im Tode, wenn er Isolde die Blonde in der anderen Welt wiedertrifft.

Wenn wir genau hingesehen hätten, dann hätten wir schon sehr früh in der Geschichte den herannahenden Tod wahrnehmen können. Die beiden Liebenden riefen ihn bereits an, als sie unter der hohen Tanne standen und sich nach jenem vollkommenen Ort sehnten, wo sie ihre romantische Vision ausleben könnten. Man konnte die Sehnsucht aus Tristans Stimme heraushören, als er von der «anderen Welt» sprach: «Doch eines Tages, Freundin, werden wir vereint in das Land des Glücks eingehen, aus dem niemand wiederkehrt. Dort erhebt sich ein Schloß aus weißem Marmor; aus jedem seiner tausend Fenster leuchtet eine brennende Kerze; bei jeder spielt und singt ein Spielmann eine Melodie ohne Ende...»

Und hören wir uns noch einmal Tristans Worte an, als er vor dem König stehend den Narren mimt, und nach der Königin fragt. Wohin will er sie führen? «Hoch hinauf, zwischen den Himmel und die Wolken in mein schönes Haus von Glas. Die Sonne durchdringt es mit ihren Strahlen, die Winde vermögen es nicht zu erschüttern. Dort will ich die Königin in mein kristallenes Gemach bringen, ganz mit Rosen übersät, ganz von Licht durchflutet am Morgen, wenn es die Sonne trifft.»

Wo kann dieses schöne Land liegen? Wie können wir den Weg dorthin finden? Tristan plant, seine Reise dorthin auf dem dunklen Weg des Todes zu machen. Als er die Königin zum letzten Mal verläßt, verabredet er sich mit ihr in einer gegenseitigen Verabredung mit dem Tod. Er spricht eine Prophezeiung aus, die seine Absicht klar erkennen läßt: «Mein Tod ist nahe: fern von Euch werde ich an meiner Sehnsucht sterben.»

Und Isolde antwortet: «Mein Freund, schließe deine Arme und umfange mich so eng, daß in der Umarmung unserer beider Herzen brechen und unsere Seelen entweichen! Führe mich in das glückselige Land, aus dem niemand wiederkehrt, wo himmlische Musikanten Lieder singen, ohne Ende ...» – «Ja, ich will dich in das selige Land des Lebens führen, Königin!» sagt Tristan. «Die Zeit naht. Wenn sie sich erfüllen wird und ich dich rufe, Isolde, wirst du kommen?»

Am Ende, als Tristan getroffen vom vergifteten Speer darniederliegt, gibt er den grünen Jaspisring in Kaherdins Hände und sendet ihn mit folgender Botschaft zu Isolde: «Sag ihr, sie muß kommen, denn wir haben zusammen den Tod getrunken.»

Sie haben wirklich den Tod zusammen getrunken, und je mehr das Ende herannaht, desto mehr scheint der Tod der Gegenstand ihres Verlangens zu sein. Ihre Verzweiflung auf Erden ist nur durch die Vollkommenheit, Schönheit und Glückseligkeit der zukünftigen Welt erträglich. Was aber ist das glorreiche Land mit dem weißen Schloß aus Marmor, dem Gemach voller Rosen, dieser «glückliche Palast der Lebenden»?

Dieses vollkommene und schöne Reich kann nur die innere Welt sein. Instinktiv kennen wir alle diese Welt. Die Worte dieser Liebenden finden durchaus ihren Widerhall in uns. Ihr Sehnen versetzt unsere Seelen in mitfühlende Schwingungen. Wir sprechen vom Zauberland, von der Welt der Vorstellungen, wo die Seele im Geheimen mit den Göttern Hof hält. Warum aber wird diese innere Welt vom Tod symbolisiert? Warum glauben Tristan und Isolde, daß sie nur auf dem Weg des Todes dorthin gelangen können?

Seit Anbeginn der Zeiten wurde der Tod als etwas empfunden, das den Menschen aus dem begrenzten physischen Reich von Raum und Zeit «befreit» und ihn in das unbegrenzte und maßlose Universum des Geistes und der Ewigkeit entläßt. Aber diese «Befreiung» vom Physischen ist für das Unbewußte ein noch viel feinsinnigeres Symbol: Es bedeutet auch die Befreiung des Ich aus den Grenzen seiner kleinen Welt und aus seinem kleinlichen Blickwinkel heraus in das große, ungebundene, innere Universum der Psyche. Wenn man ihn der wörtlichen Bedeutung entkleidet, dann ist der Tod nicht das Ende, sondern ein Symbol von tiefgehender Veränderung und Wandlung.

Das «Land des Todes» ist die innere Welt der Seele. Die tiefste Bedeutung des Todes, wie sie von den Tiefen des Unbewußten erfahren wird, ist als Symbol der Wandlung: als Wandlung des Ich, das in das Reich der Psyche eintritt, sich dort mit der Seele vereinigt und bereit ist, sein kleines Imperium aufzugeben, um in der Unendlichkeit eines größeren Universums zu leben.

Wenn wir das verstehen, dann tut sich für uns eine vollständig neue Betrachtungsweise auf: was von uns verlangt wird ist *Wandlung*, nicht Tod! Das wird symbolisch in den großen romantischen Erzählungen immer wieder dargestellt, und der «Tod» ist eben das Symbol. Das ist auch die Lösung für die Konflikte, die in Verwirrung geratenen Loyalitäten und das schreckliche Leiden der Romantik. Die einzig wahre Lösung ist eine Wandlung des Bewußtseins und eine Wandlung der Werte.

Aber auch dabei erwartet uns ein wirklicher «Tod» im Rahmen dieses Erlebnisses der Wandlung: Es ist der Tod des Ich. Wenn wir vom «Tod des Ich» sprechen, meinen wir damit nicht, daß das Ich sich verflüchtigt oder verschwindet. Wir meinen, daß das Ich seine alte Welt, seine alten Ansichten und seine alten eingefahrenen Einstellungen opfert. Wenn neue Werte das Leben betreten und eine neue Synthese möglich wird, dann muß dabei die alte Weltordnung des Ich zerstört werden: Und das Ich kann das nur als «Tod» empfinden.

Wenn das Ich diesen Tod als Bedrohung wahrnimmt, dann setzt es der Veränderung einen Widerstand entgegen und kämpft dagegen. Wir alle tun das in der romantischen Liebe. Selbst wenn wir sehen, daß unsere Werte der Wandlung bedürfen, damit wir die wahre Offenbarung der romantischen Liebe erfahren können, fühlen wir uns immer noch bedroht: Wir klammern uns an unsere alten Einstellungen, zwingen anderen Leuten dieselben alten Forderungen auf und bemühen uns, unsere Phantasien von einer romantischen Verbindung auf der gleichen alten Ebene auszuleben. Unsere eigene Meinung in Frage zu stellen oder gar zu ändern, unser Lebensmuster umzuformen, das klingt wie drohendes Unheil. Das ist der «Tod des Ich», jener Tod, der uns in unserer inneren Wandlung erwartet.

Zu Tristans Zeiten nahm man das Symbol wörtlich. Die Menschen glaubten damals, daß sie die Welt der Seele und des Geistes nur durch den Tod finden könnten, nur durch Verlassen des physischen Körpers. Trotzdem waren sie in einem Punkt klüger als wir: Sie waren sich dessen bewußt, was sie in der romantischen Liebe suchten, und sie sprachen es auch offen aus. Die Katharer und die Troubadoure sagten klar und deutlich, daß sie nach Wandlung strebten und daß sie diese in der leidenschaftlichen Liebe und im Tod zu finden hofften. Sie glaubten, die Wandlung im Tod zu finden, denn dieser würde sie von der Sklaverei des Fleisches befreien. Und sie glaubten, sie in der Leidenschaft zu finden, denn in der außerirdischen Intensität, sowohl in der Ekstase als auch im Leiden, erblickten sie einen Vorgeschmack der göttlichen Welt. Die romantische Liebe war für sie eine *Initiation.* Man glaubte, daß die Leidenschaft der Liebe den Auserwählten in Erwartung der letztendlichen Leidenschaft vergeistigen würde. Sie werde das menschliche Leben, das uns von dem «Land, aus dem niemand wiederkehrt» trennt, zu Staub und Asche verbrennen.

Wir sind nicht so direkt. Wir sind uns dessen nicht bewußt, was wir suchen. Dennoch haben wir dieselben Ansichten geerbt. Wir gehen durchs Leben und sehnen uns nach dem Erlebnis der Verklärung, nach einer Vision, die unserem Leben Sinn und Ganzheit verleiht: Wir sind auf der Suche nach unserer Seele, nach der göttlichen Welt. Aber wir wissen nicht, wie man die Götter innen erlebt, auf der symbolischen Ebene. Unbewußt und impulsiv, wie Männer und Frauen, die besessen sind, suchen wir sie in der Leidenschaft, verlieben uns und liefern uns einer Macht aus, die uns umfaßt und von uns Besitz ergreift. Das ist ein ekstatisches Erlebnis, es ist voll Leid, es ist eine Art des Todes, und es ist noch mehr: Es ist ein Hauch dessen, was man früher im Leben nach dem Tod gesucht hat: Verklärung. Es ist Tod und Wiedergeburt: Man stirbt für diese Welt, um für ein Reich zu leben, das größer ist als das Leben. Solange die Leidenschaft andauert, solange die Projektion aufrecht erhalten werden kann, sind das die Gefühle, die wir haben. Und das ist vor allem anderen auch, was wir suchen.

Tristan glaubt, er könne die innere Welt auf zwei Arten in den Griff bekommen: erstens durch seine leidvolle und ekstatische Leidenschaft für Isolde die Blonde und zweitens durch den echten Tod, durch das Verlassen der physischen Welt. Wir westlichen Menschen von heute haben die Möglichkeiten noch stärker eingeschränkt: Die meisten von uns suchen die innere Welt nur mehr an einem Ort – in der romantischen Leidenschaft. Warum?

Zum Teil gibt unser westlicher Dualismus Antwort auf diese Frage, diese Trennung des Lebens in zwei Hälften, in das physische Leben auf der Erde und das geistige Leben im Himmel. Sowohl die Ideen der Katharer als auch das mittelalterliche Christentum lehren Tristan, daß die Erde ein Nichts ist und daß das geistige Leben nur im Leben nach dem Tod gefunden werden kann, im «Himmel». Diese Überzeugung hat sich für uns in die unbewußte Idee verwandelt, daß die geistige Seite des Lebens immer «woanders» oder «dort drüben» zu finden ist. Sie ist immer an einem anderen Ort als an dem, an dem ich mich gerade aufhalte, an einem anderen Ort jedenfalls als innerhalb meines eigenen Lebens. Wir westlichen Menschen können es nicht ganz glauben, daß wir unsere Götter und unser geistiges Leben als inneres Erlebnis erfahren können, während wir unserem gewöhnlichen täglichen Leben hier auf Erden nachgehen. Wir finden es schwer uns vorzustellen, daß beide Welten, die innere und die äußere, gleichzeitig in einem Menschen koexistieren. Deshalb versuchen wir immer, die göttliche Welt in etwas oder in jemandem außerhalb unserer selbst verkörpert zu sehen.

Ein anderer Grund, warum wir die innere Welt in der romantischen Liebe suchen, liegt ganz einfach darin, daß wir Westler nicht an die innere Welt glauben. Als Folge davon muß ganz einfach alles, was wir mit unserer nicht gelebten Seite tun, unbewußt sein und auf die physische Welt nach außen projiziert werden. Die Tatsache, daß es eine nichtphysische Welt gibt, ist für den westlichen Menschen eine schwer zu verstehende Idee. Wir sprechen von inneren Realitäten, von der «Seele» und von «Geist» aber wir glauben nicht wirklich daran. Im Laufe der Jahrhunderte haben wir den Kontakt mit dem inneren Leben und seinen Symbolen verloren, ebenso wie unsere Kultur immer buchstäblicher und materialistischer geworden ist. Auf diesem Gebiet haben wir eigentlich eine umgekehrte Evolution durchgemacht.

Zur Zeit Tristans haben die meisten Menschen «Seele» und «Geist» als gleichsam physische Realitäten betrachtet, die nur von etwas feinerer Art waren als der Körper. Sie mußten ihren Platz richtigerweise in einem Körper oder an einem «Ort» haben – in einer «Vorhölle» oder in einem «Himmel». Man dachte sich damals den Himmel als physischen Ort und nicht als einen Zustand und brachte ganze Jahrhunderte damit zu, über den genauen Ort des Himmels im physischen Universum zu spekulieren! Sogar einige Jahrhunderte nach Tristan, zur Zeit Galileis, war der Beruf des Astronomen immer noch sehr gefährlich, denn die meisten Leute waren davon überzeugt, daß sich die göttliche Welt irgendwo «da draußen» befand, zwischen den Sternen und Planeten. Galileo Galilei wurde zum Häretiker erklärt, weil er etwas durch sein Teleskop wahrnahm, das dieser Idee widersprach.

Aber wir in unserem Jahrhundert haben uns nicht wesentlich über diese Stufe hinaus entwickelt. Unsere Religion ist rein romantisch: Wir plazieren die göttliche Welt in physische Menschen, und zwar in die Leute, in die wir uns verlieben. Und jeder Psychologe, der behauptet (nachdem er durch sein Teleskop geblickt hat), daß die göttliche Welt eigentlich nicht in romantischen Beziehungen gefunden werden kann, läuft Gefahr, daß entweder die Leute böse auf ihn sind, oder daß er als Spielverderber, wenn nicht gar als Häretiker, betrachtet wird.

Somit haben wir die geheime Chiffre gefunden, die «Leiden und Tod» entschlüsselt. Wir beginnen langsam zu begreifen, daß der «Tod», den wir in der romantischen Liebe suchen, eigentlich Wandlung heißt, das Ende der alten Welt, der durchdringende Brand des Feuers, das zugleich tötet und neues Leben gibt. Das Leiden in der romantischen Liebe unterscheidet sich letztendlich nicht von Leiden in Mystizismus und Religion: Es ist der Schmerz, den alle Sterblichen erfahren, die die göttliche Welt in ihrem eigenen Leben hervorbringen wollen, in diesem physischen Leben mit seinen endlichen Grenzen.

Warum genießen wir vor allem anderen eine Erzählung von einer unmöglichen Liebe? Weil wir nach dem *Einbrennen des Zeichens* verlangen, weil wir uns nach dem *Bewußtsein* vom Feuer in uns selbst sehnen. Leiden und Verstehen sind tief miteinander verbunden. Tod und Selbsterkenntnis sind miteinander verquickt. Der europäische Romantizismus kann mit einem Menschen verglichen werden, für den das Leiden und vor allem das Leiden an der Liebe bevorzugte Methoden des Verstehens sind. (Denis de Rougemont, Love in the Western World, S. 51 f.)

Leiden ist der unvermeidliche Pfad, der auf dem Weg zur Bewußtwerdung beschritten werden muß. Wir können ihm nicht entkommen. Und auch wenn wir versuchen, ihn zu vermeiden, gelingt es uns doch nicht. Nur sind wir dann doppelt unglücklich: Denn den Preis bezahlen wir in jedem Fall, aber wir verfehlen unsere Wandlung. Ein schreckliches, unveränderliches Gesetz ist hier am Werk: Wir können uns nur wandeln, wenn wir unser Leiden bewußt und willig auf uns nehmen. Der Versuch, dem zu entkommen, führt uns nur in jene karmischen Abfolgen, die sich endlos wiederholen und zu nichts führen.

Das ist also der Grund, warum wir leiden und warum wir auch unbewußt das Leiden suchen. «Weil wir nach dem Einbrennen des Zeichens verlangen, weil wir uns nach dem bewußtsein vom Feuer in uns selbst sehnen.»

Aber wir besitzen die Freiheit, wie wir uns dem Leiden gegenüber verhalten. Die meisten Leute tun es unbewußt. Deshalb scheint das Leiden auch gewöhnlich nirgendwohin zu führen und bringt nur Schmerz hervor. Deshalb erscheint auch die romantische Liebe so oft als sinnloser Zyklus: Wir verlieben uns, wir formulieren unser Ideal der Vollkommenheit, und nach einer gewissen Zeit sind wir bitter enttäuscht. Wir leiden. Wir laufen unseren Projektionen nach, immer auf der Suche nach der einen Person, die dem unmöglichen Ideal entspricht und uns auf wunderbare Art wandeln wird. Und wenn wir die göttliche Welt dort, wo wir sie suchen, nicht finden, nämlich in einem Menschen, dann leiden wir und beginnen zu verzweifeln.

Wenn wir aber unser Leiden bewußt und willig auf uns nehmen, dann erhalten wir etwas dafür: Es führt zur wahren Wandlung. Bewußt leiden, heißt den «Tod des Ich» durchleben, bewußt seine Projektion von anderen Leuten zurücknehmen, aufhören, die «göttliche Welt» im Partner zu suchen, und dafür das eigene innere Leben in einem psychologischen und religiösen Akt zu finden. Das bedeutet, daß man die Verantwortung für die Entdeckung der eigenen Totalität übernimmt, für die eigenen unbewußten Möglichkeiten. Das wiederum heißt, daß man die alten Formen in Frage stellt und bereit ist, sich zu ändern. All das beinhaltet Konflikt, ein Sich-selbst-in-Frage-Stellen und ein Aufdecken von Unwahrheiten, die man lieber nicht sieht. Es ist schmerzhaft und nicht leicht.

Aber dieses Leiden führt uns zu unserer Ganzheit. Es macht die romantische Liebe zu einem Pfad zur göttlichen Welt. Wir stellen fest, daß wir nicht körperlich sterben müssen, um diese Welt zu finden, sondern nur symbolisch: unser Leiden ist unser symbolischer Tod.

Das Wunder, das sich hiermit offenbart, besteht darin, daß wir in der göttlichen Welt leben können, während wir im Fleisch hier auf dieser Erde wandeln. Denn tief in uns allen erhebt sich «ein Schloß aus weißem Marmor; aus jedem seiner tausend Fenster leuchtet eine brennende Kerze; bei jeder spielt und singt ein Spielmann eine Melodie ohne Ende.» Um diesen wunderbaren Ort zu finden, müssen wir weder auf einen anderen Menschen blicken, noch auf die andere Seite des Grabes, sondern nur in uns selbst hineinschauen.

Wenn wir diesen Tod auf die richtige Art und Weise erleben – so paradox das auch klingen mag –, dann wird er zu einer Entdeckungsreise, die zu einem neuen Leben führt. Der Tod wird so als das andere Gesicht des Lebens erkannt. Und der «Tod», der uns in der romantischen Liebe erwartet, ist nicht die Zerstörung des Lebens, sondern das Aufblühen der inneren Welt.

Isolde-Maya: Der Tanz der Illusion

Die romantische Liebe ist im Idealfall der direkte Weg zu einer zweifachen Entdeckung: Sie kann uns über die Buchstäblichkeit und den Materialismus des westlichen Denkens hinausführen und bringt uns in direkten Kontakt mit dem symbolischen Leben. Sie öffnet unsere Augen für das, was menschliche Liebe bedeutet. Im schlechtesten Fall mündet die romantische Liebe in sich wiederholende Illusionen, sie führt dazu, daß wir unser Leben verschwenden, und sie verzerrt unsere Liebe, anstatt ihr zu helfen.

Das ist das zweischneidige Schwert der romantischen Liebe, das uns dient, wenn wir es richtig leben, aber uns zerstört, wenn wir nicht über die Doppelgesichtigkeit der Anima nachdenken. Die Anima kann Isolde sein, die Königin der inneren Welt, oder sie kann Maya sein, die Göttin der Illusion. In der einen Rolle dient sie dem Leben und verleiht ihm Sinn. Ihr anderes Gesicht jedoch ist furchtbar – sie reißt das Gewebe des täglichen Lebens in Fetzen, sie lockt uns weg von der Realität und verwandelt unsere Versuche zu lieben in einen unaufhörlichen Tanz der Illusion. Gerade haben wir Tristan und Isolde gesehen, wie sie den Tanz der Anima vollführt haben, mit Tanzschritten, die uns allen gut bekannt sind.

Es ist an der Zeit, daß wir in Erinnerung rufen, was Jung von den beiden Gesichtern Isoldes zu sagen hatte:

«Durch die Zurücknahme ihrer Projektion wird sie [die Anima] wieder zu dem, was sie vorher war, nämlich zu einem archetypischen Bild, welches an der richtigen Stelle zum Vorteil des Individuums funktioniert. Zwischen Ich und Welt ist sie eine schillernde Shakti, die den Schleier der Maya wirkt und tanzend die Verblendung alles Seins erzeugt. Zwischen dem Ich und dem Unbewußten aber wird die Anima zur Grundlage göttlicher und halbgöttlicher Figuren, von der antiken Göttin bis zu Maria, von der Gralsbotin bis zur Heiligen.» (C. G. Jung, Ges. Werke Bd. 16, Paragraph 504)

Zwischen das Ich und das Unbewußte hineingestellt, öffnet die Seele den Weg zu Gott. Sie macht für uns ein geistiges Leben möglich. Wenn sie aber in unsere persönlichen Beziehungen zu anderen Leuten hineingerät, dann verwandelt sie diese in eine Illusion. Dann übt sie den Zauber der Maya aus.
Im Hindu-Mythos ist Maya jene Göttin, die den Tanz der Illusion tanzt, die einen Schleier aus ganz dünnen Fäden webt, der zwischen der Menschheit und der Realität hängt und unseren Blick auf die Realität verzerrt. Man sagt oft, daß es der Zweck des Yoga sei, «durch den Schleier der Maya hindurchzusehen». Gegen Ende unseres Mythos legt sich dieser Schleier über Tristans Augen. Maya hat ihn verzaubert. Es ist nicht mehr Isolde, die ihn inspiriert, sondern Maya, die ihn im Zustand ständigen Träumens hält. Seine Füße berühren nicht mehr den Boden. Er seufzt, sehnt sich und wandert zwischen Carhaix und Cornwall wie in einem Delirium hin und her, er ist richtiggehend wahnsinnig. Nichts berührt ihn, nichts interessiert ihn außer Isoldes Bild, das er im Geist mit sich herumträgt. Er ist von ihrem Bild besessen, aber es dient nicht mehr seinem Leben: Es führt zu nichts. Er hat sich an eine Phantasie verloren, die ihn in keiner Weise der inneren Welt näherbringt, ihn aber von der äußeren Welt seiner Freunde, seiner Frau und seines physischen Lebens abschneidet. Den Rest seines Lebens verbringt Tristan in Mayas Traumwelt. Er ist allem anderen gegenüber tot, tanzt verwirrt nach einer Musik, die nur er hört und die aus einem Reich kommt, das niemand anderer sehen kann.

Maya ist gleichbedeutend mit Illusion: mit der Verzerrung und dem Verlust der Realität. Unsere Geschichte zeigt uns, daß die romantische Liebe an der Illusion krankt. Der Mann erwacht aus seiner Illusion, wenn es ihm plötzlich dämmert, daß die Frau, in die er verliebt ist, seine Probleme weder lösen wird noch lösen kann und daß sie auch nicht imstande ist, sein Leben so ganz ohne sein Zutun in eine Abfolge von Wonne zu verwandeln. Seine Frau erwacht aus ihrer Illusion, wenn sie sieht, daß er eigentlich ein anderer Mann ist als der, den sie geglaubt hat zu heiraten – und noch schlimmer, daß er oft gefühllos und gedankenlos ist, ganz wie andere Männer auch. Sie hatte damals nicht den wirklichen Mann gesehen, sie sah nur ihre Illusion. Woher kommen diese Illusionen?

Viele Hindus, wie auch manche Christen, meinen, daß die physische Welt rund um uns eine illusionäre Welt ist, während die geistige Welt die reale darstellt. Die meisten westlichen Menschen glauben aber, daß die innere, geistige Welt die Illusion darstellt und daß nur die physische Welt real ist. Aber weder die innere Welt der Psyche noch die äußere physische Welt sind Illusion. Illusion ist die verzerrte Beziehung zwischen Innen und Außen. Wir bringen die Illusion hervor, indem wir unsere innere Welt der Bilder, unseren steten Strom der Phantasie, der äußeren Welt und den Menschen, die in ihr leben, überstülpen. Wir sehen die physische Welt gefärbt und verzerrt durch den Film der inneren Bilder. Wie der hl. Paulus gesagt hat: «Jetzt sehen wir dunkel, wie durch ein Glas.»

Die physische Welt ist wahr und real, und die innere Welt ist auch wahr und real. Nur wenn wir die beiden durcheinander bringen, wenn es uns mißlingt, die innere Welt als Symbol zu leben, und wenn wir versuchen, sie in Menschen zu finden, dann entsteht die Welt der Illusion. Die illusionäre Welt ist die Welt der Projektionen, die sowohl die innere als auch die

äußere Welt so sehr verzerrt, daß wir keine sehen, so wie sie wirklich ist.
Wenn ein Mann die Phantasie des höchsten Friedens und der Ganzheit erlebt, dann muß er diese Phantasie als etwas verstehen, das er in sich selbst erreichen kann. Gewöhnlich wird er sein Bild vom Paradies auf eine Frau projizieren und unbewußt von ihr verlangen, daß sie es erfüllt, ihm eine physische Realität verleiht und es ihm darbringt. In diesem Augenblick erschafft er die Illusion. Er sieht «wie durch ein Glas, dunkel». Er sieht seine äußere Frau nicht mehr als das, was sie ist, und er sieht auch seine innere Vision nicht in der Realität, die ihr zukommt. Beide Welten geraten durcheinander, und beiden Welten wird Unrecht getan.
Die Anima wird zur Maya, nicht weil etwas mit der Anima nicht in Ordnung wäre, sondern weil die Männer nicht richtig mit ihr umgehen. Rufen wir uns noch einmal ins Gedächtnis, daß das, was wir Anima nennen, die Seele des Mannes ist. Nun ist aber die Seele kein amorpher, sentimentaler Begriff, der zum Schreiben von Liebesbriefen erfunden wurde. Die Seele ist ein ganz bestimmer Teil von uns mit einer bestimmten Funktion: Sie ist ein psychologisches Organ, dem eine lebenspendende Rolle im Rahmen dieser seltsamen und wunderbaren Kombination von psychologischen und körperlichen Teilen, die zusammen einen Menschen ergeben, zukommt.
Man könnte sagen, daß die Seele des Menschen dazu bestimmt ist, ihn zu befähigen, daß er die andere Seite des Kosmos sieht, daß er ein Leben und eine Perspektive erleben kann, deren Weite und Unendlichkeit grenzenlos sind. Die Seele kann nur das tun, wozu sie in der Lage ist, was in ihrer Natur liegt: uns zum Unendlichen hinleiten. Wenn wir unsere Seele in endliche Situationen stellen, dann wird sie uns trotzdem zum Unendlichen hinführen. Wenn wir unsere Seele in eine persönli-

che Situation verwickeln, wird sie uns zum Unpersönlichen und Überpersönlichen hinziehen. Und so wird Isolde zu Maya – nicht weil in der Seele Unheil verborgen ist, sondern weil die Seele uns so hartnäckig und gekonnt auf ihre Seite der menschlichen Existenz hinüberzieht, auf die Seite, die im Einklang mit der Unendlichkeit ist.

Wenn ein Mann seine Seele in eine persönliche Situation investiert, dann fährt die Seele einfach fort, das zu tun, was sie tun muß: Sie drängt die Situation in eine archetypische Richtung. Sie macht aus der endlichen Situation etwas Unendliches. Sie verwandelt sie in eine Allegorie großer archtypischer Themen, ewiger Fragen, edlen Suchens und heiliger Kreuzzüge. Wir sehen immer wieder, wie Männer ihre Seelen in alle möglichen, endlichen menschlichen Situationen verstricken. Wir sagen dann: «Er macht aus einer Mücke einen Elefanten»; «Er verwandelt das ganze in eine Staatsaffäre»; oder: «Er übertreibt maßlos». Das sind die Ausdrücke des täglichen Lebens für den psychologischen Terminus «Inflation». Wir sprechen von Inflation, wenn eine endliche Situation aus den Fugen gerät und aufgeblasen erscheint, weil ein Mann seine Seele hineingesteckt hat, und die Seele die Situation im Einklang mit ihrer Natur zu einer unendlichen gemacht hat. Und so verwandelt sich Isolde in Maya und wird versehentlich zum Urheber der Illusion.

Es liegt in der Natur der Anima, die Seite des Lebens zu erschaffen, die mit Phantasie zu tun hat. Wenn wir ihre Phantasien bewußt auf der symbolischen Ebene erleben, dann erschafft sie für uns eine herrliche Welt, dann gewährt sie uns den Anblick jenes zeitlosen Universums, das uns über die Grenzen unseres persönlichen Lebens hinaushebt und mit dem Universellen und Ewigen in Verbindung bringt. Wir nehmen uns und unser Leben von einem anderen Blickwinkel her wahr, wir sehen uns in der Abfolge der Zeiten und sehen unser Leben als individuelle Manifestationen dessen, was immer war und immer sein wird.

Unsere Seele ist jener Teil von uns, der stets bestrebt ist, unser Bewußtsein des Universellen zu erneuern und uns auf die großen Motive in unserem Leben aufmerksam zu machen, die außerhalb aller persönlichen Angelegenheiten liegen, die weit über alles persönliche Erleben hinausreichen und die wir mit allen Menschen teilen. Unsere Seele ist nach Gott ausgerichtet, wie eine Sonnenblume, die sich nach dem Licht dreht. Die Seele nimmt nur die Archetypen wahr, die inneren Götter, die großen Leitmotive, die hinter jeder menschlichen Existenz stehen. Deshalb bringt die Anima eine solche Spannung in unser persönliches Leben: Die Anima interessiert sich überhaupt nicht für die individuellen Eigenheiten unseres täglichen Lebens – ob mein Scheckkonto gedeckt ist, ob meine Beziehungen zu anderen Menschen gut funktionieren oder ob das Gras gemäht worden ist. Ihr Blick ist auf kosmische Rechnungen gerichtet. Sie interessiert sich dafür, ob diese Rechnungen in den Schalen jener Waage ausgeglichen sind, auf der nur unsere innere Ganzheit gewogen wird. Sie richtet sich nicht nach menschlichen Werten, sondern nach kosmischen. Ihr Interesse besteht nur darin, ob wir jedes große Thema menschlicher Existenz, das in uns angelegt ist, auch wirklich leben und erleben.

Die Seele eines jeden Menschen fordert, daß er jede große und archetypische Rolle des Unbewußten ist und lebt: den Betrüger und den Betrogenen, den Liebhaber und den Geliebten, den Unterdrücker und das Opfer, den Edelmütigen und den Schurken, den Eroberer und den Eroberten, den Krieger und den Priester, den Mann der Schmerzen und das wiedergeborene Selbst.

Wenn ein Mann versucht, seine Seele innerhalb seiner endlichen Ehe mit einer Frau zu leben, dann bläht sich seine Seele auf und verzerrt seine Auffassung von Frau und Ehe. Seine Seele hört nicht auf, die Beziehung in Richtung Unendlichkeit zu drängen, sie verwandelt sie in eine Allegorie von Liebe, Tod und verlorenem Paradies und macht seine Ehe zu einem riesigen, theatralischen archetypischen Drama. Das Drama spielt sich ohnehin ständig in ihm ab – aber auf der Ebene der Phantasie. Wenn er lernen könnte, es dort zu lassen, es als Symbol zu betrachten und als solches zu erleben, dann könnte er auf die richtige Art mit seiner Seele leben. Er könnte seiner Seele in seinem inneren Leben in Richtung Unendlichkeit folgen, aber im äußeren Leben innerhalb der Grenzen seiner endlichen Beziehung zu seiner Frau bleiben.

In seinen Träumen, in seinen Vorstellungen und seinen Meditationen könnte er seiner Seele nach Camelot folgen und mit den Rittern zum Tunier antreten. Er würde nach dem heiligen Gral suchen, mit Drachen und Morolts kämpfen, Jungfrauen befreien, die Kranken heilen und die Heilung seiner eigenen Wunden finden. Er würde verraten und verraten werden, sündigen, bereuen und Rache nehmen: Alle Archetypen des kollektiven Unbewußten würde er ausleben, aber in symbolischer Form. Es würde das Unendliche im Symbol belassen, im einzigen Gefäß, das geeignet ist, es zu tragen, ohne zu brechen und ohne sein persönliches Leben zu zerstören.

Nach einer symbolischen Reise zum Unendlichen, auf der er seiner Seele in Imagination und Traum folgt, könnte ein Mann seinen Weg zurück in die endliche Welt finden. Dort würde er sein Zuhause, seine Frau und seine Beziehungen unzerstört vorfinden. Dort wäre er dann bereit, sich mit den endlichen Fragen und Grenzen des täglichen Lebens auseinanderzusetzen. Er könnte dann lernen, daß er nicht mit seiner Frau streiten muß, weil er mit seinen eigenen Charaktereigenschaften unzufrieden ist oder weil seine Seele ihn zum Kampf gegen innere Feinde führt. Er würde lernen, seine Phantasie als ein Ereignis in seinem eigenen Inneren zu betrachten und würde es auch auf dieser inneren Ebene erleben.

Ein Mann, der seine Anima zu einem Bestandteil seiner Ehe macht, erlaubt seiner Phantasie, zum Teil seiner Ehe zu werden, und macht damit seine Ehe zu einer Abfolge archetypischer Szenen, zu einem Spielfeld für die unpersönlichen Kräfte des Unbewußten. Wenn seine Frau bei dieser Phantasiewelt nicht mitmacht, dann wird sie irgendwann einmal daraufkommen, daß sie nicht so sehr seine Frau ist, als vielmehr eine Mitdarstellerin in einem gigantischen Theaterstück, und zwar im kosmischen Drama, das sich permanent in der inneren Welt ihres Mannes abspielt.

Die Anima als Funktion einer Beziehung ist von echter Beziehung weit entfernt. Es erscheint seltsam, daß man je auf die Idee kam, die Anima als Hilfe in menschlichen Beziehungen zu betrachten. In jeder ihrer klassischen Formen ist sie ein unmenschliches oder nur halb-menschliches Wesen, und ihr Einfluß entfernt uns von der individuellen menschlichen Situation. Sie führt zu Launen, Verzerrungen und Illusionen, die den menschlichen Beziehungen nur dann förderlich sind, wenn die betreffenden Personen diesselbe Laune oder Phantasie teilen. Wenn wir eine wirkliche Beziehung zu einem Menschen haben wollen, dann weg mit der Anima! Nichts stört das richtige Gefühl zwischen Menschen so sehr wie die Anima…

Die Beziehung zwischen Hans und Monika hängt von den spezifischen Naturen von Hans und Monika ab. Ihre Bezogenheit aufeinander spiegelt ihren lebendigen Gefühlsprozeß wider und ihre Beziehung ist einzigartig. Wenn ihre Beziehung von der Anima bestimmt wäre, dann wäre sie nicht so sehr eine Reflexion dieser beiden Menschen als vielmehr eine archetypische Phantasie, die durch sie gespielt wird. Sie werden dann zu kollektiven Schauspielern, die eine unbewußte Phantasie darstellen, z.B. Liebende oder ein streitendes Paar, Krieger…

…Die Anima führt nicht zu menschlichem Fühlen hin, sondern sie führt davon weg. Als die Funktion, die das Bewußte zum Unbewußten in Beziehung setzt, verdunkelt sie das bewußte Fühlen und macht es unbewußt, ebenso wie sie das Menschliche unmenschlich macht. Sie füllt den Verstand mit anderen Dingen als mit der menschlichen Welt. (Hillmann, «Anima», S. 111 f.)

In dem Augenblick, in dem sich ein Mann verliebt, geht er über die Liebe als solche hinaus und beginnt seine «Seele-in-der-Frau» anzubeten. Im selben Augenblick fängt die Anima an, seine menschlichen Beziehungen über alle menschlichen Proportionen hinaus aufzublähen. Liebe ist nicht mehr nur Liebe, sie wird zur göttlichen Ekstase. Jeder Anblick der Geliebten bringt nicht stilles Glück, sondern überirdische Glückseligkeit. Wenn aber später die Seele ihre Vision den negativen Seiten des Archetyps zuwendet, wird jede Stimmung zum Anlaß für einen Streit oder eine Trennung, jede Nichtbeachtung wird zum Verrat und jeder Blick auf einen anderen Mann oder eine andere Frau rechtfertigt Zornes- und Eifersuchtsausbrüche. Jeder noch so kleine Anlaß wird Teil eines riesigen Dramas. Die Anima ist nur imstande, den Mann von der Endlichkeit des gewöhnlichen Lebens weg in dieses universale Theaterstück hineinzuführen. Etwas anderes kann sie nicht.
Seltsamerweise ist das der Punkt, an dem der Mann am stärksten das Gefühl hat, einzigartig und ein Individuum zu sein, so als ob all das nie jemand anderem als nur ihm und seiner Geliebten geschehen wäre. In Wirklichkeit ist das der Punkt, an dem er seine Individualität verliert. Die Liebenden verlieren ihre individuelle Identität. Sie sind Tristan und Isolde oder Romeo und Julia – Schauspieler in einem Drama des kollektiven Unbewußten, in dem der Text vorherbestimmt ist und die Szenen bereits bekannt sind. Eben weil man aufgehört hat, man selbst zu sein und zu einem Schauspieler in einem universellen Drama geworden ist, hat man dieses intensive Gefühl,

das einen über das Gewöhnliche hinaushebt und das zunächst so wunderbar ist.

Aber ähnlich wie Semele, die begehrte, Zeus in all seiner göttlichen Macht zu sehen, so werden auch menschliche Beziehungen ganz einfach zu Asche – sie «brennen aus», wenn sie der unpersönlichen göttlichen Macht anheimfallen, die in Animus- und Anima-Projektionen wirksam wird. Manchmal hören wir jemanden sagen, er sei von einer Beziehung «ausgebrannt». Das kann man wörtlich nehmen. Menschen können von der reinen Intensität der romantischen Liebe, wie wir sie zu leben versuchen, so erschöpft sein, sie können von der Ekstase und den Kämpfen, den Trennungen und Versöhnungen so ausgelaugt sein, daß schließlich nichts übrigbleibt – weder Leidenschaft noch guter Wille noch Zuneigung –, mit dem man jemandem auf der menschlichen Ebene ein liebender Gefährte sein könnte.

Es ist nicht verwunderlich, daß viele Menschen, die sich im Tanz der Illusion gefangen haben, verbittert werden. Sie kommen zu dem Schluß, daß es sich bei der romantischen Liebe um eine Tretmühle handelt, um einen sinnlosen Schwindel, und sie geben den Glauben an die Liebe überhaupt auf. Es gibt aber einen besseren Weg, um aus dem Tanz herauszukommen. Man muß den Tanz absolvieren und so hinter sich bringen, daß man dabei die Wahrheit entdeckt, die hinter der Illusion verborgen ist. Wenn wir voll Eifer nach dieser verborgenen Wahrheit suchen, dann schließt sich der Kreis: wir befinden uns erneut im Boot zusammen mit Tristan und Isolde und dem Liebestrank. Wir fragen erneut, warum Gottes Herrlichkeit nicht in unserem religiösen Leben zu uns kommt, sondern in unserem Liebesleben, unseren Projektionen, unseren Illusionen. Die Antwort wird uns überraschen: Das geschieht deshalb, weil wir kein religiöses Leben haben, und das Reich

Gottes muß uns finden und sogar fangen, wo immer es geht. Wir haben Kirchen, Dogmen, Doktrinen, Meinungen, Gruppen und Gruppentreffen. Aber wir haben kein religiöses Leben, denn wir schenken unserer Seele oder unserem inneren Leben wenig Aufmerksamkeit.

Tristan ist ein Abbild unseres Lebens. Nie sucht er Isolde die Blonde bewußt, um ihr in einem geistigen Leben Folge zu leisten. Freiwillig schenkt er seiner Seele nicht die geringste Aufmerksamkeit. Aber seine Seele findet ihn, gegen seinen Willen, zuerst im Liebestrank und dann im Tanz der Illusion. Genauso haben wir unserer Seele keine Aufmerksamkeit geschenkt. Weder unsere Seele noch unsere Götter haben wir bewußt und freiwillig gesucht, aber unsere Seele hat uns gefunden und uns in unseren Projektionen und Illusionen die nötigen Fallen gestellt. Ein Mann trinkt den Liebestrank. Er starrt Isolde an und sieht nicht Isolde, sondern Maya. Und ohne daß er es weiß beginnen seine Füße sich zu bewegen, und er tanzt mit.

Wenn ein Mann sich aus seinen Illusionen heraushalten will, dann bedarf es eines Willensaktes. Nur die heroische Entscheidung, seine Projektionen aufzugeben, ist nicht genug. Es wird ihm nur gelingen, die Anima aus seiner Ehe, seinen Beziehungen und seinem persönlichen Leben herauszuhalten, wenn er bewußt einen Platz für sie auf einer anderen Ebene des Lebens geschaffen hat.

Diese innere Tat, die vom westlichen Mann verlangt wird, besteht darin, daß er seine eigene religiöse Natur bejaht. Er muß bereit sein zuzugeben, daß die Bilder und Gefühle, die aus ihm in Traum, Phantasie und Vorstellung hervorquellen, dem göttlichen Bereich und somit einer eigenen Realitätskategorie angehören, die sich zwar von seinem physischen und persönlichen Leben unterscheidet, aber ebenso real und ebenso wichtig ist. Er muß willens sein, diese Bilder ernst zu nehmen, und

Zeit dafür aufwenden, um mit ihnen zu leben. Er muß gewillt sein, sie als Kräfte von großer Bedeutung in sich selbst anzuerkennen, als Bewohner des geistigen Reiches, die ihm seine Seele in Form von Symbolen sendet.

Man kann das tun, indem man die traditionellen religiösen Riten praktiziert, oder in Form kontemplativer Meditation, durch Yoga, durch Arbeiten an den eigenen Phantasien und Träumen oder unter Zuhilfenahme von Jungs aktiver Imagination. In jedem Fall aber ist eine innere Übung notwendig, ein Bejahen des seelischen Lebens, das von Tag zu Tag gelebt werden muß.

Wenn ein Mann das tut, dann beginnt er den Unterschied zwischen der inneren und der äußeren Welt zu erkennen, zwischen dem, was symbolisch und dem, was physisch gelebt werden muß. Er projiziert, aber er lernt, was er mit seinen Projektionen anfangen muß. Er wird nicht mehr von seinen Projektionen überwältigt oder von ihnen bestimmt. Er leidet, aber sein Leiden ist produktiv: Es bringt Evolution und Wandel, nicht eine vergebliche Wiederholung desselben Tanzes. Schließlich gestattet er seiner Seele, daß sie lebt und in dem ihr angeborenen Element, dem Symbol, nach Unendlichkeit strebt, und in demselben Maße wird sie sich immer weniger in sein persönliches, endliches Leben mengen. Seine Seele hat es nicht mehr nötig, ihm Fallen zu stellen, indem sie seine menschliche Liebe oder seine Beziehungen oder seine Ehe über alle Maßen aufbläht.

Das ist die Unterscheidungsfähigkeit, die Evolution und das Bewußtsein, das jener Mann erreichen kann, der willens ist, den Preis zu zahlen. Für ihn beginnt der Tanz still zu verblassen und verwandelt sich in symbolisches Leben. Maya hebt den Schleier, und sein Blick wird klar. Er lernt, was es heißt, ein sterblicher Mensch zu sein mit einer unsterblichen Seele.

SCHLUSSBETRACHTUNG

Die Weiße Bisonfrau

Das Geniale an der Geschichte von Tristan und Isolde besteht darin, daß sie uns unseren Zustand ganz genau vor Augen führt. Sie erzählt uns mit erstaunlichen Details, was uns in unserer Kultur und als Individuen geschehen ist. Wie ein Spiegel zeigt sie uns unsere Einstellung, unser Verhalten und die psychologischen Kräfte, die in uns wirksam werden.
Aber dieser Mythos zeigt uns nur unseren Zustand, er sagt uns nicht, was wir tun könnten, um ihn zu ändern; er läßt uns bis zu einem gewissen Grad mit unseren Schwierigkeiten zurück.
Es gibt aber auch Mythen, die uns nicht nur befähigen, uns selbst so zu sehen, wie wir wirklich sind; Mythen und Träume geben uns oft auch ein Rezept, wie man das Problem lösen könnte. Wir wollen uns jetzt zwei andere Mythen ansehen, die vielleicht eine Lösung für unser Dilemma anbieten.
Der erste Mythos stammt vom Volk der Ogalalla-Sioux und wird vom großen Medizinmann Schwarzer Hirsch erzählt. Es ist die Geschichte der weißen Bisonfrau. Sie berichtet, wie eine göttliche Frau die erste heilige Medizinpfeife zum Volk der Ogalalla brachte:

Vor sehr langer Zeit sahen zwei Kundschafter nach Büffeln aus; und als sie auf der Kuppe eines hohen Hügels angelangt waren und nach Norden spähten, sahen sie von weit her etwas auf sie zukommen; als es nahte, riefen sie: «Das ist eine Frau!» – und so war es. Da stiegen in dem einen von den Kundschaftern, der töricht war, böse Gedanken auf, und er sprach sie aus;

doch der andere sagte: «Das ist eine heilige Frau; laß alle schlimmen Gedanken fahren.» Als sie noch näher gekommen war, da sahen sie, daß sie ein Kleid aus feinem weißem Wildleder trug, daß sie sehr langes Haar hatte und jung und schön war. Und sie kannte ihre Gedanken, und mit einer Stimme, die wie Gesang tönte, sprach sie: «Ihr kennt mich nicht, doch wollt ihr tun, was ihr gedacht habt, so kommt.» Und der Törichte kam; doch als er vor ihr stand, erschien eine weiße Wolke und hüllte beide ein. Und die schöne junge Frau trat aus der Wolke hervor, und als diese sich verzog, war der törichte Mann ein mit Schlangen bedecktes Gerippe.
Da sprach die Frau zu dem, der nicht töricht war: «Du sollst heimgehen und deinen Leuten sagen, daß ich komme und daß in der Mitte eures Volkes ein großes Zelt für mich errichtet werden soll.» Und der Mann, den große Furcht erfaßt hatte, ging eilig. Er erzählte den Leuten, die sogleich taten, was sie geheißen worden; dann standen sie rings um das große Zelt und erwarteten die heilige Frau. Nach einer Weile schritt sie heran, sehr schön und mit Gesang; und dies ist, was sie sang, als sie das Zelt betrat:

«Mit sichtbarem Atem ich wandre.
Wie ich gehe, sende ich eine Stimme.
Auf heilige Weise ich wandre.
Mit sichtbaren Spuren ich wandre.
Auf heilige Weise ich wandre.»

Und als sie sang, trat aus ihrem Mund eine weiße Wolke; die hatte einen angenehmen Duft. Dann übergab sie dem Häuptling etwas. Das war eine Pfeife; auf deren einer Seite war ein Büffelkalb eingegraben, das die Erde bedeutete, die uns trägt und nährt, und von dem Rohr hingen zwölf Adlerfedern, die

mit unzerreißbarem Gras zusammengebunden waren. Sie bedeuteten den Himmel und die zwölf Monate. «Schau her!» sagte sie; «damit werdet ihr zu einem zahlreichen und guten Volk werden. Nichts als Gutes kann daraus kommen. Nur die Hände der Guten sollen damit umgehen, und die Schlechten sollen es nicht einmal erblicken.» Darauf sang sie wieder und verließ das Zelt; und als die Leute ihr, wie sie wegging, nachschauten, war es plötzlich ein weißer Büffel, der davonrannte; und bald war nichts mehr zu sehen.
Das erzählen sie, und ob es sich so zugetragen hat, das weiß ich nicht; doch wenn man darüber nachdenkt, kann man erkennen, daß es wahr ist. (Schwarzer Hirsch, Ich rufe mein Volk, [7]1984, S. 15f.)

Hier finden wir in mythischer Sprache im Wesentlichen das ausgedrückt, was wir sagen wollten. Im gegensätzlichen Verhalten des weisen Kundschafters und des törichten Kundschafters sehen wir die beiden Verhaltensarten, die ein Mann der Anima gegenüber haben kann, und das Ergebnis, das er jeweils damit erzielt. Wir können der Anima nicht entkommen, denn sie kommt auf uns zu, während wir auf der Jagd sind oder sonst unserer täglichen Beschäftigung nachgehen und in keiner Weise einen Besucher aus der «anderen Welt» erwarten. Aber wie wir sie behandeln, ist entscheidend, denn ein Weg führt zum Heil und der andere zur Vernichtung.
Die Anima ist eine heilige Frau. In unserer vorhandenen oder nicht vorhandenen Bereitschaft, sie als ein geheiligtes Wesen zu behandeln, liegt der Unterschied. Dieses innere Weibliche, das wir projizieren, ist «der Geist der Frau», wie die Weiße Bisonfrau, ein Wesen aus einer anderen Welt. Wenn wir uns wie der weise Kundschafter verhalten, dann sagen wir: «Das ist eine heilige Frau; laß alle schlimmen Gedanken fahren!»

Und wenn wir sie als heilige Frau behandeln, dann bringt sie die Medizinpfeife, den Himmel und die zwölf Monate, und sie bringt uns die Mittel, die andere Welt zu erfahren.

Wenn wir wie der törichte Kundschafter sind und versuchen, sie in ein physisches Wesen zu verwandeln, indem wir sie auf eine äußere Person projizieren, denn geht ihre Heiligkeit für uns verloren. Wir vertun die Chance, ihr Geschenk zu erhalten. Das Furchtbare an der Anima ist nur, daß sie es uns freistellt, wie wir uns verhalten – weise oder töricht. Sie sagt: «Du kennst mich nicht. Doch willst du tun, was du gedacht hast, so komm.» Und der Preis dafür ist schrecklich. Der Preis, den wir bezahlen, wenn wir es falsch machen und sie nicht als heiliges Wesen und als ein geistiges Geschöpf der inneren Welt behandeln, ist nicht nur der Verlust der anderen Welt, sondern auch die Zerstörung des menschlichen Lebens, das wir leben. Das ist die Bedeutung des wurmzerfressenen Skeletts des dummen Kundschafters, das im Staub zu ihren Füßen liegt.

Wenn wir aber die Anima als göttliche Gegenwart in der inneren Welt behandeln, welche Segnungen läßt sie uns zuteil werden! Das Geschenk, das sie bringt, ist die heilige Welt, die Wiederherstellung des Heiligen in unserem Leben.

Einen Großteil unseres Lebens verbringen wir in Sehnsucht und auf der Suche – wonach, das wissen wir eigentlich nicht. Viele unserer angeblichen «Ziele», viele Dinge, von denen wir glauben, daß wir sie möchten, stellen sich als Masken heraus, hinter denen wir unsere wirklichen Wünsche verbergen. Sie sind nur Symbole für die eigentlichen Werte, nach denen wir hungern. Man kann sie nicht auf physische oder materielle Dinge reduzieren, nicht einmal auf eine physische Person. Es handelt sich dabei um psychologische Eigenschaften: Liebe, Wahrheit, Ehrlichkeit, Loyalität, Entschlußkraft – alles Werte, von denen wir meinen, daß sie edel und kostbar sind und unsere Hingabe rechtfertigen. Wir versuchen all das auf physische Werte zu reduzieren: auf ein Haus, ein Auto, einen besseren Job oder einen Menschen – aber leider funktioniert es nicht. Ohne daß wir es bemerken, sind wir ständig auf der Suche nach dem Heiligen. Aber das Heilige läßt sich nicht auf etwas anderes reduzieren.

In einer gewissen Art ist das Heilige ein Gefühl – aber ein Gefühl, das bis zum Innersten des Lebens reicht. Heiligkeit ist ein Gefühl des Anerkennens dessen, was groß und erhaben genug ist, um unserem unbedeutenden Leben Sinn zu geben und unseren persönlichen Lebensweg in einen größeren Zusammenhang zu stellen. Es ist ein Gefühl der Ehrfurcht. Was wir heilig nennen, ist letztendlich das Universum, mit dem wir unsere persönlichen Anstrengungen und unser persönliches Leben messen, um zu sehen, ob auch sie einen Sinn haben.

Für die männliche Psyche findet die Entdeckung des Heiligen, die Vereinigung mit dem Heiligen immer durch das innere Weibliche statt. Die Weiße Bisonfrau bringt die Heiligkeit ins Leben und die Vision vom Himmel und den zwölf Monden.

Mit sichtbarem Atem ich wandre.
Wie ich gehe, sende ich eine Stimme.
Auf die heilige Weise ich wandre.
Mit sichtbaren Spuren ich wandre.
Auf heilige Weise ich wandre.

Wie ein Strom des Seins, in dem alle Flüsse des inneren Lebens münden, so laufen alle Werte, die wir instinktiv als «heilig» betrachten, im Bild der Anima zusammen und werden durch sie bewußtgemacht. Sie ist, wie Jung sagte, «die Grundlage aller göttlichen und halbgöttlichen Figuren, von der antiken Göttin bis zu Maria, von der Gralsbotin bis zur Heiligen».

Wir gehen scheinbar niemals direkt oder bewußt auf die Suche nach der heiligen Seite des Lebens. Wie die beiden Kundschafter streifen wir durch unser altes Jagdrevier, ausschließlich auf der Suche nach dem Gewohnten und Bekannten. Plötzlich werden wir mit einem unbekannten Teil unseres Selbst konfrontiert. Sie kommt in der Ferne daher, in weißes Wildleder gekleidet. Und wenn sie spricht, dann ist ihre Stimme wie Gesang. Zuerst sind wir verwirrt: Sie sieht aus wie eine Frau, und wir möchten, daß wir uns ihr gegenüber wie zu einer Frau verhalten können. Es fällt uns schwer, zu glauben, daß sie keine physische Frau ist, sondern eine metaphysische Kraft, die so mächtig ist, daß wir uns nicht getrauen, sie physisch zu berühren.

Das sind die Tatsachen, vor die uns das Heilige stellt. So wird das Heilige zur «Person» und spricht zu uns mit einzigartiger Stimme. Das ist die Anima.

Sonst würden wir das Heilige nur unbestimmt als «die andere Seite des Lebens», «die andere Seite unserer selbst» empfinden, als etwas, das wir nie berührt und nie gekannt haben. So aber manifestiert es sich in Träumen von Abenteuern, nach denen wir uns sehnen, als Triumphe, die wir fast auf der Zunge schmecken, oder in den strahlenden Männern und Frauen, denen wir in den Gängen und legendären Königreichen unseres Geistes begegnen. Ohne Verstand und ohne nachzudenken ziehen uns unsere Gefühle auf die andere Seite von uns selbst hinüber, dorthin, wo jedes Bild die Verheißung eines außerordentlichen Erlebnisses, einer ungewöhnlichen Bedeutung und die Ahnung der Ganzheit in sich trägt.

All das fließt in einem inneren Wesen zusammen. Die Weiße Bisonfrau kommt zu den beiden Kundschaftern wie eine Fremde aus einer größeren Welt außerhalb des Blickfeldes des Ich, außerhalb der Vorstellung, die das Ich von «Realität» hat.

Ihre Realität ist um so viel größer und so sehr erfüllt von dem Potential, unser Leben zu vergrößern und ihm Sinn zu geben, daß das Unbewußte uns sagt: «Das ist heilig. Das mußt du als etwas Heiliges behandeln.»

Die Weiße Bisonfrau singt: «Mit sichtbarem Atem ich wandre. Wie ich gehe, sende ich eine Stimme.»

Der Atem ist das jahrtausendealte Symbol des Lebens und des Geistes. Für die Alten war der Atem die Substanz Gottes, die uns von unserem Schöpfer eingehaucht worden war, ein Funke jener göttlichen Energie, die dem sterblichen Fleisch für eine Handbreit Zeit auf dieser Erde geliehen wird. Wenn die Weiße Bisonfrau mit «sichtbarem Atem» geht, dann macht sie das, was wir die «geistige» Seite des Lebens nennen, sichtbar und real. Sie macht das Unsichtbare sichtbar.

Wenn wir die Weiße Bisonfrau als unsere Seele behandeln, dann hat sie die Macht, das «Heilige» in eine unmittelbare, direkte und bewußte Erfahrung zu verwandeln. «Mit sichtbaren Spuren ich wandre», sagt sie. Sie ist nicht physisch, sie ist Psyche, Pneuma und Leicht-wie-der-Wind, aber ihre Spuren kann man sehen. Sie hat Substanz. Sie ist jene Kraft, die der heiligen Welt die Substanz des Symbols verleiht. Sie hebt sie über das Niveau des Theoretischen, des Abstrakten, des Sentimentalen, der Redewendung hinaus. Sie macht das Heilige in der Welt von hier und heute zugänglich: berührbar, erfühlbar und erfahrbar, so als ob es der physischen Welt angehörte.

Daher hat sie die Macht, uns psychologischen Glauben zu geben:

... Der Glaube, der aus der Psyche aufsteigt und der sich als Glaube in der Realität der Seele zeigt. Denn die Seele ist zuallererst Bildnis, und das Bildnis ist stets Seele, und so manifestiert sich dieser Glaube im Glauben an Bilder... Der psychologische Glaube beginnt mit der *Liebe zu den Bildern,* und er fließt hauptsächlich durch die Gestalt von Personen in Wachträumen, Phan-

tasien, Reflexionen und Imaginationen. Ihr zunehmendes Belebtsein gibt einem die steigende Überzeugung, daß ihnen eine innere Realität von tiefer Bedeutung, die über das persönliche Leben hinausreicht, nicht nur zukommt, sondern daß sie diese innere Realität sind.
Der psychologische Glaube zeigt sich in einem Ich, das Bilder anerkennt und sich in seiner Dunkelheit an sie wendet (Hillman, Revisioning Psychology, S. 50).

Es gibt einen Punkt, an dem man sieht, daß der psychologische Glaube und der spirituelle Glaube sich auf der tiefsten Ebene überschneiden: Die frühen Christen wußten, daß «der Glaube die Substanz der Dinge ist, auf die wir hoffen, der Beweis des Unsichtbaren» – wir glauben, daß wir in den numinosen Symbolen, die durch die Seele hindurch zum Bewußtsein fließen, die Substanz unserer Hoffnungen und unserer Träume wahrnehmen, und die Substanz dessen, was in uns lebt, aber dem Bereich von jenseits der physischen Sphären angehört.
Es ist die Anima – die Weiße Bisonfrau –, die dem Bewußtsein den Beweis für eine Realität bringt, die man in der physischen Welt nicht wahrnehmen kann. Wir suchen das geistige Reich in der romantischen Liebe, im Sex, in irdischen Besitztümern und Drogen und physischen Menschen. Aber dort finden wir es nicht. Es offenbart sich nur durch die Seele.
Die Medizinpfeife ist die Macht, mit der «anderen Welt» in Kontakt zu treten. Diese Macht besteht im *bewußten Gebrauch von Symbolik,* denn nur durch das Erleben von Symbolen nehmen wir die Götter der archetypischen Welt in uns auf, wie den Rauch aus der heiligen Pfeife.
In den zwölf Adlerfedern, die den Himmel und die zwölf Monate darstellen, empfangen wir die Macht, die Totalität des Lebens zu erkennen, eine Vision, die Geist und Materie, Heiliges und Gewöhnliches miteinander verschmilzt. Zwölf ist die Zahl, die symbolisch drei und vier verbindet. Wir haben

schon in früheren Kapiteln von den Zahlen drei und vier gesprochen: Drei symbolisiert das geordnete, begrenzte, endliche Leben der physischen Welt und der praktischen, alltäglichen Existenz. Vier symbolisiert das unendliche Reich der Seele, in dem man zu einer Schau des grenzenlosen archetypischen Reiches und der Ganzheit des Kosmos emporgehoben wird. Zwölf kombiniert Himmel und Erde, die «andere Welt» und die gewöhnliche Welt und das geistige Leben mit dem körperlichen. Das ist die symbolische Bedeutung der zwölf Apostel, die Christus in einem vollkommenen Kreis im christlichen Mandala umgeben, das sind die zwölf Monate des Sonnenjahres und die zwölf Tierkreiszeichen, welche die Abfolge der Zeiten im galaktischen Universum markieren.
Auf der anderen Seite der Medizinpfeife ist ein Büffelkalb eingeschnitzt. Es zeigt uns, daß auch die Erde und unser irdisches, menschliches Leben in die Synthese mit dem Heiligen einbezogen wird, wenn wir uns der Frau in Weisheit nähern.
Die vielleicht tiefste Lehre, die wir aus dem Verhalten des weisen Kundschafters ziehen können, ist folgendes: Die Eigenschaft der Heiligkeit besteht nicht nur in dem, was wir in der inneren Welt vorfinden, sie besteht auch in der Einstellung, die wir dazu haben. Ein Teil des Heiligen besteht aus dem, was ist, aber der andere besteht in dem, was wir daraus machen. Es liegt an uns, es zu erkennen und als heilig zu behandeln, damit wir seine Macht erleben können. Die große Macht der Weißen Bisonfrau offenbart sich den Menschen nur, weil der weise Kundschafter bemerkt, daß sie heilig ist und ihr den Respekt erweist, der ihr zukommt.
Wenn die Anima uns ihre Geschenke geben will, so ist sie dabei vom menschlichen Ich abhängig, das seine Augen öffnen und sie in ihrer Heiligkeit anerkennen muß. Wenn der weise Kundschafter dem Beispiel des törichten Mannes gefolgt wäre,

dann wären zwei Skelette im Staub gelegen, nicht nur eines. Und die «andere Welt» wäre dem Volk nicht geoffenbart worden. In der Mitte des Stammes stünde kein großes Zelt, und es gäbe keine Medizinpfeife, mit der man das Volk des Donners zu Hilfe rufen kann.

Psychologisch besteht die Eigenschaft der Heiligkeit aus einem doppelten Energiestrom: der eine Teil ist die innere Welt, die sich dem Ich offenbart, und der andere Teil ist die Ehrerbietung, die das Ich der inneren Welt der Archetypen erweist. Nur wenn das Ich die Fähigkeit zur Ehrerbietung besitzt, wenn Respekt und Ehrfurcht von mir ausgehen, kann etwas für mich «heilig» sein.

Hier haben wir es mit einer seltsamen und wunderbaren Tatsache zu tun, die zeigt, warum die Menschen immer schon geglaubt haben, daß die Evolution des Kosmos eine Partnerschaft zwischen Gott und Menschheit darstellt. Das Heilige ist immer da, und es steht uns näher als jede physische Person, aber es hat nur dann die Macht, unserem Leben Sinn und Wert zu geben, wenn wir unsere Augen aufmachen und uns in Ehrfurcht verneigen. Darin liegt eines der größten Geheimnisse: Unser Bewußtsein, unser Akt der Anerkennung macht die Dinge zu dem, was sie sind, und damit auch das Heilige zum Heiligen.

Die meisten von uns ähneln mehr dem törichten Kundschafter: Unsere respektlose Kultur lehrte uns von Kindheit an, daß nichts heilig ist, nichts unsere Ehrerbietung verdient und daß alles im Leben entweder auf physischen Besitz oder einen Sexualakt reduziert werden kann. Der weise Kundschafter weiß, daß er mit etwas konfrontiert ist, das außerhalb seines Erfahrungsbereiches liegt, daß es sich um etwas handelt, mit dem er nicht fertig wird, wenn er die üblichen Methoden aus der «Trickkiste» des Ich anwendet. Er empfindet ihre Heiligkeit

und nähert sich ihr mit Ehrerbietung. Er warnt den törichten Kundschafter: «Das ist eine heilige Frau; laß alle schlimmen Gedanken fahren.»
Was meint der weise Mann, wenn er sagt: «Laß alle schlimmen Gedanken fahren»? Was macht sie «schlecht»? Es hat nichts damit zu tun, daß es sexuelle Gedanken sind. Im Unterschied zu uns haben die amerikanischen Indianer keine puritanische Tradition. Sie werten das Physische und das Sexuelle nicht ab. Das Problem ist subtilerer Natur. Der törichte Kundschafter versucht etwas in der sexuellen Seite des Lebens zu finden, was man dort nicht finden kann. Er versucht die geistige Frau in ein physisches Wesen zu verwandeln und sie durch den physischen Kontakt zu erleben. Psychologisch gesprochen, versucht er, sie physisch zu machen, indem er sie auf eine äußere Frau projiziert. Das Ergebnis ist niederschmetternd: Anstelle der wohlmeinenden Bison-Göttin begegnet er Kali, der Göttin des Todes, und sie läßt seine fleischlosen Knochen im Staub zurück.
Wenn es so etwas wie psychologische Blasphemie gibt, dann besteht sie darin, das Heilige zu nehmen und zu versuchen, es in etwas anderes zu verwandeln. Wir können darin den Versuch sehen, das Heilige zu Wasser auf den Mühlen des Ich zu machen. Eine psychologische Sünde besteht weder im Sex noch im Physischen noch in «Unmoral», sie besteht darin, ein Ding als etwas anderes zu bezeichnen denn als das, was es wirklich ist, vorzugeben, etwas anderes zu tun, als das, was man wirklich tut. Es handelt sich dabei um eine Sünde gegen das Bewußtsein, eine Weigerung, das Leben bewußt zu leben. Die Gedanken des törichten Kundschafters sind deshalb «schlimm», weil er mit dem Spirituellen, Heiligen und Transpersonellen konfrontiert wird und er es behandeln will, als ob es physisch, sexuell oder persönlich wäre. Er will die Weiße

Bisonfrau zu einem Anhangsgebilde der Welt seines Ich reduzieren.

Sie gibt uns Anweisungen: «Du sollst heimgehen und deinen Leuten sagen, daß ich komme und daß in der Mitte eures Volkes ein großes Zelt für mich errichtet werden soll.»

Inmitten des Stammes ein Zelt zu bauen, heißt der Anima einen Platz einräumen; dem Heiligen Raum zuweisen, und zwar genau im Mittelpunkt unseres Lebens. Das bedeutet, daß man Zeit und Energie freimacht, um die Psyche zu erleben, um das Unbewußte in uns zu erforschen und herauszufinden, wer ich bin und was ich bin, wenn ich nicht nur dieses Ich bin. Das erste, was vom westlichen Mann verlangt wird, ist anzuerkennen, daß die heilige Welt existiert. Er muß willens sein, in Betracht zu ziehen, daß er in seiner Phantasie von der «vollkommenen» Frau, dem «vollkommenen» Leben und der «vollkommenen» Beziehung eigentlich etwas sucht, das außerhalb der Welt der Erscheinungsformen liegt: er sucht das Heilige. Er muß Zeit und Energie dafür aufwenden, die Energien zu erleben, die sich in Symbol und Phantasie, also als innere Realitäten, manifestieren und die Teil seines inneren Selbst sind. Das ist gemeint, wenn wir davon sprechen, die Weiße Bisonfrau als das zu nehmen, was sie ist, nämlich als geistige Frau, der wir einen Platz im Mittelpunkt des Volkes einräumen.

Sie geht mit sichtbarem Atem, mit sichtbaren Spuren und auf eine heilige Art. Sie wird zu uns kommen, wenn wir ihr eine heilige Wohnstatt bereiten und unsere Augen öffnen und sie so sehen, wie sie ist. Ihre wirkliche Wohnstatt aber besteht aus dem Stoff, aus dem unsere Einstellungen ihr gegenüber gemacht sind, aus unserem Sinn für Ehrerbietung. Der Platz, den wir für sie herrichten, ist ein Platz in unserem Inneren, und wenn sie bei uns wohnen soll, dann kann es nur dort sein.

Der Traum von der Glocke der Heiligen Jungfrau

Manche Träume gehören nicht nur einem Mann oder einer Frau. Sie haben derartig universelle Bedeutung, daß man sie nur als mythische Äußerungen des Kollektiven Unbewußten ansehen kann. Sie sind Träume für alle. Der nun folgende Traum kommt aus dem westlichen Kollektiven Unbewußten und ist ein Traum dieses Jahrhunderts, geträumt von einem Mann, der etwas über dreißig Jahre alt ist. Er zeigt uns, wie der moderne westliche Mann seine schreckliche Auseinandersetzung mit der Anima und der romantischen Liebe lösen kann.

Ich trage die Glocke, die einst der Jungfrau Maria gehörte, zur großen Basilika, die vor vielen Jahrhunderten erbaut wurde, damit sie die Glocke beherbergen könne, wenn sie gefunden wird. Die Form der Glocke war damals bereits bekannt, und über dem Altar hatte man eine Nische vorbereitet, die genau die richtige Größe für die Glocke hatte. All die Jahrhunderte hindurch hatte Tag und Nacht ein Priester Dienst gehabt und gewartet, um die Glocke in Empfang zu nehmen, wenn sie zurückgebracht würde. Ich betrete die Basilika, gehe das Kirchenschiff nach vorne und übergebe die Glocke dem wartenden Priester. Zusammen heben wir sie in die Höhe und hängen sie auf ihren Haken in der Nische. Die Glocke paßt genau an ihren Platz.

Der Priester hatte Anweisung, zur Westseite der Basilika zu gehen, wenn die Glocke zurückgebracht werden sollte, und dort die großen Glocken im Turm zu läuten, um der Welt zu

verkünden, daß die Glocke gefunden und dem Christentum zurückgegeben worden sei. Diese großen Glocken sind in all dieser Zeit noch niemals geläutet worden, sondern haben auf den Tag gewartet, an dem die Glocke der Jungfrau Maria zurückgegeben würde. Während der Priester durch die ganze Basilika eilt, um die großen Glocken zu läuten, sitze ich in einer Kirchenbank an der Seite des Altares.
Was soll ich tun? Soll ich warten und allen Ruhm und alle Schmeichelei in Anspruch nehmen, als Entdecker der Glocke der Jungfrau Maria? Oder sollte ich mich still davonmachen und vermeiden, da hineingezogen zu werden? In seiner Aufregung hat mich der Priester gar nicht angesehen, ich könnte daher noch anonym bleiben. Ich entscheide mich für das letztere. In dem Augenblick, in dem die großen Glocken zu läuten beginnen und die Bevölkerung der Stadt zur Basilika eilt, verschwinde ich durch eine Seitentüre und beginne meinen einsamen Weg aus der Stadt hinaus.

Hier haben wir in schöner und eindrucksvoller symbolischer Sprache eine Antwort auf unsere Frage, eine Antwort, die aus den tiefen Bereichen des Unbewußten kommt und unser modernes Problem behandelt. Unsere Frage ist, was soll der Mann von heute mit seiner Seele machen? Wie kann er seine Seele aus der romantischen Liebe herauslösen? Wie kann er mit Isolde der Blonden leben, ohne seine Beziehung zu Isolde der Weißhändigen zu zerstören? Wie kann er der Anima einen Platz in seinem Leben einräumen, aber sie gleichzeitig aus seinen menschlichen Beziehungen heraushalten? Wie kann er lernen, seine Seele zu ihrem Recht kommen zu lassen, ohne dabei der Frau ihr Recht vorzuenthalten?
Wir sollten nicht überrascht sein, einen Teil der Antwort in einer Basilika zu finden, inmitten dieser großen Symbole des

religiösen Lebens. Wir haben uns in der Gegenwart des Liebestrankes befunden, wir haben den weißen Palast gesehen, in dem in jedem der tausend Fenster ein Sänger singt, wir haben auch das heilige Zelt im Zentrum des Stammes errichtet gesehen, und jetzt sehen wir eine Basilika. Der Weg, den wir gegangen sind, hat uns an all diesen kraftvollen Symbolen der Transformation vorbeigeführt, so daß wir jetzt klar erkennen können, was zuerst undenkbar schien: der Weg, der zum Verständnis der romantischen Liebe führt, führt unweigerlich auch zu unserer religiösen Natur, zur spirituellen Seite unserer Existenz, der wir so hartnäckig ausgewichen sind.

Wir haben gesehen, daß die romantische Liebe aus einem riesigen Energiesystem im Unbewußten gespeist ist, daß es sich dabei um eine Energie handelt, die so groß ist, daß wir nur in der Sprache des Mystizismus oder der Religion davon sprechen können. Wir «beten» unseren geliebten Menschen an, wir «verehren» ihn. Wenn wir verliebt sind, dann sind wir «ganz», wir sind «im Himmel», wir «sterben». Was sich hier offenbart, ist die Suche nach der Gottheit, nach dem Feuer des Himmels, der geistigen Erleuchtung, dem Sinn und der Bewußtwerdung des Selbst. Im Westen, wie in keiner anderen Kultur in der Geschichte, wird diese riesige Kraft nicht unserer Religion oder unserem mystischen Leben zugeleitet, sondern fließt in unsere menschliche Liebe. Die romantische Liebe ist zu einem Kanal geworden, durch den diese geradezu schreckliche Kraft in unser tägliches Leben strömt.

Jetzt können wir uns die Frage stellen, was wir mit dieser furchtbaren Kraft tun sollen. Wie können wir sie in die richtigen Bahnen lenken, so daß sie unser Leben bereichert und nicht sabotiert, sowohl im geistigen Bereich wie auch auf dem Gebiet der menschlichen Beziehungen?

Dieser Traum gibt uns eine lebendige und klare Antwort:

«Bring den göttlichen Teil deines Selbst in die Kathedrale zurück, wohin er gehört, und lebe den menschlichen Teil deines Selbst, wo es angebracht ist, in Einfachheit und Schlichtheit.» Wir müssen unsere Seele aus der romantischen Liebe herauslösen und sie an den inneren Platz, in die innere Kathedrale, zurückstellen.

Der müde Wanderer, der sich dem Tor dieser Basilika mit schweren Schritten nähert, ist vom Staub einer langen Reise bedeckt und erschöpft vom Gewicht einer Bürde, die er durch Jahrhunderte getragen hat. Diese Glocke ist zu groß und zu schwer, als daß ein einziger Sterblicher sie tragen könnte. Sie ist zu schwer, als daß man sie im Leben des persönlichen Ich tragen, und zu furchtbar, als daß man sie zum Teil der Beziehung mit einer irdischen Frau machen könnte. Sie ist eine zu große Last, um sie einer Ehe aufzubürden. Wir alle sind bereits unter dem Gewicht der Glocke zusammengebrochen. Es gibt nur ein Gebäude, das stark genug ist, um diese Glocke auszuhalten: die Basilika.

Seit dem zwölften Jahrhundert, als Tristan zum erstenmal die Glocke aus dem Tempel nahm, den Liebestrank leerte und begann, ihre Kraft in seinen Liebesbeziehungen unterzubringen, hat der westliche Mann sich damit abgemüht, die Glocke zu tragen. Er hat versucht, die Glocke in seinem persönlichen Leben zu tragen, in seiner Ehe, in seinem weltlichen Imperium. Inzwischen sind fast tausend Jahre vergangen, und er hat vergessen, daß die Glocke göttlichen Ursprungs ist. Er hat so lange das Heilige dem Profanen und die Psyche dem Ego geopfert, daß er sich nicht mehr daran erinnern kann, wem die Glocke wirklich gehört. Sein Rückgrat ist fast gebrochen, und er ist müde bis zum Tode unter diesem Gewicht. Seine irdischen menschlichen Beziehungen sind unter der übermächtigen

Bürde, die er ihnen auferlegt hat, in viele Scherben zerborsten, aber er kennt es nicht anders. Er kann sich an die Basilika nicht erinnern. Er weiß nicht mehr, wo sie ist.
Diese Glocke steht für unser Erleben der Anima. Sie trägt ihre Stimme. Sie erinnert uns an die Worte der Weißen Bisonfrau: «Wie ich gehe, sende ich eine Stimme.» Wie die Glocke, so schickt auch die Anima eine Stimme, die wir hören können. Sie singt, und ihr Gesang führt uns zum inneren Leben. Sie hat die Macht, dem Inhalt unseres Unbewußten Unmittelbarkeit zu verleihen, die Archetypen zum Leben zu erwecken, damit wir sie als Kräfte erleben können, die in uns wohnen.
Die Glocke steht für das lyrische Wissen um die Psyche eines Mannes, in demselben Sinne, in dem die spanischen Völker von «el modo lirico» sprechen: ein Wissen, das aus direkter Erfahrung kommt und nicht aus intellektueller Aktivität. Glocken und Musik der Christenheit waren die einzigen Stimmen, in denen der Westen von Geist sprach, ohne sich dabei in Konzepten, Abstraktionen und Worten zu verlieren. Die Glocke verbreitet einen Ton, der reines Gefühl ist, der den Verstand überspringt und die Seele in ungewollte Schwingungen versetzt.
Die Anima, ebenso wie die Glocke, hat die Kraft, die dionysische Seite der geistigen Erfahrung aufzudecken, wo man die Wahrheit mit den Sinnen *fühlt* und in den Bildern wahrnimmt, die aus dem Unbewußten herausströmen und sich anfühlen wie eine lebendige Begegnung mit inneren «Personen». Man kann die Glocken als eines der wenigen Überbleibsel des Dionysos in unserer westlichen Religion ansehen. Sie rufen uns zur Musik, zum Hymnus, zum Tanz und zum Gefühl – zum Einssein mit dem kosmischen Drama von Opfer und Wiedergeburt. Die Glocken erinnern uns daran, daß König David vor Gott getanzt hat.

Der Traum zeigt uns, daß diese Glocke nicht dem Ich gehört: Sie gehört, wie die heilige Pfeife, einem inneren «Volk», einer inneren «Christenheit». Es war bekannt, daß es die Aufgabe der Kirche war, etwas, das allen gehörte, zu bewachen und daß dieses Etwas eines Tages der Basilika zurückgegeben werden würde. Symbolisch gesehen bedeutet das: Etwas, das dem Bereich des geistigen Lebens angehört und außerhalb des persönlichen Ichs liegt und das ehrfürchtig in der inneren Welt hätte aufbewahrt werden sollen, ist verloren gegangen. Das, was wir verloren haben, ist unsere Seele, unsere Psyche. Zuerst verlor sie sich im Unbewußten und wanderte hinaus in die Welt des Ich. Mit dem Liebestrank wurde sie in die Welt der menschlichen Beziehungen projiziert. Wir haben uns bemüht, das Überpersönliche ins Persönliche zu verwandeln. Was dem Unbewußten angehörte, haben wir dem Ich zu Lehen gegeben. Dennoch ist diese Kraft dazu bestimmt, vom Ich aufgegeben und an die innere «Kathedrale» zurückgegeben zu werden.

Wir können uns nur schwer vorstellen, was gemeint ist, wenn wir davon sprechen, einen Teil unseres Lebens an «die Kathedrale» zurückzugeben. Damit ist nicht notwendigerweise gemeint, daß wir uns mit einer äußeren, allgemein anerkannten Religion beschäftigen sollen. Gemeint ist, daß wir zwischen dem, was zu unserem äußeren Leben gehört, und dem, was zu unserem inneren Selbst gehört, unterscheiden sollen. Es bedeutet, daß wir etwas, das wir in unseren äußeren Beziehungen gelebt haben, statt dessen an einem ruhigen, stillen, inneren Ort leben sollen, an einem Ort, der nur auf geistiger Ebene existiert.

Tief in uns gibt es diesen Ort, ein kristallenes Gemach, «ganz mit Rosen übersät, ganz von Licht durchflutet am Morgen» eine große Basilika, wo die richtigen Glocken darauf warten die Rückkehr der Seele von ihrer Wanderschaft verkünden zu können. Die Anima in die Kathedrale zurückzubringen heißt für einen Mann, etwas auf der Ebene seines Ich zu opfern, seinen Anspruch aufzugeben, seine Seele in der Projektion auf eine Frau zu leben. Das bedeutet, daß er die Bürde von den Schultern einer äußeren Person nimmt und sie in das starke innere Gebäude trägt, das dafür gemacht wurde, eine solche Bürde zu tragen.

Manchmal haben wir einen Traum zu einer Zeit, in der wir uns mit einem «Tod des Ich» konfrontieren müssen – mit einem Opfer auf einer Ebene, auf der wir gelebt haben –, und dieser Traum soll ein Ausgleich zu unserer Angst sein und soll unsere trüben Erwartungen mildern. Träume geben uns ein Gefühl für Proportionen, und sie geben uns auch Mut, indem sie uns die Schönheit und Herrlichkeit unserer Handlungen zeigen, die wir selbst nicht sehen können. Manchmal zeigen sie uns auch die Pracht des Lebens, das uns erwartet, wenn wir unser Opfer gebracht haben.

Die Anima in die Basilika zurückbringen, ist ein Opfer. Alle Männer haben die Wahl zu versuchen, die Anima durch andere Menschen zu leben. Diesen Versuch aufzugeben, bedeutet ein bewußtes Opfer. Man muß eine ganze Existenzebene opfern, damit man auf eine andere Ebene gelangen kann. Von der Warte des Ich sieht das wie Tod aus. Wenn man aufhört, die Anima in Projektionen zu leben, heißt das, daß man die ganze künstliche Intensität aus einer Beziehung herausnimmt. Es heißt, daß die Dinge dann ruhiger erscheinen und nicht mehr so aufregend sind. Seine Seele in die Kathedrale zu tragen und sie nicht mehr durch eine Frau zu leben, bedeutet für einen Mann, daß er eine ganze Dimension seines Lebens aus der menschlichen Beziehung herausnimmt und sie auf einer anderen Ebene seiner Selbst etabliert – auf einer Ebene, die er nicht nach außen leben kann, sondern in sich selbst leben muß. Sein Ich hat dabei das Gefühl, als ob seine menschlichen Beziehungen verarmen oder er sich selbst dabei betrügen würde. Mit der Zeit lernt er, daß sein Seelenleben eigentlich nie dorthin gehört hätte, und daß seine menschlichen Beziehungen jetzt besser gedeihen. Aber am Anfang ist es schrecklich.

Das ist auch das Gefühl, das dieser Glockenträger hat, der Mann, der den Traum träumt. Als er die Glocke zurückgibt, hat er das Gefühl, als ob er etwas in seinem persönlichen Leben, etwas von seinem Ich aufgeben würde. Dasselbe Gefühl hat der törichte indianische Kundschafter gehabt, als der andere ihn warnte, die Geistfrau nicht zu berühren: Er hatte das Gefühl, er gibt etwas auf, das er begehrt, etwas, das ihn auf der Ebene seines Ich erregte und reizte.

Der Symbolismus der großen Kathedrale, das Läuten der großen Glocken, die die ganze Zeit über auf die Rückgabe der heiligen Glocke gewartet haben, berichtet uns von der Pracht und Herrlichkeit, die uns nach dem Opfer erwarten. Mit diesem Bild sagt uns der Traum, daß unser Ich eigentlich nichts verliert, wenn es die Seele dorthin bringt, wohin sie gehört. Denn die Kathedrale ist in uns selbst, ist ein Teil von uns, und was für unser Ich verloren scheint, ist in Wahrheit nicht verloren, sondern wird in etwas anderes verwandelt auf einer anderen, größeren Ebene, in etwas, das die überwältigende Dimension einer Basilika hat mit der ekstatischen Schönheit der Stimmen von großen Glocken.

Eigentlich hat das Reich unseres Ich es nie ganz vermocht, uns richtig gegen die Mysterien oder dem Ruf der Basilika abzuschirmen. Die Seele findet ihren Weg in unser Leben, wie wir gesehen haben, und zwar durch die eine große Lücke im Panzer des Ich: durch die romantische Liebe. Darum ist auch die romantische Liebe, diese eigentümliche Mischung aus dem

Numinosen und dem Tödlichen, zur stärksten Triebkraft in unserer Kultur geworden: Irrtümlicherweise ist sie zum Gefäß geworden, in dem wir alles enthalten wissen wollen, das aus dem Reich unseres Ich ausgeschlossen wurde, alles Unbewußte, das numinos, unergründlich, ehrfurchtgebietend ist und das uns zur Verehrung anregt.

Der Mann, der den Traum geträumt hat, hat das verstanden. Der weise indianische Kundschafter hat es in der Gegenwart der Weißen Bisonfrau begriffen. Er sieht, daß er sich in der Gegenwart von jemandem aus einer anderen Welt befindet und daß er nicht versuchen darf, sie für sein Ich zu bekommen, sondern daß er sie an den Ort bringen muß, der für sie vorbereitet ist, der allein stark genug ist, um sie zu beinhalten.

Wenn Tristan diesen Traum gehabt hätte und ihn auch verstanden hätte, wäre es ihm möglich gewesen, anders mit dem Liebestrank zu verfahren? Und mit Isolde der Blonden? Wie der Träumer hätte auch er still und unerkannt durch eine Seitentür hinausgehen können. Den göttlichen Teil von sich hätte er im Tempel zurückgelassen, und den menschlichen auf menschliche Dimensionen reduziert, und er hätte nicht beide vermengt. Die ganze Schwierigkeit dieses Traumes besteht darin, zu lernen, zwischen beiden zu unterscheiden: zwischen dem göttlichen Teil und dem gewöhnlichen, menschlichen, persönlichen Teil.

Jetzt haben wir das alles auf symbolischer Ebene betrachtet. Wie aber führen wir es praktisch aus? Wie geben wir diese Glocke in den Tempel zurück? Wie schaffen wir eine neue Heimstatt für diesen göttlichen, überwältigenden Teil von uns selbst, um den wir nie gebeten haben, dem wir aber doch immer wieder begegnen, sei es versteckt unter einem Arm oder als Last auf unserem Rücken wie die Glocke?

C. G. Jung pflegte einen Patienten so schnell wie möglich zur

Religion seiner Vorfahren zurückzuschicken, wenn der Patient imstande war, das zu tun: Einen Katholiken zur Beichte und zur heiligen Messe, einen Juden in die Synagoge und einen Parsen zu seinen Riten. Wenn dieser Weg für einen Mann oder eine Frau gangbar ist, dann ist es der einfachste und direkteste Weg, um den göttlichen Teil von uns selbst in die Basilika zurückzubringen. Für viele Menschen ist das aber nicht mehr möglich. Die Rituale und Symbole der äußeren, in der Kultur tradierten Religion sind für sie nicht mehr lebendig.

Für solche Menschen, und es werden ihrer immer mehr, gibt es andere Wege. Man muß begreifen, das letztendlich die Basilika, die Synagoge oder der Tempel in uns selbst sind. Was wir brauchen, ist nicht so sehr eine äußere, kollektive Religion, sondern ein inneres Erleben des Numinosen, des göttlichen Reiches, das sich in der Psyche manifestiert. Solche Menschen können das religiöse Leben, die Basilika, in der täglichen Stunde der Meditation finden oder im symbolischen Ritual, in der aktiven Imagination, in der Interaktion mit Bildern, die in ihrer Phantasie existieren, oder in der ethischen Konfrontation mit inneren «Personen», die sich uns in unseren Träumen offenbaren.

Das ist gemeint, wenn wir vom symbolischen Leben sprechen, mit dem wir uns freiwillig, bewußt und in einer Haltung der Ehrfurcht beschäftigen sollen, mit ebensolcher Ehrerbietung und Intensität, wie sie der mittelalterliche christliche Mystiker in das kontemplative Gebet gelegt hat oder der Hindu in seine Vision von Shiva oder der Zen-Buddhist in Zazen. Durch ein solches Leben finden wir den Weg zurück zu den Wurzeln, aus denen alle Religionen gewachsen sind: Zu den individuellen Träumen, Visionen und lebhaften persönlichen Begegnungen mit den Personen der inneren Welt. Noch bevor es ein Dogma oder eine Lehre gab, hat Jacob mit dem Engel ge-

kämpft, wurde Paulus auf der Straße nach Damaskus von einer Vision Christi niedergestreckt, saß Gautama unter dem Bodhibaum und wurde vom Einssein des Universums erfaßt.
Es gibt den inneren Tempel, aber er sieht schwierig für uns aus und macht einen einsamen Eindruck: Man fühlt sich wie der Träumer, der seine kostbare Last am heiligen Ort abgibt und dann durch einen Seiteneingang hinausgeht, die staubige Straße erreicht und, soweit es sich um sein persönliches Leben handelt, in der Anonymität verschwindet.
Vielleicht ist das das eindruckvollste und bewegendste Erlebnis des ganzen Traumes: die Entscheidung dieses modernen Tristan, nicht nur die Glocke an den heiligen Ort zurückzubringen, sondern auch auf die Macht, die Schmeichelei, das Drama und das Wichtignehmen-des-Ich zu verzichten, alles Dinge, die er hätte haben können, wenn er die Glocke in seinem persönlichen Besitz behalten hätte. Sein Abgehen durch den Seiteneingang ist ein wahres und richtiges Opfern des Ich, eine echte Transformation. Ganz unerwartet zeigt uns dieses Ereignis, daß eines der grundlegenden Probleme in der romantischen Liebe die Bescheidenheit ist: die Bescheidenheit des Ich, das bereit ist, aufzuhören, seine Ich-Welt und seine persönlichen Beziehungen in ein dramatisches Machtsystem aufzublasen. Wenn man den göttlichen Teil von sich selbst in die Kathedrale zurückbringt, dann bedarf das einer großen und tiefen Bescheidenheit.
Tristan könnte wahrscheinlich nicht anders gehandelt haben, als er es getan hat. Der westliche Mann mußte den Liebestrank trinken, er mußte seinen Weg zur Anima und zu den Göttern finden, und zwar auf die einzige Art, die er kannte. Aber in all den Jahrhunderten, die hinter uns liegen, hat er genug Zeit im Forst von Morois zugebracht. Er ist weit gewandert und hat auf vielen und langen staubigen Straßen eine schwere Last ge-

tragen. Er hat sich verliebt, und die Verliebtheit ist wieder vergangen. Et hat betrogen und ist selbst betrogen worden. Er hat Isolde die Weißhändige geheiratet und ist dennoch seinen Weg in Einsamkeit weitergegangen. Und immer hat er die Glocke getragen, immer Isolde die Blonde in seiner Liebe gesucht, und in jedem Gesicht, das er sah, hat er nach ihrem Bildnis Ausschau gehalten. Er hat es sich verdient, aus der Vergangenheit, aus seiner Erfahrung und aus seinen Träumen zu lernen.

Wenn Tristan heute die Lehre aus diesem Traum ziehen will, dann wird er Isolde die Blonde zur Königin seiner inneren Welt machen, zu einer Seelenfigur, die ihn nach innen in die Gegenwart der Götter führen wird. Er wird sie in den inneren Tempel bringen und auf einen goldenen Thron setzten. Der Thron steht ihr zu, er hat jahrhundertelang auf sie gewartet. Er wird aufhören, sie in der äußeren Welt zu suchen, in einer sterblichen Frau oder in äußeren Umständen. Und nachdem Tristan die Basilika durch die Seitentüre verlassen hat, wird er sich still auf den Weg nach Carhaix machen. Dort wird er die Kammer aufsuchen, in der seine Frau auf ihn wartet: Isolde die Weißhändige. Und wenn er ihre Hand nimmt, wird er ein Geheimnis entdecken: Die Isolde, die er auf dem Thron in der großen Basilika zurückgelassen hat, ist ihm zurückgegeben worden, in der richtigen Form, auf der richtigen Ebene. Diese einfache, sterbliche Frau, diese Prinzessin aus der Bretagne ist auch göttlich, und auch diese Kammer ist ein heiliger Ort.

Von der menschlichen Liebe

Die Menschen werden der romantischen Liebe mit ihren Wiederholungen und Sackgassen oft so müde, daß sie sich zu fragen beginnen, ob es so etwas wie «Liebe» wirklich gibt. Es gibt sie. Aber oft müssen wir unsere Einstellung grundlegend ändern, bevor wir wahrnehmen, was Liebe ist, und ihr einen Platz in unserem Leben einräumen können.

Liebe zwischen zwei Menschen ist eine der absoluten Realitäten der menschlichen Natur. So wie die Seele – Psyche – eine Gottheit im griechischen Pantheon war, so war es auch die Liebe: Der Name dieser Gottheit war Eros. Denn die Griechen haben begriffen, daß die Liebe (als Archetyp des Kollektiven Unbewußten) zugleich ewig und in der ganzen Menschheit verbreitet ist. Für die Griechen war damit die Liebe ein Gott.

Weil die Liebe ein Archetyp ist, hat sie ihren eigenen Charakter, ihre eigenen Züge und ihre eigene «Persönlichkeit». Ähnlich wie ein Gott verhält sich die Liebe im Unbewußten als «Person», wie ein eigenständiges Wesen in der Psyche. Die Liebe unterscheidet sich vom Ich. Die Liebe war hier, bevor mein Ich in die Welt kam, und die Liebe wird noch hier sein, wenn mein Ich diese Welt verlassen hat. Dennoch ist die Liebe etwas oder «jemand», der in mir lebt. Die Liebe ist eine Kraft, die von innen her wirksam wird und die das Ich befähigt, über sich selbst hinauszuschauen und die Mitmenschen als schätzens- und liebenswert zu erkennen, und nicht als etwas, das man zu eigenem Nutzen gebrauchen kann.

Wenn wir daher sagen «ich liebe», so ist es nicht das Ich, das liebt, sondern die Liebe, die durch uns wirksam wird. Liebe ist nicht so sehr etwas, das wir tun, als etwas, das wir sind. Die Liebe ist nicht ein Handeln, sondern eher ein Seinszustand, ein Sich-Beziehen, ein Verbundensein mit einem anderen Sterblichen, eine Identifikation mit ihr oder mit ihm, die ganz einfach in mir und durch mich strömt, unabhängig von meinen Absichten und meinen Bemühungen.

Dieser Seinszustand kann sich in unseren Handlungen ausdrücken oder darin, wie wir Leute behandeln, aber er kann nie auf eine Serie von Handlungen reduziert werden. Er ist ein inneres Gefühl. Viel öfter als wir glauben, bringt die Liebe ihre göttliche Alchemie dann am besten zur Wirkung, wenn wir den Rat von Shakespeares Cordelia folgen: «Liebe und verhalte dich ruhig.»

Die Liebe existiert unabhängig von unseren Ansichten, was sie sein sollte. Ganz egal wie viele Erfindungen und wie viel Selbstsucht wir im Namen der «Liebe» rechtfertigen, die Liebe behält ihren unveränderlichen Charakter. Ihre Existenz und ihre Natur hängen nicht von unseren Illusionen ab, von unseren Meinungen oder unserem Aussehen. Die Liebe unterscheidet sich von dem, was unsere Kultur uns gelehrt hat, daß sie sei, sie unterscheidet sich von den Wünschen meines Ich, und sie unterscheidet sich von der sentimentalen Schaumschlägerei und den aufgeblasenen Ekstasen, von denen man uns gesagt hat, daß sie dazugehören. Die Liebe stellt sich als etwas absolut Reales heraus. Sie ist das, was ich bin, und nicht das, was mein Ich verlangt.

Wir brauchen dieses Wissen über die Liebe. Sonst könnten wir es nie ertragen, ehrlich unseren Selbstbetrug anzusehen. Gelegentlich hört man Leute sagen: «Ich will meine Illusion gar nicht als solche erkennen. Wenn man mir meine Illusionen nimmt, dann ist nichts mehr übrig!» Wir stellen uns die Liebe als etwas vom Menschen Gemachtes vor, so als ob unser Verstand sie erfunden hätte. Auch wenn die romantische Liebe nicht das gebracht hat, was wir von ihr erwartet haben, so lebt doch noch eine menschliche Liebe in uns, die uns nicht verlassen wird, auch wenn alle unsere Projektionen, unsere Illusionen und unsere Schlauheit vergangen sind.

Die menschliche Liebe ist so tief hinter den Inflationen und Aufregungen der romantischen Liebe verborgen, daß wir fast nie die Liebe um ihrer selbst willen suchen und auch kaum wissen, wonach wir suchen müssen. Aber je mehr wir uns mit den Eigenschaften und Einstellungen der Liebe beschäftigen, desto mehr können wir die Liebe in uns selbst erkennen, wie sie sich in unseren Gefühlen offenbart, in der spontanen Wärme, die wir einem anderen Menschen entgegenbringen können, und in den kleinen, unbeachteten Handlungen, die zu einer Beziehung gehören und die den Stoff unseres täglichen Lebens ausmachen.

Die Liebe ist jene Kraft in uns, die einen anderen Menschen als das, was er ist, bestätigt und schätzt. Die menschliche Liebe bestätigt die Person, die wirklich da ist, und nicht das Ideal, das wir in dem Menschen sehen, oder die Projektionen, die von uns ausgehen. Liebe ist jener innere Gott, der unsere blinden Augen für die Schönheit, den Wert und die Qualität des anderen Menschen öffnet. Die Liebe bringt uns dazu, daß wir diesen Menschen als ein ganzes, individuelles Selbst schätzen, und das heißt, daß wir die negativen Seiten genauso akzeptieren wie die positiven, die Unvollkommenheiten genauso wie die bewundernswerten Eigenschaften. Wenn man einen Menschen wirklich liebt und nicht nur seine Projektionen, dann liebt man den Schatten genauso wie alles andere. Man akzeptiert dann den anderen in seiner Totalität.

Die menschliche Liebe bewirkt, daß ein Mann den der Frau innewohnenden Wert sieht. Seine Liebe veranlaßt ihn daher, sie zu ehren und ihr zu dienen und sie nicht für die Zwecke seines Ich zu mißbrauchen. Wenn die Liebe ihn leitet, dann sind ihm ihre Bedürfnisse und ihr Wohlergehen ein Anliegen, und er ist nicht auf eigene Wünsche und Launen fixiert.
Die Liebe verändert unser Gefühl für das, was wichtig ist. Durch die Liebe sehen wir, daß der andere Mensch einen ebenso großen Wert im Kosmos hat wie wir selbst. Daß er oder sie ganz werden, die Fülle des Lebens erfahren und Freude im Leben finden, wird für uns ebenso wichtig wie die Befriedigung unserer eigenen Bedürfnisse.
Die Liebe ist eine jener großen psychologischen Kräfte in der Welt des Unbewußten, die imstande sind, das Ich zu verwandeln. Die Liebe ist die eine Kraft, die das Ich zum Bewußtsein einer Existenz außerhalb der Grenzen des Ich erweckt, außerhalb seiner Pläne, seiner Imperien und seiner Sicherheit. Die Liebe verbindet das Ich nicht nur mit dem Rest der Menschheit, sondern auch mit der Seele und all den Göttern der inneren Welt.
Aufgrund ihrer Natur ist die Liebe das genaue Gegenteil von Egozentrizität. Wir gebrauchen das Wort Liebe viel zu leichtfertig. Wie bezeichnen damit jeglichen Anspruch auf Aufmerksamkeit, Macht, Sicherheit oder Unterhaltung von seiten anderer Leute. Wenn wir aber nur nach unseren selbst gemachten «Bedürfnissen», unseren Wünschen, Träumen und unserer Macht über andere Leute Ausschau halten, dann hat das mit Liebe nichts zu tun. Liebe unterscheidet sich grundsätzlich von den Wünschen unseres Ich und von Machtspielen. Sie führt in eine andere Richtung, sie führt uns hin zu den positiven Eigenschaften, zum Wert und zu den Bedürfnissen der Leute um uns.

In ihrem Wesen ist Liebe Respekt und Anerkennung für den Wert des anderen: Sie veranlaßt einen Mann, eine Frau zu respektieren und sie nicht zu benützen, sie bringt ihn dazu, sich zu fragen, wie er ihr dienen könnte. Und wenn auch die Beziehung dieser Frau zu ihm auf Liebe basiert, dann wird sie ihm gegenüber dieselbe Einstellung haben.
Es gibt vielleicht keine bessere Beschreibung der archetypischen Natur der Liebe als die einfache Sprache des Apostels Paulus:

Die Liebe ist langmütig, gütig ist die Liebe, die Liebe ist nicht eifersüchtig, sie prahlt nicht, sie ist nicht aufgeblasen... sie sucht nicht den eigenen Vorteil, sie läßt sich nicht erbittern, sie trägt das Böse nicht nach... Alles deckt sie zu, alles glaubt sie, alles hofft sie, alles erträgt sie.
Die Liebe hört niemals auf. Prophetengaben – sie verschwinden. Sprachengaben – sie hören auf. Erkenntnis – sie verschwindet. (1. Korintherbrief, 13. Kapitel)

Das ist eine kurze und beredte Aussage über den Unterschied zwischen dem Ich, das sich selbst und seinen Möglichkeiten überlassen ist, und dem Ich, das unter dem Einfluß der Liebe steht. Das Ich kümmert sich nur um sich selbst. Aber «die Liebe ist langmütig und gütig». Das Ich ist ständig neidisch, bläst sich ununterbrochen mit Illusionen von absoluter Macht und Kontrolle auf, aber «die Liebe prahlt nicht, ist nicht aufgeblasen». Wenn man das Ich seiner Egozentrizität überläßt, wird es immer lügen, aber «die Liebe hört niemals auf». Das Ich versteht nur eines: sich selbst und seine Wünsche in den Vordergrund zu stellen, «die Liebe aber sucht nicht den eigenen Vorteil». Die Liebe bejaht das gesamte Leben: «Alles deckt sie zu, alles hofft sie, alles erträgt sie.»

Darum haben wir Einwände gegen die romantische Liebe erhoben, und darin liegt der Unterschied zwischen menschlicher

Liebe und romantischer Liebe: Die romantische Liebe muß sich aufgrund der ihr innewohnenden Natur in Egoismus verwandeln. Denn sie ist nicht auf einen anderen Menschen ausgerichtet. Die Leidenschaft der Romantik ist stets auf unsere eigenen Projektionen gerichtet, auf unsere eigenen Erwartungen und Phantasien. In einem sehr realen Sinne handelt es sich dabei nicht um die Liebe zu einem anderen Menschen, sondern um Eigenliebe.

Es sollte an diesem Punkt klar sein, daß in demselben Maß, in dem eine Beziehung auf Projektionen basiert, das Element der menschlichen Liebe fehlt. Wenn man in jemanden verliebt ist, den man als Menschen nicht kennt, aber von dem man sich angezogen fühlt, weil er oder sie die Abbilder der Götter oder der Göttin in unserer Seele widerspiegelt, dann ist man in einer gewissen Weise in sich selbst verliebt und nicht in den anderen Menschen. Trotz der scheinbaren Schönheit der Liebesphantasien, die wir in diesem Stadium der Verliebtheit haben mögen, können wir uns im Grunde in einem völlig selbstsüchtigen Geisteszustand befinden.
Die wahre Liebe beginnt erst dann, wenn ein Mensch den anderen als den Menschen kennenlernt, der er oder sie wirklich ist, und wenn man beginnt, diesen Menschen gern zu haben.
...zu wahrer Liebe fähig zu sein heißt reif werden und anderen Menschen realistische Erwartungen entgegenbringen. Es bedeutet auch, daß man die Verantwortung für das eigene Glücklichsein oder Unglücklichsein übernimmt und weder vom anderen erwartet, daß er einen glücklich macht, noch daß man die eigenen Launen oder Frustrationen dem anderen zur Last legt. (Sanford, Invisible Partners, S. 19 f.)

Wir konzentrieren uns auf unsere Projektionen, und wir konzentrieren uns auf uns selbst. Und die Leidenschaft und die Liebe, die wir für unsere Projektionen empfinden, ist gewissermaßen eine reflektierte Liebe, die unweigerlich wieder auf uns selbst gerichtet ist.
Und dabei treffen wir wiederum auf das Paradoxon in der romantischen Liebe. Das Paradoxon besteht darin, daß wir unse-

re Projektionen sehr wohl lieben sollten und daß wir auch uns selbst lieben sollten. In der romantischen Liebe wird aber auch die Liebe zu einem selbst verzerrt. Wenn wir jedoch lernen, die Liebe zu uns selbst auf der richtigen Ebene zu suchen, dann ist diese Liebe zum Selbst eine wahre und gültige Liebe: sie ist der zweite große Energiestrom, der in die romantische Liebe fließt, der archetypische Gefährte der menschlichen Liebe, das andere Gesicht des Eros.

Es ist notwendig, daß wir dem unbewußten Teil unseres Selbst, den wir projizieren, Verehrung entgegenbringen. Wenn wir unsere Projektionen lieben, wenn wir unsere romantischen Ideale und Phantasien respektieren, dann bestätigen wir damit eine unendlich kostbare Dimension unseres Selbst. Das Rätsel ist nur, wie man sich selbst liebt, ohne dabei in Egoismus abzugleiten.

Je mehr wir von der Geographie der menschlichen Psyche lernen mit ihren Inseln des Bewußtseins und ihrer vielschichtigen Struktur, desto mehr sehen wir, daß die Liebe zum ganzen Selbst nicht in einer Konzentration des Universums auf unser Ich bestehen kann. Die Liebe zum Selbst ist die Suche des Ich nach den anderen «Personen» der inneren Welt, die in uns verborgen sind. Sie ist die Sehnsucht des Ich nach den größeren Dimensionen des Unbewußten, seine Bereitschaft, sich selbst für andere Teile unserer Gesamtexistenz zu öffnen und andere Gesichtspunkte, Werte und Bedürfnisse einzubeziehen.

Wenn man sie auf diese Art versteht, dann ist auch unsere Liebe zu unserem Selbst eine «göttliche» Liebe: eine Suche nach dem letzten Sinn, nach unserer Seele und nach der Offenbarung Gottes. Dieses Verstehen führt uns zu den Worten des Clemens von Alexandrien zurück: «Daher scheint es die größte aller Disziplinen zu sein, sich selbst zu kennen. Denn wenn der Mensch sich selbst kennt, dann kennt er auch Gott.»

Der Fehler in der romantischen Liebe ist nicht, daß wir uns selbst lieben, sondern daß wir uns selbst auf die falsche Art und Weise lieben. Indem wir versuchen, dem Unbewußten in unseren romantischen Projektionen auf andere Leute die nötige Reverenz zu erweisen, entgeht uns die Realität, die in diesen Projektionen verborgen ist: Wir sehen gar nicht, daß wir eigentlich unser eigenes Selbst suchen.

Die Aufgabe, die Liebe aus dem Sumpf der Romantik zu erretten, fängt mit einer Änderung der Blickrichtung an, wir müssen nach innen blicken. Wir müssen für die innere Welt offen werden. Wir müssen erkennen, wie man das «liebe dich selbst» als innere Erfahrung leben kann. Dann ist der Zeitpunkt gekommen, unseren Blick erneut nach außen zu richten auf physische Menschen und die Beziehungen, die wir zu ihnen haben – wir müssen ganz einfach die Prinzipien der «menschlichen» Liebe erlernen.

Vor vielen Jahren gab eine weise Freundin von mir der menschlichen Liebe eine sehr treffende Bezeichnung. Sie nannte sie die «Liebe, die die Haferflocken umrührt». Sie hatte recht: Wenn wir demütig genug sind, um wirklich hinzusehen, dann liegt in diesem Ausdruck die Essenz der menschlichen Liebe, er zeigt uns den grundlegenden Unterschied zwischen der menschlichen und der romantischen Liebe.

Haferflocken umrühren ist eine demütige Handlung, sie ist in keiner Weise aufregend. Aber sie symbolisiert eine Beziehung, die die Liebe zur Erde zurückholt. Sie zeigt eine Bereitschaft, das einfache Leben zu teilen, einen Sinn in einfachen, unromantischen Aufgaben zu erblicken: im Verdienen des Lebensunterhalts, im Leben im Rahmen eines vorgegebenen Budgets, im Mistausleeren und im Kinderfüttern, selbst mitten in der Nacht. «Die Haferflocken umrühren» bedeutet Bezogenheit,

Wert, ja sogar Schönheit in den einfachen und gewöhnlichen Dingen zu finden und nicht ewig ein kosmisches Drama zu verlangen, eine Unterhaltung oder außergewöhnliche Intensität in allen Dingen. Wie das Reisschälen der Zen-Mönche, das Spinnrad von Gandhi und das Zeltmachen des Apostels Paulus steht auch das «Haferflocken-Umrühren» für die Entdeckung des Heiligen inmitten des Bescheidenen und Gewöhnlichen.

Jung sagte einmal, daß das Gefühl eine Angelegenheit der kleinen Dinge sei. Und in der menschlichen Liebe können wir sehen, wie wahr das ist. Die wahre Beziehung zwischen zwei Menschen wird in den kleinen Aufgaben, die sie miteinander verrichten, erlebt: im ruhigen Gespräch, wenn die Stürme des Tages sich gelegt haben, im lieben Wort des Verstehens, in der täglichen Kameradschaft, im Ermutigen in einem schwierigen Augenblick, im kleinen Geschenk, wenn es am wenigsten erwartet wird, in der spontanen Geste der Liebe.

Wenn ein Paar eine echte Beziehung zueinander hat, dann sind sie bereit, miteinander das ganze Spektrum des menschlichen Lebens zu teilen. Sie verwandeln selbst uninteressante, schwierige und alltägliche Dinge in eine freudige und erfüllende Komponente des Lebens. Im Gegensatz dazu kann die romantische Liebe nur so lange dauern, wie das Paar «high» ist, solange das Geld reicht und die Unterhaltung aufregend ist. «Die Haferflocken umrühren» heißt, daß zwei Menschen ihre Liebe vom luftigen Niveau der aufregenden Phantasien herunterholen und sie in irdische, praktische Unmittelbarkeit verwandeln.

Die Liebe ist mit vielen Dingen zufrieden, die das Ich langweilen. Die Liebe ist bereit, sich mit den Launen und dem unvernünftigen Verhalten des anderen abzugeben. Die Liebe ist bereit, das Frühstück zu kochen und das Konto in Ordnung zu halten. Die Liebe ist bereit, diese «Haferflocken»-Dinge des

Lebens zu tun, denn sie bezieht sich auf einen Menschen, nicht auf eine Projektion.

Die menschliche Liebe sieht den anderen Menschen als Individuum und schafft eine individuelle Beziehung zu ihm. Die romantische Liebe sieht den anderen nur als Darsteller einer Rolle im Drama.

Die menschliche Liebe eines Mannes wünscht, daß die Frau ein vollständiger und unabhängiger Mensch wird, und ein solcher Mann ermutigt die Frau, sie selbst zu sein. Die romantische Liebe bestätigt nur das, was er will, daß sie sein soll, damit sie mit seiner Anima identisch ist. Solange ein Mann von romantischen Vorstellungen beherrscht wird, bestätigt er eine Frau nur insoweit, als sie bereit ist, sich zu verändern, damit sie sein projektiertes Ideal widerspiegeln kann. Die Romantik ist nie zufrieden mit dem anderen Menschen, so wie er ist.

Die menschliche Liebe beinhaltet notwendigerweise die Freundschaft: die Freundschaft innerhalb einer Beziehung, innerhalb der Ehe, zwischen Mann und Frau. Wenn ein Mann und eine Frau wirklich Freunde sind, dann wissen sie um die Schwächen und um die wunden Punkte des anderen, aber sie haben kein Bedürfnis, darüber zu Gericht zu sitzen. Sie sind mehr damit beschäftigt, einander zu helfen und sich aneinander zu erfreuen, als die Fehler des anderen aufzuzeigen.

Freunde, echte Freunde sind wie Kaherdin, sie wollen bestätigen und nicht richten, sie verwöhnen einen nicht, aber sie brüten auch nicht über den Unzulänglichkeiten des anderen. Freunde unterstützen einander in schweren Zeiten, und sie helfen einander in den schmutzigen und gewöhnlichen Aufgaben des Lebens. Sie messen einander nicht an unmöglichen Maßstäben, sie verlangen keine Vollkommenheit, sie helfen einander und zermürben einander nicht mit ihren Forderungen.

Die romantische Liebe kennt keine Freundschaft. Romantische Liebe und Freundschaft sind entgegengesetzte Energien, natürliche Feinde, und haben völlig verschiedene Motive. Es gibt Leute, die sagen: «Ich will mit meinem Mann (meiner Frau) nicht befreundet sein, das würde unserer Ehe jegliche Romantik nehmen.» Das ist wahr: Die Freundschaft nimmt das künstliche Drama und die Intensität aus einer Beziehung heraus, aber sie nimmt auch die Egozentrizität, die Unmöglichkeiten, und ersetzt das Drama mit etwas Menschlichem und Realem.

Wenn ein Mann und eine Frau Freunde miteinander sind, dann sind sie einander nicht nur Liebende, sondern auch die Nächsten. Ihre Beziehung fällt plötzlich unter den Ausspruch Christi: «Liebe deinen Nächsten wie dich selbst.» Einer der hervorstechendsten Widersprüche in der romantischen Liebe ist, daß viele Paare ihre Freunde mit mehr Freundlichkeit, Aufmerksamkeit, Großzügigkeit und Nachsicht behandeln, als sie je einander gewähren! Wenn die Menschen mit ihren Freunden zusammen sind, sind sie charmant, hilfsbereit und höflich. Aber wenn sie nach Hause kommen, da lassen sie oft ihren Zorn, ihren Ärger, ihre Launen und ihre Frustrationen aneinander aus. Seltsamerweise behandeln sie ihre Freunde besser, als sie einander behandeln.

Wenn zwei Menschen ineinander verliebt sind, dann sagt man gewöhnlich, «sie sind mehr als nur Freunde». Über einen längeren Zeitraum hinweg jedoch behandeln sie einander schlechter, als Freunde das tun. Viele Menschen glauben, daß Verliebtheit eine viel intimere, viel «bedeutendere» Beziehung ist als «nur» eine Freundschaft. Warum verweigern aber dann Paare einander die selbstlose Liebe, die Freundlichkeit und den guten Willen, die sie so bereitwillig ihren Freunden geben? Die Menschen können ihre Freunde nicht darum bitten, alle ihre

Projektionen zu tragen, den Sündenbock für alle Launen abzugeben, sie ständig im Gefühl der Glückseligkeit zu erhalten und das Leben für sie zu vervollständigen. Warum stellen aber Paare diese Forderungen aneinander? Weil der Kult der Romantik uns lehrt, daß wir mit Recht erwarten, daß all unsere Projektionen getragen, all unsere Wünsche befriedigt und all unsere Phantasien wahr werden, und zwar genau in dem Menschen, in den wir verliebt sind. In einem der hinduistischen Hochzeitsriten versprechen Braut und Bräutigam einander feierlich: «Du wirst mein bester Freund sein.» Westliche Paare müssen lernen, wie sie miteinander befreundet sein können, wie sie miteinander im Geiste der Freundschaft leben können und wie sie die Eigenschaften der Freundschaft als Führer durch die Verwicklungen nehmen können, die aus unseren Lieben gewöhnlich entstehen.

Wir können viel über die Liebe lernen, wenn wir aufgeschlossen orientalische Kulturen und ihre Einstellungen betrachten.

In der Zeit, die ich in Indien und Japan verbracht habe, sah ich viele Ehen und Liebesbeziehungen, die nicht auf romantischer Liebe basierten, sondern auf einer warmen, ergebenen und dauerhaften Liebe. Ich glaube, der Grund liegt darin, daß diese Völker nie die romantische Liebe als eine Art der zwischenmenschlichen Beziehung angenommen haben. Die Hindus können automatisch zwischen den Dingen differenzieren, die wir im Westen total vermischt haben: Sie wissen, wie man die Anima, die Archetypen und die Götter als innere Realitäten verehrt. Sie wissen, wie man das Erlebnis der göttlichen Seite des Lebens aus den persönlichen Beziehungen und Ehen heraushält.

Hindus nehmen die innere Welt auf der symbolischen Ebene. Sie übersetzen die inneren Archetypen durch ihre Tempelkunst und allegorischen Rituale in Bilder und äußere Symbole. Aber sie projizieren ihre inneren Götter nicht auf ihren Mann oder ihre Frau. Sie verstehen die personifizierten Archetypen als Symbole einer anderen Welt und verstehen einander als Menschen. Daher stellen sie auch nicht unmögliche Forderungen aneinander und sind auch nicht voneinander enttäuscht.

Ein Hindu verlangt von seiner Frau nicht, daß sie seine Anima sein soll oder daß sie ihn in eine andere Welt führen und alle Intensität und Vollkommenheit seines inneren Lebens verkörpern soll. Da ein lyrisches Erleben der Religion noch immer ein Teil der Hindu-Kultur ist, versuchen sie nicht ihre Ehen und menschlichen Beziehungen zu einem Ersatz für den Umgang mit der Seele zu machen. Sie finden ihre Götter in den Tempeln, in der Meditation und manchmal in einem Guru. Sie versuchen aber nicht, eine äußere Beziehung in die Rolle einer inneren zu drängen.

Zu Beginn fühlt sich ein westlicher Mensch durch die hinduistische Art, die Dinge zu nehmen, verwirrt. Bei den Hindus scheint die Liebe nicht heiß und intensiv genug zu sein, um dem westlichen romantischen Geschmack zu entsprechen. Wenn man aber geduldig genug beobachtet, dann wird man aus den westlichen Vorurteilen aufgescheucht und beginnt die Annahme, daß die romantische Liebe die einzig «wahre Liebe» sei, in Frage zu stellen. In den Hindu-Ehen finden wir ein ruhiges, aber stetiges liebevolles Miteinander, eine tiefe Zuneigung. Wir finden dort Beständigkeit; sie sind nicht in der dramatischen Schwingung zwischen «verliebt sein» und «nicht verliebt sein», zwischen Anbetung und Desillusionierung gefangen wie westliche Paare.

In der traditionellen Hindu-Ehe hängt die Bindung eines Mannes an eine Frau nicht davon ab, ob er immer noch in sie «verliebt» ist. Nachdem er von Anfang an nicht in sie «verliebt» war, kann die «Verliebtheit» auch nicht vergehen. Seine Beziehung zu seiner Frau basiert auf seiner Liebe zu ihr, nicht auf Verliebtsein in ein Ideal, das auf sie projiziert wird. Seine Beziehung bricht nicht in sich zusammen, weil er eines Tages nicht mehr verliebt ist, oder weil er eine andere Frau kennenlernt, die seine Projektionen auf sich zieht.

Wir betrachten uns selbst als viel verfeinerter als die «einfachen» Hindus. Aber im Vergleich zu einem Hindu ist der durchschnittliche westliche Mann wie ein Ochse mit einem Ring in der Nase, der seinen Projektionen von einer Frau zur anderen folgt und nirgendwo eine wirkliche Beziehung aufbaut oder eine echte Verpflichtung eingeht. Auf dem Gebiet der menschlichen Liebe, des Gefühls und der Beziehungen haben die Hindus ein höchst differenziertes, feines und abgestuftes Bewußtsein entwickelt. Auf diesem Gebiet sind sie uns überlegen.

Eines ist mir besonders bei den traditionellen Hindus aufgefallen: wie gescheit, glücklich und psychologisch gesund ihre Kinder sind. Kinder in Hindu-Familien sind nicht neurotisch. Sie sind nicht in sich selbst zerrissen wie so viele westliche Kinder. Sie schwimmen ständig in einem See menschlicher Zuneigung, und sie empfinden den friedlichen Strom an Liebe zwischen Vater und Mutter. Sie empfinden die dauerhafte Qualität des Familienlebens. Ihre Eltern sind einander in beständiger Verantwortlichkeit verbunden. Sie hören nie, daß sich die Eltern fragen, ob ihre Ehe «funktionieren» wird. Trennung und Scheidung stehen nicht wie Gespenster am Horizont.

Aber wir westlichen Menschen können die Uhr nicht zurückdrehen. Wir können nicht den Hindu-Weg gehen. Wir können unser westliches Dilemma nicht dadurch lösen, daß wir die Sitten und Einstellungen anderer Völker nachahmen. Wir können nicht so tun, als ob wir eine östliche Psyche hätten. Wir müssen uns mit unserem eigenen westlichen Unbewußten und mit unseren eigenen westlichen Wunden abgeben. Wir müssen den heilenden Balsam in unserer eigenen westlichen Seele finden. Wir haben den Liebestrank getrunken und haben uns in die romantische Ära unserer Evolution gestürzt, und der einzige Weg, der herausführt, ist jener, der geradeaus geht. Wir können nicht zurückgehen und wir dürfen uns nicht aufhalten.

Aber wir können von den östlichen Kulturen lernen, außerhalb unserer selbst zu stehen, außerhalb unserer Annahmen und Überzeugungen, und zwar gerade lange genug, um uns selbst von einem neuen Blickwinkel aus zu sehen. Wir können es lernen, was es heißt, die Liebe mit einer anderen Einstellung zu betrachten, unbelastet von den Dogmen unserer Kultur.

Wir können lernen, daß menschliche Beziehung untrennbar mit Freundschaft und Verantwortung verbunden ist. Wir können lernen, daß das Wesen der Liebe nicht darin besteht, den anderen dazu zu benützen, daß er uns glücklich macht, sondern dem Menschen, den wir lieben, zu dienen und ihn zu bestätigen. Und wir können schließlich sehr zu unserer Überraschung entdecken, daß wir es viel mehr notwendig haben zu lieben, als geliebt zu werden.

Bibliographie

Im Text zitierte Publikationen

De Rougemont, Denis, Love in the Western World. Translated by Montgomery Belgion, Pantheon Books 1956

Hillman, James, «Anima», Spring 1973/74

– Revisioning Psychology, Harper & Row 1977

I Ging. Text und Materialien, Diederichs 1973

Jung, Carl Gustav, Ges. Werke 9/II: Aion, Walter [5]1983

– Ges. Werke 16: Praxis der Psychotherapie, Walter [4]1984

– Psychological Commentary on Kundalini Yoga, Spring 1975/76

Sanford, John A., The Invisible Partners, Paulist Press 1980

Schwarzer Hirsch, Ich rufe mein Volk. Leben, Visionen und Vermächtnis des letzten großen Sehers der Ogalalla-Sioux, Walter [7]1984

Quellen und Kommentare zum Mythos

Bédier, Joseph, The Romance of Tristan as Retold by Joseph Bédier. Translated by Hilaire Belloc and Paul Rosenfeld, Vintage Books 1945; Doubleday 1965

– Tristan und Isolde. Roman von Joseph Bédier. Deutsch von Rudolf G. Binding, insel taschenbuch 387, Frankfurt am Main 1979

Béroul, The Romance of Tristan and Tristan's Madness (La Folie Tristan). Translated by Alan S. Fedrick, Penguin Books 1970

De Rougemont, Denis, Love in the Western World. Translated by Montgomery Belgion. Pantheon Books 1956

– Love Declared: Essays on the Myths of Love. Translated by Richard Howard. Pantheon Books 1963

Gottfried von Straßburg, Tristan. Hrsg. v. Karl Morald, bearb. v. Werner Schröder, de Gruyter 1977; sowie viele andere Ausgaben

Loomis, Gertrude / Loomis, Roger Sherman, Tristan and Iseult. A Study of the Sources of the Romance, Burt Franklin 1960
Thomas of Britain, The Romance of Tristan & Ysolt. Translated from Old french and Old Norse by Roger Sherman Loomis, Columbia University Press 1951

Weitere herangezogene Werke

Campbell, Joseph, Myths to Live By, Viking Press 1972
– The Portable Jung, Viking Press 1972
Claremont de Castillejo, Irene, Die Töchter der Penelope. Elemente des Weiblichen. Aus d. Engl. übers. von Ute Evertz, Walter 1979, [3]1984
Johnson, Robert A., Der Mann. Die Frau. Auf dem Weg zu ihrem Selbst. Aus d. Engl. übers. von Lutz Köllner, Walter 1981, [3]1985
Jung, Carl Gustav, Ges. Werke 9/I; Die Archetypen und das kollektive Unbewußte, Walter [6]1985
– Grundwerk, 9 Bände, Walter 1984/85
– Erinnerungen, Träume, Gedanken (Autobiographie), Walter 1971, Sonderausgabe 1984
– Der Mensch und seine Symbole, Walter Sonderausgabe [7]1984
Jung, Emma / von Franz, Marie-Louise, Die Graalslegende in psychologischer Sicht, Walter [2]1983
Neumann, Erich, Amor und Psyche. Eine tiefenpsychologische Deutung, Walter [4]1984
Sanford, John A., Alles Leben ist innerlich. Aus d. Engl. übers. von Klaus Thiele-Dohrmann, Walter 1974
Von Franz, Marie-Louise, Das Weibliche im Märchen, Bonz, Neuauflage 1983
Withmont, Edward C., The Symbolic Quest, G.P. Putnam's Sons 1969; Harper & Row 1973

Aus der [illegible]

[illegible]